"十三五"国家重点出版物出版规划项目
现代机械工程系列精品教材
新工科·普通高等教育汽车类系列教材

智能网联汽车技术

崔胜民 编

（扫码观看本书相关视频）

机械工业出版社

本书是"十三五"国家重点出版物出版规划项目。

本书全面系统地介绍了智能网联汽车技术，包括智能网联汽车的定义与分级、体系构成与关键技术、标准体系和发展趋势，以及智能网联汽车的环境感知技术、网络与通信技术、导航定位技术、运动控制技术、先进驾驶辅助技术和自动驾驶仿真技术；为了扩展学生的专业视野，介绍了人工智能、深度学习、语义分割、大数据、云计算以及多接入边缘计算技术在目标识别和V2X中的应用；为了培养学生的实践能力，提供了车道线、车辆、行人、交通标志、交通信号灯的识别程序，GPS、GPS/IMU测量程序，停车场的路径规划程序，以及自动紧急制动、车道保持辅助、自适应巡航控制、路径跟踪控制系统的仿真平台，通过仿真实践可以培养学生的产品开发能力。书中每章开始都给出教学目标和教学要求，每章末尾都配有练习题，便于学生学习和复习，同时达到巩固主要学习内容，增强学习效果的目的。

本书将理论与仿真实践相结合，内容新颖，图文并茂，通俗易懂，实用性强，可作为高等院校车辆工程和智能车辆工程等专业的教材，也可作为相关专业技术人员的参考书籍。

本书配有相关视频可扫二维码进行观看；配有PPT课件，免费赠送给采用本书作为教材的教师，可登录www.cmpedu.com注册下载，或联系编辑（tian.lee9913@163.com）索取。

图书在版编目（CIP）数据

智能网联汽车技术/崔胜民编. —北京：机械工业出版社，2020.12
（2025.2重印）

"十三五"国家重点出版物出版规划项目　现代机械工程系列精品教材
新工科·普通高等教育汽车类系列教材

ISBN 978-7-111-67085-8

Ⅰ.①智… Ⅱ.①崔… Ⅲ.①汽车-智能通信网-高等学校-教材 Ⅳ.①U463.67

中国版本图书馆CIP数据核字（2020）第249342号

机械工业出版社（北京市百万庄大街22号　邮政编码100037）
策划编辑：宋学敏　责任编辑：宋学敏
责任校对：潘　蕊　封面设计：张　静
责任印制：任维东
河北鑫兆源印刷有限公司印刷
2025年2月第1版第11次印刷
184mm×260mm · 15.75印张 · 385千字
标准书号：ISBN 978-7-111-67085-8
定价：45.00元

电话服务	网络服务
客服电话：010-88361066	机　工　官　网：www.cmpbook.com
010-88379833	机　工　官　博：weibo.com/cmp1952
010-68326294	金　书　网：www.golden-book.com
封底无防伪标均为盗版	机工教育服务网：www.cmpedu.com

前　言

2020年2月，国家发展和改革委员会联合科技部、工信部、财政部、交通运输部、商务部等共11部委印发《智能汽车创新发展战略》，旨在加快推进智能网联汽车的创新发展。智能网联汽车已经进入发展的快车道，但其所涉及的知识和技术与传统汽车有较大差别，因此必须重新构建，以满足智能网联汽车快速发展对人才的需求。

智能网联汽车实现自动驾驶必须包括感知系统、决策系统和执行系统，主要涉及环境感知技术、网络与通信技术、导航定位技术和运动控制技术等。其中，环境感知技术包括环境感知对象和方法，超声波雷达、毫米波雷达、激光雷达和视觉传感器的基础知识，道路识别技术，车辆识别技术，行人识别技术，交通标志识别技术，交通信号灯识别技术以及人工智能、深度学习和语义分割的定义及应用；网络与通信技术包括智能网联汽车网络构成，即车载网络技术、车载自组织网络技术以及V2X通信技术、车路协同控制技术、车路协同前瞻技术；导航定位技术包括导航定位的定义、方法与精度要求，卫星定位技术，惯性导航与航位推算技术，通信基站定位技术，即时定位与地图构建（SLAM）技术以及电子地图技术、路径规划技术；运动控制技术包括线控转向技术、线控制动技术、线控节气门技术等。智能网联汽车的L1级和L2级以先进驾驶辅助技术为主，也是当前量产车型主要应用的技术，所以本书也介绍了先进驾驶辅助系统的定义、组成与类型，前向碰撞预警系统，自动紧急制动系统，车道偏离预警系统，车道保持辅助系统，自适应巡航控制系统和智能泊车辅助系统。随着智能网联汽车的快速发展和自动驾驶等级的提高，面向传统汽车的仿真技术已不能满足智能网联汽车开发的需要，基于驾驶场景的仿真技术将成为智能网联汽车开发的重要工具，为此本书也介绍了自动驾驶仿真系统构成，常用自动驾驶仿真软件以及自动紧急制动系统的仿真、车道保持辅助系统的仿真、自适应巡航控制系统的仿真和路径跟踪控制系统的仿真。

通过本书的学习，学生既能掌握智能网联汽车所涉及的新知识和新技术，又能熟悉智能网联汽车的主要仿真技术，为从事智能网联汽车的相关工作奠定基础。

本课程的教学参考学时数为 32~40，其中仿真占 4~8 学时，可灵活安排。

在本书编写过程中，参考了一些网上的资料和图片以及参考文献中的部分内容，特向其作者表示深深的谢意。

由于编者学识有限，书中不当之处在所难免，望读者给予指正。

编　者

缩略语

3GPP	the 3rd generation partnership project，第三代合作伙伴计划
ABS	antilock brake system，防抱制动系统
ACC	adaptive cruise control，自适应巡航控制
ADAS	advanced driving assistance system，先进驾驶辅助系统
ADC	analog-to-digital converter，模-数转换器
AEB	autonomous emergency braking，自动紧急制动
AFL	adaptive front light，自适应前照灯
AOA	angle of arrival，到达角
AR	augmented reality，增强现实技术
ASR	acceleration slip regulation，驱动防滑系统
AUTOSAR	automotive open system architecture，汽车开放系统架构
AVM	around view monitoring，全景影像监测
BA	bundle adjustment，光束法平差
BBW	brake-by-wire，全电路制动
BDS	Bei Dou navigation satellite system，北斗卫星导航系统
BoW	bag-of-words，词袋模型
BRT	bus rapid transit，快速公交系统
BSD	blind spot detection，盲区监测
CAN	controller area network，控制器局域网络
CCD	charge-coupled device，电荷耦合器件
CCP	car's current position，当前位置
CMOS	complementary metal oxide semiconductor，互补金属氧化物半导体
CSMA/CA	carrier sense multiple access with collision avoid，带有冲突避免的载波侦听多路访问
CSMA/CD	carrier sense multiple access with collision detection，基带冲突检测的载波监听多路访问技术
DAM	driver attention monitoring，驾驶人注意力监测
DFM	driver fatigue monitoring，驾驶人疲劳监测
DGPS	differential global position system，差分全球定位系统
DOW	door open warning，车门开启预警
DR	dead reckoning，航迹推算

DSRC	dedicated short range communications, 专用短程通信技术	
EBA	emergency braking assist, 紧急制动辅助	
ECU	electronic control unit, 电子控制单元	
EDF	edge distribution function, 边缘分布函数	
EHB	electro hydraulic brake, 电子液压制动	
EMB	electro mechanical brake, 电子机械制动	
ESA	emergency steering assist, 紧急转向辅助	
ESP	electronic stability program, 车身电子稳定系统	
FCW	forward collision warning, 前向碰撞预警	
FMI	the functional mock-up interface, 功能模型接口	
FMU	the functional mock-up unit, 功能模型单元	
FOD	future offset difference, 预瞄偏移量差异	
GEO	geostationary earth orbit, 地球静止轨道	
GIS	geographic information system, 地理信息系统	
GLONASS	GLOBAL NAVIGATION SATELLITE SYSTEM, 全球卫星导航系统（俄罗斯）	
GNSS	global navigation satellite system, 全球导航卫星系统	
GPS	global positioning system, 全球定位系统	
HOG	histogram of oriented gradient, 方向梯度直方图	
HSI	hue、saturation、intensity, 色调、饱和度、强度	
HSV	hue、saturation、value, 色调、饱和度、亮度	
HUD	head up display, 抬头显示	
IBC	integrated brake control, 集成制动控制	
IGSO	inclined geo-synchronous orbit, 倾斜地球同步轨道	
ILD	instantaneous lateral displacement, 瞬时侧向位移	
IMU	inertial measurement unit, 惯性测量单元	
INS	inertial navigation system, 惯性导航系统	
IPA	intelligent parking assist, 智能泊车辅助	
IPB	integrated power brake, 电控制动	
ISLC	intelligent speed limit control, 智能限速控制	
ISLI	intelligent speed limit information, 智能限速提示	
LCC	lane centering control, 车道居中控制	
LCW	lane changing warning, 变道碰撞预警	
LDP	lane departure prevention, 车道偏离抑制	
LDW	lane departure warning, 车道偏离报警	
LIN	local interconnect network, 局域互联网络	
LKA	lane keeping assist, 车道保持辅助	
LTE	long term evolution, 长期演进	
LV	lateral velocity, 横向速度	

MAC	media access control，媒体访问控制
MCU	microcontroller unit，微控制单元
MEC	multi-access edge computing，多接入边缘计算
MEO	medium earth orbit，中圆地球轨道
MIO	multiuse I/O，多功能 I/O 接口
MOST	media oriented systems transport，多媒体定向系统传输
NCAP	new car assessment program，新车碰撞测试
NV	night vision，夜视
OBU	on board unit，车载单元
POI	point of interest，关注点
PPI	pixels per inch，像素密度
RCTA	rear crossing traffic alert，后方交通穿行提示
RCW	rear collision warning，后向碰撞预警
RGB	red、green、blue，红、绿、蓝
ROS	robot operating system，机器人操作系统
RRS	road rumble strips，路边振动带
RRT	rapidly-exploring random tree，快速扩展随机树
RSU	road side unit，路侧单元
RTK	real - time kinematic，（实时动态）载波相位差分技术
SAE	society of automotive engineers，国际自动机工程师学会
SBSD	side blind spot detection，侧向盲区监测
SLAM	simultaneous localization and mapping，即时定位与地图构建
STBSD	steering blind spot detection，转向盲区监测
TDOA	time difference of arrival，到达时间差
TJA	traffic jam assist，交通拥堵辅助
TLC	time to lane crossing，汽车跨道时间
TOA	time of arrival，到达时间
TOF	time of flight，时间飞跃法
TSR	traffic sign recognition，交通标志识别
TTD	time to trajectory divergence，预瞄轨迹偏离
UWB	ultra-wideband，超宽带
V2I	vehicle to infrastructure，车与基础设施
V2N	vehicle to network，车与网络
V2P	vehicle to person，车与人
V2V	vehicle to vehicle，车与车
V2X	vehicle to x，车与 X（如车、路、行人、云端等）

目 录

前言
缩略语
第 1 章　绪论 ························· 1
　1.1　智能网联汽车的定义与分级 ········ 1
　　1.1.1　智能网联汽车的定义 ········· 1
　　1.1.2　智能网联汽车的驾驶自动化
　　　　　分级 ······················ 3
　1.2　智能网联汽车的体系构成与关键
　　　技术 ······························ 5
　　1.2.1　智能网联汽车的体系构成 ····· 5
　　1.2.2　智能网联汽车的关键技术 ····· 7
　1.3　智能网联汽车的标准体系 ·········· 8
　1.4　智能网联汽车的发展趋势 ········· 11
　练习题 ································ 12
**第 2 章　智能网联汽车环境感知
　　　　　技术** ······················ 13
　2.1　环境感知技术简介 ··············· 14
　　2.1.1　环境感知对象 ··············· 14
　　2.1.2　环境感知方法 ··············· 15
　2.2　智能传感器 ····················· 18
　　2.2.1　超声波雷达 ················· 18
　　2.2.2　毫米波雷达 ················· 22
　　2.2.3　激光雷达 ··················· 27
　　2.2.4　视觉传感器 ················· 34
　2.3　传感器融合技术 ················· 53
　　2.3.1　传感器融合的定义 ··········· 53
　　2.3.2　传感器融合的原理 ··········· 54
　　2.3.3　传感器融合的方案 ··········· 55
　2.4　目标识别技术 ··················· 56
　　2.4.1　道路识别技术 ··············· 56
　　2.4.2　车辆识别技术 ··············· 64
　　2.4.3　行人识别技术 ··············· 67
　　2.4.4　交通标志识别技术 ··········· 72

　　2.4.5　交通信号灯识别技术 ········· 76
　2.5　人工智能技术 ··················· 82
　　2.5.1　人工智能的定义与应用 ······· 82
　　2.5.2　深度学习技术 ··············· 84
　　2.5.3　语义分割技术 ··············· 87
　练习题 ································ 89
**第 3 章　智能网联汽车网络与通信
　　　　　技术** ······················ 90
　3.1　智能网联汽车网络构成与特点 ····· 90
　　3.1.1　智能网联汽车的网络构成 ····· 90
　　3.1.2　智能网联汽车网络的特点 ····· 92
　3.2　车载网络技术 ··················· 93
　　3.2.1　CAN 总线网络 ··············· 93
　　3.2.2　LIN 总线网络 ··············· 95
　　3.2.3　FlexRay 总线网络 ··········· 96
　　3.2.4　MOST 总线网络 ·············· 98
　　3.2.5　以太网 ····················· 99
　3.3　车载自组织网络技术 ············ 100
　　3.3.1　车载自组织网络的定义 ······ 100
　　3.3.2　车载自组织网络的类型 ······ 101
　　3.3.3　车载自组织网络的路由协议
　　　　　类型 ····················· 102
　　3.3.4　车载自组织网络的特点 ······ 103
　3.4　V2X 通信技术 ·················· 104
　　3.4.1　V2X 通信的定义 ············ 104
　　3.4.2　DSRC 通信技术 ············· 106
　　3.4.3　LTE-V 通信技术 ············ 108
　　3.4.4　5G 通信技术 ··············· 109
　　3.4.5　V2X 通信系统安全风险 ······ 111
　　3.4.6　V2X 通信的应用场景 ········ 111
　3.5　车路协同控制技术 ·············· 114
　　3.5.1　车路协同控制的定义 ········ 114
　　3.5.2　车路协同控制的架构 ········ 115
　　3.5.3　车路协同控制应用实践 ······ 115

3.6 车路协同前瞻技术 …………… 117
   3.6.1 大数据技术 …………………… 117
   3.6.2 云计算技术 …………………… 119
   3.6.3 多接入边缘计算技术 ………… 120
练习题 ……………………………………… 124

第4章 智能网联汽车导航定位技术 …………………………………… 126

4.1 导航定位简介 …………………………… 127
   4.1.1 导航定位的定义 ……………… 127
   4.1.2 导航定位的方法 ……………… 128
   4.1.3 导航定位的精度要求 ………… 130
4.2 卫星定位技术 …………………………… 131
   4.2.1 全球卫星定位系统 …………… 131
   4.2.2 差分全球卫星定位系统 ……… 136
   4.2.3 北斗卫星导航定位系统 ……… 138
4.3 惯性导航与航位推算技术 ……………… 143
   4.3.1 惯性导航技术 ………………… 143
   4.3.2 航位推算技术 ………………… 147
4.4 通信基站定位技术 ……………………… 149
   4.4.1 AOA 定位法 ………………… 149
   4.4.2 TOA 定位法 ………………… 149
   4.4.3 TDOA 定位法 ……………… 150
4.5 即时定位与地图构建（SLAM）技术 ………………………………… 150
   4.5.1 视觉 SLAM 技术 …………… 151
   4.5.2 激光 SLAM 技术 …………… 154
   4.5.3 视觉 SLAM 与激光 SLAM 的区别 …………………………… 156
4.6 电子地图技术 …………………………… 157
   4.6.1 导航电子地图 ………………… 157
   4.6.2 高精度地图 …………………… 157
4.7 路径规划技术 …………………………… 160
   4.7.1 环境模型建立方法 …………… 160
   4.7.2 路径规划的经典算法 ………… 162
   4.7.3 路径规划的智能算法 ………… 163
练习题 ……………………………………… 166

第5章 智能网联汽车运动控制技术 …………………………………… 167

5.1 汽车线控转向技术 ……………………… 167
   5.1.1 汽车线控转向系统的定义 …… 167
   5.1.2 汽车线控转向系统的特点 …… 168
   5.1.3 汽车线控转向系统的组成 …… 169
   5.1.4 汽车线控转向系统的原理 …… 170
5.2 汽车线控制动技术 ……………………… 171
   5.2.1 汽车线控制动系统的定义 …… 171
   5.2.2 汽车线控制动系统的特点 …… 172
   5.2.3 汽车线控制动系统的组成与原理 …………………………… 173
   5.2.4 汽车线控制动系统的产品 …… 174
5.3 汽车线控节气门技术 …………………… 177
   5.3.1 汽车线控节气门的定义 ……… 177
   5.3.2 汽车线控节气门的特点 ……… 178
   5.3.3 汽车线控节气门系统的组成与原理 ……………………………… 179
5.4 汽车运动控制技术 ……………………… 181
   5.4.1 汽车运动学模型 ……………… 181
   5.4.2 汽车动力学模型 ……………… 182
   5.4.3 汽车运动控制模块 …………… 184
   5.4.4 汽车运动控制仿真 …………… 186
练习题 ……………………………………… 189

第6章 智能网联汽车先进驾驶辅助技术 …………………………………… 190

6.1 先进驾驶辅助技术简介 ………………… 190
   6.1.1 先进驾驶辅助系统的定义与组成 ……………………………… 190
   6.1.2 先进驾驶辅助系统的类型 …… 191
6.2 前向碰撞预警系统 ……………………… 196
   6.2.1 前向碰撞预警系统的定义 …… 196
   6.2.2 前向碰撞预警系统的组成 …… 197
   6.2.3 前向碰撞预警系统的原理 …… 198
   6.2.4 前向碰撞预警系统的报警模型 …………………………… 198
6.3 自动紧急制动系统 ……………………… 199
   6.3.1 自动紧急制动系统的定义 …… 199
   6.3.2 自动紧急制动系统的组成 …… 200
   6.3.3 自动紧急制动系统的原理 …… 201
6.4 车道偏离预警系统 ……………………… 201
   6.4.1 车道偏离预警系统的定义 …… 201
   6.4.2 车道偏离预警系统的组成 …… 202
   6.4.3 车道偏离预警系统的原理 …… 203
   6.4.4 车道偏离预警系统的算法 …… 203
6.5 车道保持辅助系统 ……………………… 206

6.5.1 车道保持辅助系统的定义 …… 206
6.5.2 车道保持辅助系统的组成 …… 206
6.5.3 车道保持辅助系统的原理 …… 207
6.6 自适应巡航控制系统 …… 208
6.6.1 自适应巡航控制系统的定义 …… 208
6.6.2 自适应巡航控制系统的组成 …… 208
6.6.3 自适应巡航控制系统的原理 …… 210
6.7 智能泊车辅助系统 …… 211
6.7.1 智能泊车辅助系统的定义 …… 211
6.7.2 智能泊车辅助系统的组成 …… 211
6.7.3 智能泊车辅助系统的原理 …… 212
6.7.4 智能泊车辅助系统的类型 …… 212
练习题 …… 215

第7章 智能网联汽车自动驾驶仿真技术 …… 216

7.1 智能网联汽车自动驾驶仿真系统构成 …… 216
7.2 自动驾驶仿真软件简介 …… 219
7.3 MATLAB自动驾驶工具箱简介 …… 228
7.4 自动紧急制动系统的仿真 …… 231
7.5 车道保持辅助系统的仿真 …… 233
7.6 自适应巡航控制系统的仿真 …… 235
7.7 路径跟踪控制系统的仿真 …… 236
练习题 …… 238

参考文献 …… 239

第1章

绪　　论

【教学目标】
通过对本章的学习，学生能够掌握智能网联汽车的定义与分级，掌握智能网联汽车的体系构成与关键技术、标准体系和发展趋势，为后续学习奠定基础。

【教学要求】

知识要点	能力要求	参考学时
智能网联汽车的定义与分级	1）了解大力发展智能网联汽车的必要性 2）掌握智能网联汽车的定义与自动驾驶分级 3）了解驾驶自动化等级划分和判定流程	1
智能网联汽车的体系构成与关键技术	1）掌握智能网联汽车的层次结构和技术架构 2）了解"三横"技术体系包含的内容 3）了解智能网联汽车的关键零部件和关键技术	1
智能网联汽车的标准体系	1）了解智能网联汽车的标准体系 2）了解已经颁布的相关标准	0.5
智能网联汽车的发展趋势	1）了解智能网联汽车的发展趋势 2）能够初步对市场上的智能网联汽车进行分析	0.5

1.1 智能网联汽车的定义与分级

1.1.1 智能网联汽车的定义

随着汽车保有量的增加，带来能源短缺、环境污染、交通拥堵和事故频发等社会问题，发展智能网联汽车是解决这些社会问题的有效方法。智能网联汽车代表着汽车行业未来的发展方向，是新一轮科技革命背景下的新兴产品，可显著改善交通安全、实现节能减排、减轻交通拥堵、提高交通效率，并拉动汽车、电子、通信、服务以及社会管理等协同发展，对促进汽车产业转型升级具有重大战略意义。因此，中国要发展智能网联汽车。

智能网联汽车是指搭载先进的车载传感器、控制器、执行器等装置，并融合现代通信与网络技术，实现车与X（车、路、行人、云端等）（V2X）智能信息交换、共享，具备复杂环境感知、智能决策、协同控制等功能，可实现车辆安全、高效、舒适、节能地行驶，并最终可实现替代人类操作的新一代汽车。

"智能"是指搭载先进的车载传感器、控制器、执行器等装置和车载系统模块，具备复杂环境感知、智能化决策与控制等功能；"网联"主要指信息互联共享能力，即通过通信与网络技术，实现车内、车与车、车与环境间的信息交互；"汽车"是智能终端载体的形态，既可以是燃油汽车，也可以是新能源汽车，未来主要以新能源汽车为主。

智能网联汽车已不是特指某类或单个车辆，而是以车辆为主体和主要节点，由车辆、道路基础设施、通信设备、交通控制系统以及数据存储与处理系统等共同构成的综合协调系统，是未来智能交通系统下车联网环境中发挥着重要作用的智能终端，并最终实现车辆安全、高效、舒适、节能地行驶的新一代多车辆系统，如图 1-1 所示。

图 1-1　智能网联汽车

智能网联汽车是智能汽车与车联网相融合的产物，智能汽车和智能网联汽车的终极发展目标是无人驾驶汽车；车联网的终极发展目标是智能交通系统。

智能网联汽车实现自动驾驶必须具有感知系统、决策系统和执行系统，如图 1-2 所示。

（1）**感知系统**　感知系统就是感知车辆、感知环境，告诉系统所处的位置，周围的环境是什么。目前，感知层主要是采用传感器技术，它就是自动驾驶汽车的"眼睛"，包含了超声波雷达、毫米波雷达、激光雷达、摄像头、高精度定位、高精度地图、V2X 等技术。

（2）**决策系统**　决策系统就是在获取感知数据后，会针对数据进行分析、决策和预测，解决系统该对环境做出什么反应，预测之后可能会发生什么情况的问题。

（3）**执行系统**　执行系统是通过车辆的执行机构完成相应的制动、转向、驱动等操控动作，其发展趋势是线控转向、线控制动、线控驱动技术等。

要实现自动驾驶，除了算法创新、系统融合之外，还需要来自云平台的支持。

伴随着以人工智能与新一代信息通信技术为代表的新一轮科技革命进程，汽车作为新技术集成应用的最佳载体之一，正在加速向智能化和网联化转型，智能网联汽车已经成为国际汽车产业发展战略方向与竞争焦点。电动化、智能化、网联化和共享化已经成

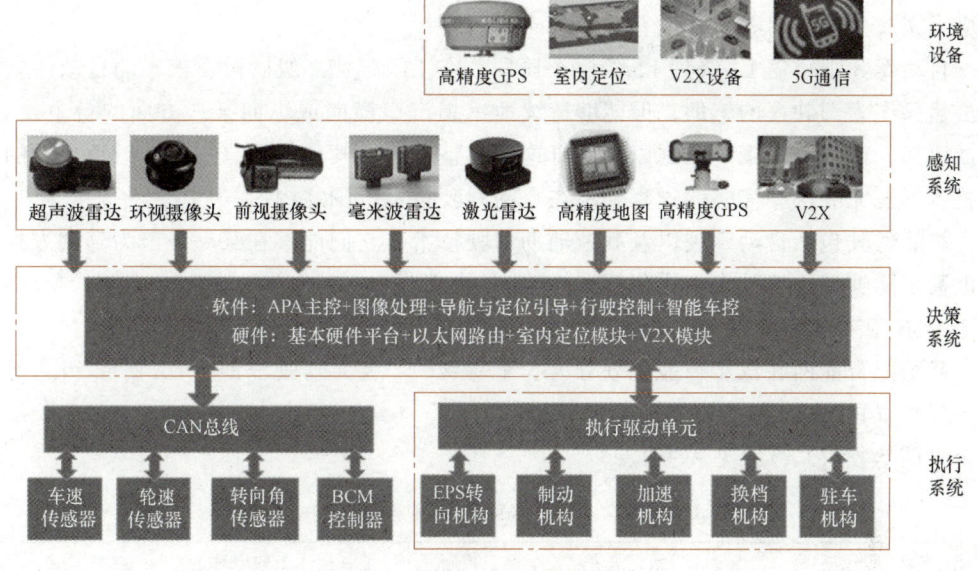

图 1-2　自动驾驶通用技术框架

为汽车新的发展趋势，智能网联汽车是实现汽车"新四化"的最好载体。

1.1.2　智能网联汽车的驾驶自动化分级

1. 国际自动机工程师学会对驾驶自动化的分级

国际自动机工程师学会（SAE）对汽车驾驶自动化的分级见表 1-1。

表 1-1　SAE 对汽车驾驶自动化的分级

分级		L0	L1	L2	L3	L4	L5
称呼		无驾驶自动化	驾驶支持	部分自动化	有条件自动化	高度自动化	完全自动化
定义		由驾驶人全权驾驶汽车，在行驶过程中可以得到警告	通过驾驶环境对转向盘和加减速中的一项操作提供支持，其余由驾驶人操作	通过驾驶环境对转向盘和加减速中的多项操作提供支持，其余由驾驶人操作	由无人驾驶系统完成所有的驾驶操作，根据系统要求，驾驶人提供适当的应答	由无人驾驶系统完成所有的驾驶操作，根据系统要求，驾驶人不一定提供所有的应答，限定道路和环境条件	由无人驾驶系统完成所有的驾驶操作，可能的情况下，驾驶人接管，不限定道路和环境条件
主体	驾驶操作	驾驶人	驾驶人/系统	自动驾驶系统			
	周边监控	驾驶人			系统		
	支援	驾驶人				系统	
	系统作用域	无	部分				全域

对应 SAE 分级标准，无人驾驶专指 L4 级和 L5 级，汽车能够在限定环境乃至全部环境下完成全部的驾驶任务。

自动驾驶则覆盖 L1 级到 L5 级整个阶段，在 L1 级、L2 级阶段，汽车的自动驾驶系统虽然只作为驾驶人的辅助，但能够持续地承担汽车横向或纵向某一方面的自主控制，完成感知、认知、决策、控制以及执行这一完整过程；其他如预警提示、短暂干预的驾驶技术不能完成这一完整的过程，不在自动驾驶技术范围之内。

智能驾驶包括自动驾驶以及其他辅助驾驶技术，它们能够在某一环节为驾驶人提供辅助甚至能够替代驾驶人，优化驾车体验。

2. 我国对智能网联汽车驾驶自动化的分级

我国把智能网联汽车智能化划分为 5 个等级，1 级为驾驶辅助（DA），2 级为部分自动驾驶（PA），3 级为有条件自动驾驶（CA），4 级为高度自动驾驶（HA），5 级为完全自动驾驶（FA），见表 1-2。

表 1-2 我国对智能网联汽车驾驶自动化的分级

智能化等级		等级名称	等级定义	控制	监视	失效应对	典型工况
人监控驾驶环境	1	驾驶辅助（DA）	系统根据环境信息对行驶方向和加减速中的一项操作提供支援，其他驾驶操作都由驾驶人完成	驾驶人与系统	驾驶人	驾驶人	车道内正常行驶，高速公路无车道干涉路段，停车工况
	2	部分自动驾驶（PA）	系统根据环境信息对行驶方向和加减速中的多项操作提供支援，其他驾驶操作都由驾驶人完成	驾驶人与系统	驾驶人	驾驶人	高速公路及市区无车道干涉路段，换道、环岛绕行、拥堵时跟车等工况
自动驾驶系统监控驾驶环境	3	有条件自动驾驶（CA）	由自动驾驶系统完成所有驾驶操作，根据系统请求，驾驶人需要提供适当的干预	系统	系统	驾驶人	高速公路正常行驶工况，市区无车道干涉路段
	4	高度自动驾驶（HA）	由自动驾驶系统完成所有驾驶操作，特定环境下系统会向驾驶人提出响应请求，驾驶人可以对系统请求不进行响应	系统	系统	系统	高速公路全部工况及市区有车道干涉路段
	5	完全自动驾驶（FA）	自动驾驶系统可以完成驾驶人能够完成的所有道路环境下的操作，不需要驾驶人介入	系统	系统	系统	所有行驶工况

注：1—1 级驾驶辅助包括自适应巡航控制、车道偏离预警、车道保持、盲区监测、自动制动以及辅助泊车等。

2—2 级部分自动驾驶包括车道内自动驾驶、换道辅助和全自动泊车等。

3—3 级有条件自动驾驶包括高速公路自动驾驶、城郊公路自动驾驶、协同式队列行驶、交叉口通行辅助等。

4—4 级高度自动驾驶有堵车辅助系统、高速公路自动驾驶系统和泊车引导系统等。目前，高度自动驾驶的技术尚未应用在量产车型上，在未来几年时间，部分技术的量产车型将会实现。

5—5 级完全自动驾驶的实现将意味着自动驾驶汽车真正驶入了人们的生活，也将使驾驶人从根本上得到解放。驾驶人可以在车上从事其他活动，如上网、办公、娱乐和休息等。目前，完全自动驾驶汽车还要受到政策、法律等相关条件的制约，真正量产还任重而道远。

我国的 1~5 级与 SAE 的 L1~L5 级基本是对应的，但也有一些差异，主要体现在第 2 级。我国的第 2 级部分自动驾驶的控制是驾驶人与系统；SAE 的 L2 级部分自动化的驾驶操作是系统，也就是说，SAE 的 L2 级比我国的 2 级要求高。

3. 我国对智能网联汽车网联化的分级

在网联化层面，按照网联通信内容的不同，将智能网联汽车划分为 3 个等级，1 级是网联辅助信息交互，2 级是网联协同感知，3 级是网联协同决策与控制，见表 1-3。

表 1-3 我国对智能网联汽车网联化的分级

网联化等级	等级名称	等级定义	控制	典型信息	传输需求
1	网联辅助信息交互	基于车—路、车—后台通信，实现导航等辅助信息的获取以及车辆行驶数据与驾驶人操作等数据的上传	驾驶人	地图、交通流量、交通标志、油耗、里程、驾驶习惯等	传输实时性、可靠性要求较低
2	网联协同感知	基于车—车、车—路、车—人、车—后台通信，实时获取车辆周边交通环境信息，与车载传感器的感知信息融合，作为自车决策与控制系统的输入	驾驶人与系统	周边车辆、行人、非机动车位置、信号灯相位、道路预警等信息	传输实时性、可靠性要求较高
3	网联协同决策与控制	基于车—车、车—路、车—人、车—后台通信，实时并可靠获取车辆周边交通环境信息及车辆决策信息，车—车、车—路等各交通参与者之间信息进行交互融合，形成车—车、车—路等各交通参与者之间的协同决策与控制	驾驶人与系统	车—车、车—路之间的协同控制信息	传输实时性、可靠性要求最高

1.2 智能网联汽车的体系构成与关键技术

1.2.1 智能网联汽车的体系构成

1. 智能网联汽车的层次结构

智能网联汽车系统主要由环境感知层、智能决策层以及控制和执行层组成，如图 1-3 所示。

(1) **环境感知层** 环境感知层的主要功能是通过车载环境感知技术、卫星定位技术以及 4G/5G 及 V2X 无线通信技术等，实现对车辆自身属性和车辆外在属性（如道路、车辆和行人等）静、动态信息的提取和收集，并向智能决策层输送信息。

(2) **智能决策层** 智能决策层的主要功能是接收环境感知层的信息并进行融合，对道路、车辆、行人、交通标志和交通信号等进行识别、决策分析和判断车辆驾驶模式

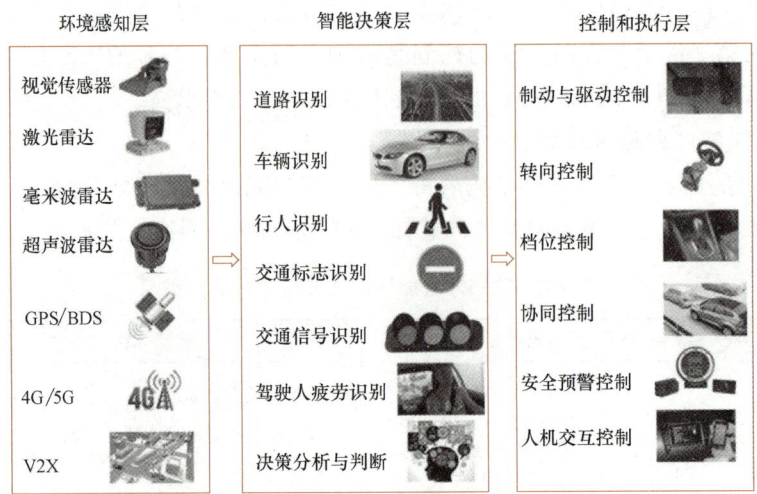

图 1-3 智能网联汽车的层次结构

及将要执行的操作,并向控制和执行层输送指令。

(3)**控制和执行层** 控制和执行层的主要功能是按照智能决策层的指令,对车辆进行操作和协同控制,并为联网汽车提供道路交通信息、安全信息、娱乐信息、救援信息、商务办公以及网上消费等,保障汽车安全行驶和舒适驾驶。

2. 智能网联汽车的技术架构

智能网联汽车技术架构为"三横两纵"式技术架构,如图 1-4 所示。"三横"是指智能网联汽车主要涉及的车辆/设施、信息交互与基础支撑三大领域技术,"两纵"是指支撑智能网联汽车发展的车载平台以及基础设施条件。

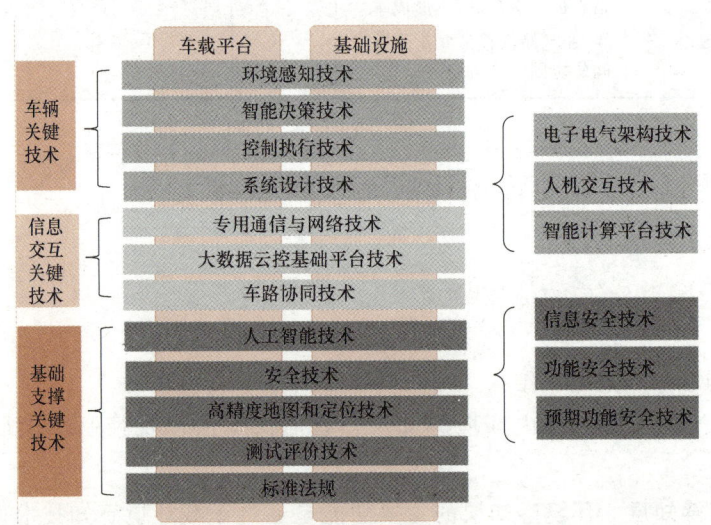

图 1-4 智能网联汽车的技术架构

3. 智能网联汽车的发展目标

智能网联汽车发展的总体目标如图 1-5 所示。到 2025 年,HA 级智能网联汽车开始进入市场；2030年，实现HA级智能网联汽车在高速公路广泛应用，在部分城市道路规模化应用；2035年，HA、FA级智能网联汽车具备与其他交通参与者间的网联协同决策与控制能力，各类网联式高度自动驾驶车辆广泛运行于中国广大地区。

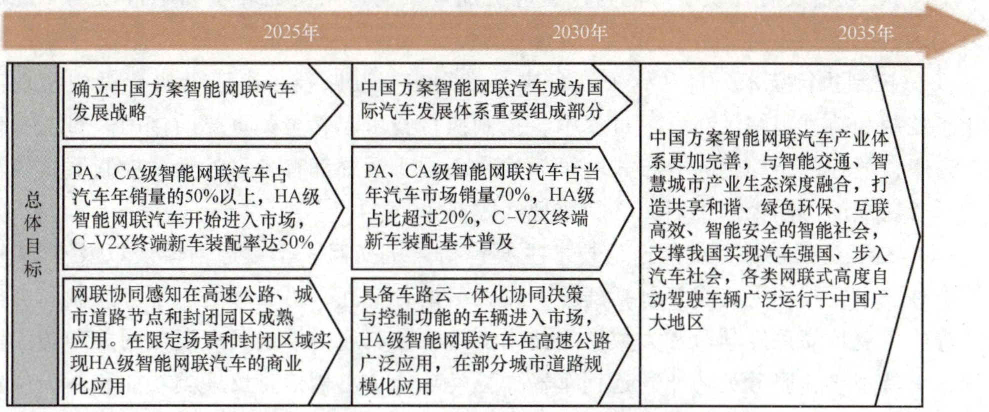

图 1-5　智能网联汽车发展的总体目标

1.2.2　智能网联汽车的关键技术

1. 智能网联汽车的关键零部件

智能网联汽车的关键零部件主要有车载光学系统、车载雷达系统、高精度定位系统、车载互联终端以及集成控制系统等，如图1-6所示。

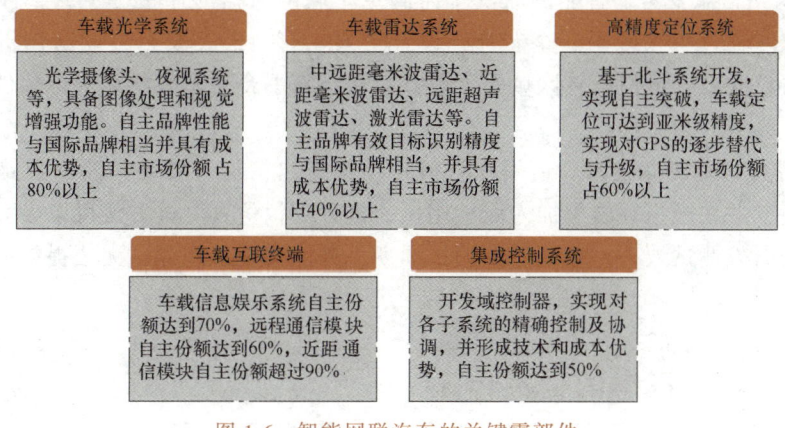

图 1-6　智能网联汽车的关键零部件

2. 智能网联汽车的关键技术

智能网联汽车是一个复杂的跨界交叉系统，技术领域覆盖广、专业跨度大、技术架构复杂，其核心关键技术涉及汽车、半导体芯片、人工智能和信息通信等领域。

（1）**环境感知传感器技术**　环境感知传感器主要包括超声波雷达、毫米波雷达、激光雷达、视觉传感器及其感知算法，感知对象包括道路、车辆、行人、交通标志以及交通信号灯等，如何低成本、高效率、准确地识别出这些感知对象，还有很多技术问题需要解决。

（2）**决策规划技术** 随着汽车驾驶自动化水平的提高，对车辆自主决策能力提出了新的要求，汽车不仅需要在某个具体工况下进行决策规划（如超车、巡航和跟车等单一工况），还需要有在线学习能力以适应更加复杂的道路交通环境和不可预期工况的能力。

（3）**控制执行技术** 自动驾驶汽车决策规划出行驶路径，由底盘执行机构实现汽车状态控制和轨迹跟踪，在这一过程中，控制执行技术起着至关重要的作用。目前，传统汽车底盘的控制结构仍为分布式电子架构，不同子系统都有各自的运算控制器，较难实现所有功能的协同控制，因此必须实现线控底盘。

（4）**交互通信技术** 交互通信技术主要包括人机交互、车载通信模块以及V2X通信等多种技术。其中人机交互包括驾驶人监控、语音交互、语义理解、手势控制和虚拟现实等，主要依靠深度学习和大数据等技术实现；车载通信模块具有通信网关和防火墙机制，支持报警、服务类功能、远程车辆操控类功能、车辆信息反馈类功能和基于位置的服务类等信息控制功能；V2X通信技术强调车辆在行驶环境中与其他交通参与者实时互联通信，获得其交通参数，对传输速度、延时性和丢包率等均有较高的要求。

（5）**计算芯片技术** 芯片是智能网联汽车的核心运算单元，主要包括中央处理器、图形处理器、现场可编程门阵列及专用定制芯片等。

（6）**云计算平台** 云计算平台通过以太网络与车辆、路侧设备进行远程通信，实现远程监控、车辆追踪、调度管理和路径规划等功能；同时还能够利用云计算和大数据处理，为自动驾驶控制策略、智能交通控制管理的研究提供数据依据。

（7）**网络信息安全** 智能网联汽车需满足车联网通信的保密性、完整性以及可鉴别性等要求。通过引入密码安全芯片、设计"端—管—云"安全主动防御机制、采用密码安全协议和设置可信计算区域等手段，对云计算平台和车载终端进行软件代码和物理硬件安全升级。

（8）**虚拟仿真测试技术** 运用计算机建模构建出街道、城乡和高速公路等作为测试虚拟环境，并在虚拟环境中加入测试用例，这种虚拟仿真测试方法可以大大提高自动驾驶技术的研发测试效率、缩短研发测试周期，并能实现场地测试无法提供的海量测试场景用例。

1.3 智能网联汽车的标准体系

智能网联汽车标准体系包括"基础""通用规范""产品与技术应用"以及"相关标准"4个部分，同时根据各具体标准在内容范围、技术等级上的共性和区别，对4部分做进一步细分，形成内容完整、结构合理、界限清晰的14个子类，如图1-7所示。

1. 基础

基础类标准主要包括智能网联汽车术语和定义、分类和编码、标识和符号等3类基础标准。

（1）**术语和定义** 术语和定义标准用于统一智能网联汽车相关的基本概念，为各

第1章 绪论

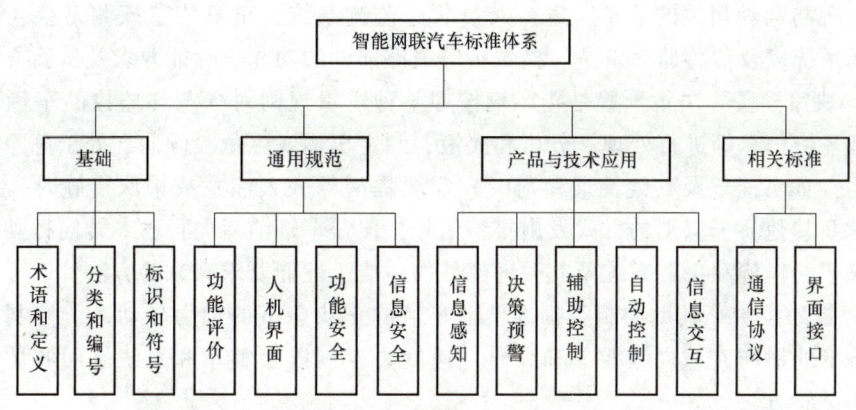

图1-7 智能网联汽车标准体系

相关行业协调兼容奠定基础,同时为其他各部分标准的制定提供支撑。

(2) **分类和编码** 分类和编码标准用于帮助各方统一认识和理解智能网联标准化的对象、边界以及各部分的层级关系和内在联系。

(3) **标识和符号** 标识和符号标准用于对智能网联汽车中各类产品、技术和功能对象进行标识与解析,为人机界面的统一和简化奠定基础。

2. 通用规范

通用规范类标准从整车层面提出全局性的要求和规范,主要包括功能评价、人机界面、功能安全和信息安全等方面。

(1) **功能评价** 功能评价标准主要从整车及系统层面提出智能化、网联化功能评价规范以及相应的测试评价应用场景,在一定程度上反映了对产品和技术应用前景的判断。

(2) **人机界面** 人机界面标准主要考虑智能网联汽车产品形态较传统汽车在人机工程及功能信息传递上的差异,同时着重考虑驾驶模式切换等问题。人机界面的优劣与驾驶安全密切相关,同时也会影响驾乘体验和对产品的接受度。

(3) **功能安全** 功能安全标准侧重于规范智能网联汽车各主要功能节点及其下属系统在安全性能力保障方面的要求,其主要目的是确保智能网联汽车整体及子系统功能运行的可靠性,并在系统部分或全部发生失效后仍能最大程度地保证车辆安全运行。

(4) **信息安全** 信息安全标准在遵从信息安全通用要求的基础上,以保障车辆安全、稳定、可靠运行为核心;主要针对车辆及车载系统通信、数据、软硬件安全,从整车、系统、关键节点以及车辆与外界接口等方面提出风险评估、安全防护与测试评价要求,防范对车辆的攻击、侵入、干扰、破坏和非法使用以及意外事故。

3. 产品与技术应用

产品与技术应用类标准主要涵盖信息感知、决策预警、辅助控制、自动控制和信息交互等智能网联汽车核心技术和应用的功能、性能要求及试验方法,但不限定具体的技术方案,以免对未来技术创新和应用产生制约或障碍。

(1) **信息感知** 信息感知是指车辆利用自身搭载的传感器,探测和监控车辆驾乘人员、车辆自身运行情况及周围环境(包括道路、交通设施、其他车辆、行人等交通

9

参与者)等与驾驶相关的信息,覆盖人员状态监测系统、车身传感探测系统、驾驶人视野拓展系统以及传感器、雷达、摄像头等关键部件的功能、性能要求及试验方法。

(2)决策预警 决策预警是指车辆按照某种逻辑规则对探测和监控的车辆运行情况、周围环境信息等进行处理、分析和决策,判定车辆发生危险倾向、处于危险状态或达到其他(如可能危及其他交通参与者)需要提醒驾驶人注意或采取措施时,通过光学、声学及其他易于识别的方式发出报警信号,覆盖车辆前后向行驶、转向行驶等不同行驶工况下的提醒和报警系统及其关键部件的功能、性能要求和试验方法。

(3)辅助控制 辅助控制类标准覆盖车辆静止状态下的动力传动系统控制,车辆行驶状态下的横向(方向)控制和纵向(速度)控制以及整车和系统层面的功能、性能要求和试验方法。

(4)自动控制 自动控制类标准以城市道路、公路等不同道路条件以及交通拥堵、事故避让、倒车等不同工况下的应用场景为基础,提出车辆功能要求、相应评价方法和指标。

(5)信息交互 信息交互主要指具备网联功能的车辆可在车辆自身传感器探测的基础上,通过车载通信装置与外部节点进行信息交换,为车辆提供更加全面的环境信息,可视作一种特殊的环境感知传感器;其未来能够在信息交互的基础上进行网联化协同决策与控制,实现车辆安全、有序、高效、节能运行。该类标准不局限于车辆自身范畴,还涉及交叉口通行支持、违规警告、事故救援等功能和服务,也包括车载通信装置、通信协议及对应的界面接口。

4. 相关标准

相关标准主要包括车辆信息通信的基础——通信协议,主要涵盖实现车与X(人、车、路、云端等)智能信息交互的中、短程通信以及广域通信等方面的协议规范;在各种物理层和不同的应用层之间,还包含软、硬件界面接口的标准规范。

已经颁布的智能网联汽车的标准见表1-4。

表1-4 已经颁布的智能网联汽车的标准

序号	标准编号	标准名称	实施日期
1	GB/T 20608—2006	智能运输系统自适应巡航控制系统性能要求与检测方法	2007年4月1日
2	GB/T 21436—2008	汽车泊车测距警示装置	2008年9月1日
3	GB/T 26776—2011	道路车辆3.5t以上的商用车报警系统	2012年1月1日
4	GB/T 26773—2011	智能运输系统 车道偏离报警系统 性能要求与检测方法	2011年12月1日
5	GB/T 30036—2013	汽车用自适应前照明系统	2014年7月1日
6	GB/T 34590—2017	道路车辆 功能安全	2018年5月1日
7	GB/T 33577—2017	智能运输系统 车辆前向碰撞预警系统 性能要求和测试规程	2017年12月1日
8	GB/T 37471—2019	智能运输系统 换道决策辅助系统 性能要求与检测方法	2019年12月1日
9	YD/T 3629—2020	基于LTE的车联网无线通信技术 基站设备测试方法	2020年7月1日
10	YD/T 3707—2020	基于LTE的车联网无线通信技术 网络层技术要求	2020年7月1日

(续)

序号	标准编号	标准名称	实施日期
11	YD/T 3708—2020	基于 LTE 的车联网无线通信技术　网络层测试方法	2020 年 7 月 1 日
12	YD/T 3709—2020	基于 LTE 的车联网无线通信技术　消息层技术要求	2020 年 7 月 1 日
13	YD/T 3710—2020	基于 LTE 的车联网无线通信技术　消息层测试方法	2020 年 7 月 1 日
14	YD/T 3695—2020	基于公众电信网的车载紧急报警系统　无线数据传输技术要求	2020 年 7 月 1 日
15	YD/T 3711—2020	基于公众电信网的车载紧急报警系统　基于 IMS 的数据传输技术要求	2020 年 7 月 1 日

1.4　智能网联汽车的发展趋势

智能网联汽车技术将向着人工智能化、尺寸小型化、成本低廉化、动力电动化、信息互联化和高可靠性化方向发展。

1. 环境感知技术

77GHz 或 79GHz 毫米波雷达将取代 24GHz 毫米波雷达，天线尺寸更小、角分辨率更高、芯片材料将向着互补金属氧化物材料方向发展；激光雷达将向着固态激光雷达、探测距离和分辨率更高、尺寸更小、成本更低方向发展；视觉传感器将沿着深度学习的技术路线，向模块化、可扩展、全天候方向发展。

2. 决策规划技术

人工智能技术将由目前所处的机器学习、深度学习阶段向着自主学习方向发展。人工智能算法芯片将会对软硬件进行深度整合，使其拥有超强的计算能力、更小的体积、更低的功耗，并且算法处理速率将会大幅提升。

3. 车辆控制技术

整车电子电气架构将向着跨域集中式电子架构和车辆集中式电子架构发展，分散的控制单元将减少，取而代之的是应用先进算法的集中控制单元；车辆控制算法也由传统控制方法向基于模型预测控制、最优控制、神经网络控制和深度学习等智能控制方法转变。

4. 自主式智能与网联式智能技术加速融合

网联式系统能从时间和空间维度突破自主式系统对于车辆周边环境的感知能力。在时间维度，通过 V2X 通信，系统能够提前获知周边车辆的操作信息、红绿灯等交通控制系统信息、气象条件以及拥堵预测等更长期的未来状态信息。在空间维度，通过 V2X 通信，系统能够感知交叉路口盲区、弯道盲区以及车辆遮挡盲区等位置的环境信息，从而帮助自动驾驶系统更全面地掌握周边交通态势。网联式智能技术与自主式智能技术相辅相成，互为补充，正在加速融合发展。

5. 智能新技术将助推智能网联汽车快速发展

人工智能中的深度学习、语义分割、边缘计算和大数据、云计算、5G 及边缘端以及云端等新技术在智能网联汽车中的应用将不断深入，助推智能网联汽车快速发展。

练 习 题

1. 什么是智能网联汽车?
2. SAE 和中国对汽车驾驶自动化是如何分级的?
3. 智能网联汽车的层次结构和技术架构是怎样的?
4. 智能网联汽车的关键零部件有哪些?
5. 智能网联汽车的核心关键技术和共性关键技术有哪些?
6. 智能网联汽车的发展趋势是什么?

第2章

智能网联汽车环境感知技术

【教学目标】

通过对本章的学习,学生能够掌握环境感知的对象和方法;全面掌握超声波雷达、毫米波雷达、激光雷达和视觉传感器的基础知识;了解传感器融合原理和方案;初步掌握道路、车辆、行人、交通标志和交通信号灯识别技术;了解人工智能、深度学习和语义分割的基本概念及应用;能够利用 MATLAB 程序对车道线、车辆、行人、交通标志和交通信号灯进行仿真。

【教学要求】

知识要点	能力要求	参考学时
环境感知技术简介	1)掌握智能网联汽车环境感知的对象和特点 2)掌握智能网联汽车环境感知的方法 3)了解智能网联汽车智能传感器的配置	0.5
智能传感器	1)掌握超声波雷达、毫米波雷达、激光雷达和视觉传感器的定义与特点以及组成与原理 2)了解智能传感器的技术参数、产品及应用 3)了解视觉传感器的标定和环境感知流程,能够分析市场上智能网联汽车智能传感器的配置	4
传感器融合技术	1)掌握传感器融合的定义、原理及方案 2)能够举例说明传感器融合应用案例	0.5
目标识别技术	1)初步掌握道路、车辆、行人、交通标志和交通信号灯识别技术 2)能够利用 MATLAB 程序对车道线、车辆、行人、交通标志和交通信号灯进行识别	3
人工智能技术	1)了解人工智能、深度学习和语义分割的基本概念 2)能够举例说明人工智能、深度学习和语义分割在智能网联汽车中的应用	1

2.1 环境感知技术简介

2.1.1 环境感知对象

环境感知技术是通过安装在智能网联汽车上的智能传感器或 V2X 技术，对道路、车辆、行人、交通标志以及交通信号灯等进行检测和识别，主要应用于先进驾驶辅助系统（ADAS）和自动驾驶系统，保障智能网联汽车安全、准确地到达目的地。

智能网联汽车环境感知对象主要有道路、周边物体、驾驶状态和驾驶环境等，如图 2-1 所示。

图 2-1 智能网联汽车的环境感知

（1）**道路** 道路分为结构化道路和非结构化道路，结构化道路识别包括道路边界和各种车道标识线；非结构化道路识别主要是可行驶路径。

（2）**周边物体** 周边物体主要包括车辆、行人、各种交通标志、交通信号灯以及地面上可能影响车辆通过和安全行驶的其他各种移动或静止物体。

（3）**驾驶状态** 驾驶状态主要包括驾驶人自身状态、主车自身行驶状态和周边车辆行驶状态。

（4）**驾驶环境** 驾驶环境主要包括路面状况、道路交通拥堵情况、天气状况等。

智能网联汽车最主要的感知对象有车辆、行人、交通标志、交通信号灯和车道标线，其中车辆和行人既有运动状态，也有静止状态。对于运动的对象，除了需要识别以外，一般还需要进行跟踪。

图 2-2 所示为城市工况下的环境感知对象，主要有静止目标、运动目标、道路标线、车道标线、交通信号灯和交通标志。

由此可知，环境感知的对象有静止的，如道路、静止的障碍物、交通标志和交通信号灯；也有移动的，如车辆、行人和移动的障碍物。对于移动的目标，不仅要检测，还要对其轨迹（位置）进行追踪，并根据追踪结果，预测该目标下一步的轨迹（位置）。

图 2-2 城市工况下的环境感知对象

2.1.2 环境感知方法

环境感知方法主要通过惯性元件、超声波雷达、毫米波雷达、激光雷达、视觉传感器、V2X 通信技术以及传感器融合等实现,并配备先进的软件算法。

(1) **惯性元件** 惯性元件主要是指汽车上的车轮转速传感器、加速度传感器、陀螺仪以及转向盘转角传感器等,通过它们感知汽车自身的行驶状态。

(2) **超声波雷达** 超声波雷达主要用于短距离探测物体,虽然其探测不受光照影响,但其测量精度受测量物体表面形状、材质影响较大。

(3) **毫米波雷达** 毫米波雷达可以获取车辆周边环境二维或三维距离信息,通过距离分析识别技术对行驶环境进行感知。毫米波雷达体积小、抗干扰能力强,受天气情况和夜间的影响较小,并且传播损失比激光雷达少;但是其对行人的反射波较弱,难以探测。

(4) **激光雷达** 激光雷达可以获取车辆周边环境二维或三维距离信息,通过距离分析识别技术对行驶环境进行感知。激光雷达能够直接获取物体三维距离信息,具有测量精度高、对光照环境变化不敏感的优点;但它无法感知无距离差异平面内的目标信息,且因为体积较大、价格较高,不便于车载集成。

(5) **视觉传感器** 视觉传感器能够获取车辆周边环境二维或三维图像信息,通过图像分析识别技术对行驶环境进行感知。视觉传感器具有实时性好,体积小,能耗低,价格低,获取图像信息量大的优点;但易受光照环境影响,因此三维信息测量精度较低。

(6) **V2X 通信技术** V2X 通信技术主要包括 V2V、V2I、V2P 和 V2N,它们采集的信息既可以用于先进驾驶辅助系统,又可以用于自动驾驶系统,特别是在车路协同控制中,具有较大的优势。V2X 通信技术获取的信息范围更为广阔,可以提供 360°视觉感知，且不受天气和道路环境的影响，还可以给驾驶人或自动驾驶系统提供更多的信息，保障车辆的安全行驶。

（7）**传感器融合** 传感器融合是指运用多种不同传感手段获取车辆周边环境多种不同形式的信息，通过多信息融合技术对行驶环境进行感知，如视觉与毫米波雷达、视觉与激光雷达、视觉与超声波雷达的融合等。其优点是能够获取丰富的车辆周边环境信息，具有优良的环境适应能力，可以为安全快速辅助驾驶提供可靠保障；其缺点是系统复杂，成本高。

超声波雷达、毫米波雷达、激光雷达以及视觉传感器统称为智能传感器。

图 2-3 所示为奥迪 A8 智能传感器的配置，它配置了 1 个 4 线束激光雷达、1 个前视摄像头、4 个鱼眼摄像头、1 个远程毫米波雷达、2 个中程毫米波雷达以及 12 个超声波雷达，属于 L3 级自动驾驶。

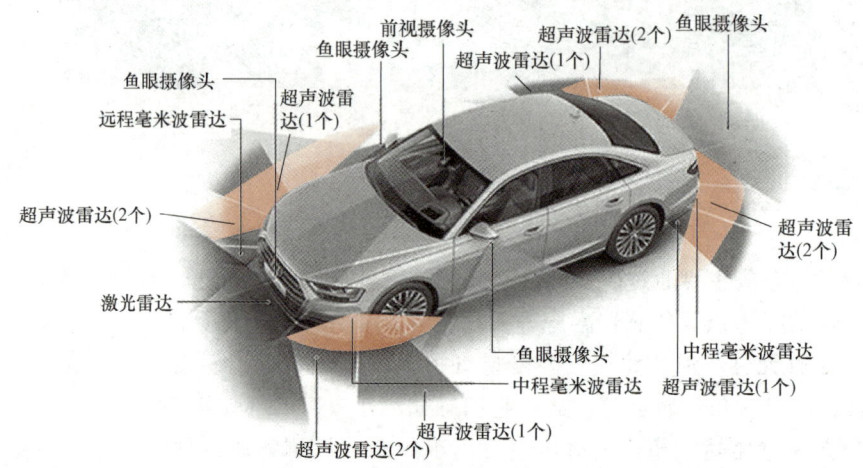

图 2-3 奥迪 A8 智能传感器的配置

图 2-4 所示为沃尔沃与优步联合开发的 XC90 自动驾驶汽车智能传感器的配置，它配置了前视摄像头、侧视摄像头、后视摄像头、超声波雷达、毫米波雷达和激光雷达。

图 2-4 沃尔沃 XC90 自动驾驶汽车智能传感器的配置

图 2-5 所示为特斯拉电动汽车智能传感器的配置，它配置了 1 个三目摄像头、2 个侧前视摄像头、2 个侧后视摄像头、1 个后视摄像头、1 个毫米波雷达和 12 个超声波雷达，属于 L3 级自动驾驶。其中，侧前视摄像头和侧后视摄像头的覆盖范围相互重叠，保证无盲区。

图 2-5 特斯拉电动汽车智能传感器的配置

三目摄像头分别是鱼眼摄像头、长距离摄像头和中距离摄像头，它们的探测距离分别是 60m、250m 和 150m；侧前视摄像头的探测距离为 80m，侧后视摄像头的探测距离为 100m，后视摄像头的探测距离为 50m，毫米波雷达的探测距离为 160m。

图 2-6 所示为谷歌第 5 代无人驾驶汽车智能传感器的配置。

图 2-6 谷歌第 5 代无人驾驶汽车智能传感器的配置

谷歌第 5 代无人驾驶汽车具有以下特点：

1) 谷歌第 5 代无人驾驶系统有摄像头、毫米波雷达、激光雷达以及计算设备，传感器及其计算能力更加强大。

2) 谷歌的新款激光雷达系统的识别分辨率更高，识别范围更广。激光雷达作为谷歌无人驾驶系统中最强大的传感器之一，可以精准探测四周的环境，将周围环境塑造成 3D 场景，因此即使在没有任何照明的夜晚也能看清道路。

3) 车顶安装了一个 360° 的激光雷达，最远可以探测到 300m 以外的物体，可以形成实时的车辆鸟瞰图，能探测到路旁的骑行者和行人；同时也安装了 360° 摄像头、长距离摄像头以及 2 个毫米波雷达。

4）在车辆四周分别安装了近距离激光雷达，能增加探测的视野范围，能检测出正在靠近车辆的物体。

5）视觉系统由 29 个摄像头组成，能够为谷歌无人驾驶系统提供更高分辨率的图像以及更广的视野。这些摄像头的视野也有所重叠，不会产生视野盲区。摄像头、激光雷达与清洁系统和加热装置组装在一起，能够保证在任何天气下都能正常运行。

6）谷歌的长距离摄像头和 360° 视觉系统，可以探测到更远的位置，让车辆可以识别更多重要的细节，探测到 500m 以外的停车标志。此外，车辆侧边的摄像头系统可以和侧边激光雷达配合使用，为谷歌无人驾驶系统提供另一个视角，能更准确辨认正在靠近车辆的物体。

7）谷歌的新型高分辨率毫米波雷达分别安装在车辆的 6 个位置，可以追踪静态和动态的物体，可以看到远处的小物体，同时还能对间隔较近的物体加以区分。毫米波雷达与激光雷达、摄像头形成互补，在特殊天气条件下就能更大程度地发挥其功能。

综上可以看出，不同智能网联汽车的智能传感器的配置和功能各不相同。随着汽车电动化、智能化和网联化的发展，智能网联汽车配备的智能传感器的数量将会逐渐增加，传感器的性能要求也会逐渐提高。

2.2 智能传感器

2.2.1 超声波雷达

1. 超声波雷达的定义

声波是一种在气体、液体或固体中传播的弹性波。声波按频率的高低分为次声波（$f<20\text{Hz}$）、声波（$20\text{Hz}\leqslant f\leqslant 20\text{kHz}$）和超声波（$f>20\text{kHz}$）。声波是人耳能听到的声音，次声波和超声波是人耳听不到的声音。

超声波雷达也称超声波传感器，它是利用超声波特性研制而成，是在超声波频率范围内将交变的电信号转换成声信号或将外界声场中的声信号转换为电信号的能量转换器件。

超声波雷达在汽车上经常用于倒车，所以也称倒车雷达，如图 2-7 所示。

图 2-7 超声波雷达

2. 超声波雷达的特点

超声波雷达具有以下优点：

1）频率都相对固定，如汽车上用的超声波雷达频率有 40kHz、48kHz 和 58kHz 等，频率不同，探测的范围也不同。

2）结构简单、体积小、成本低、信息处理简单可靠、易于小型化与集成化，并且可以进行实时控制。

3）灵敏度较高。

4）抗环境干扰能力强，对天气变化不敏感。

5）可在室内、黑暗条件下使用。

超声波雷达具有以下不足：

1）探测距离短，一般为 3~5m，因此应用范围受到限制。

2）适合于低速，在速度很高的情况下测量距离具有一定的局限性。

3）超声波有一定的扩散角，因此只能测量距离，不能测量方位；所以只能在低速时使用，而且必须在汽车的前、后保险杠不同方位上安装多个超声波雷达。

4）对于低矮、圆锥、沟坎或者过细的障碍物，超声波雷达不容易探测到。

5）超声波的发射信号和余振的信号都会对回波信号造成覆盖或者干扰，因此在小于某一距离后就会丧失探测功能，这就是普通超声波雷达的探测有盲区的原因之一；若在盲区内，则系统无法探测障碍物。因此，比较好的解决办法是在安装超声波雷达的同时安装摄像头。

3. 超声波雷达的组成

超声波雷达由发射头（器）、接收头（器）、数据线和拨码开关组成，如图 2-8 所示。发射头和接收头安装在同一面上，在有效的检测距离内，发射头发射特定频率的超声波，遇到检测面反射部分超声波；接收头接收返回的超声波，由芯片记录声波的往返时间，并计算出距离值；数据线将数据传输给控制单元。不同用途的超声波雷达，内部结构是有一定差异的。

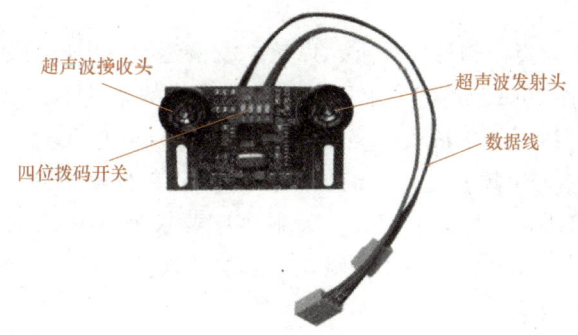

图 2-8　超声波雷达的组成

4. 超声波雷达的测距原理

超声波雷达的测距原理如图 2-9 所示，超声波发射头发出的超声波脉冲，经媒质（空气）传到障碍物表面，反射后通过媒质（空气）传到接收头，测出超声脉冲从发射到接收所需的时间，然后根据媒质中的声速求得从探头到障碍物表面之间的距离。设探头到障碍物表面的距离为 L，超声波在空气中的传播速度为 v（约为340m/s），从发射到接收所需的传播时间为 t，当发射头和接收头之间的距离远小于探头到障碍物之间的距离时，则有 $L=vt/2$。只要能测出传播时间，即可求出测量距离。

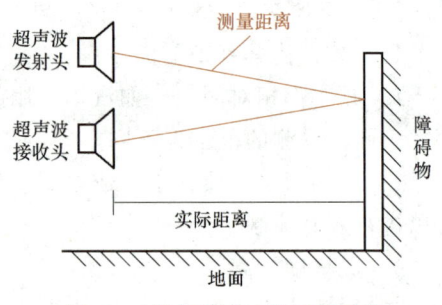

图 2-9 超声波雷达的测距原理

5. 超声波雷达的技术参数

超声波雷达的技术参数主要有测量距离、测量精度、探测角度、工作频率和工作温度等。

（1）**测量距离** 超声波雷达的测量距离取决于其使用的波长和频率，波长越长、频率越小则测量距离越大。测量汽车前后障碍物的短距超声波雷达测量距离一般为 0.15~2.50m，安装在汽车侧面，用于测量侧方障碍物距离的长距超声波雷达测量距离一般为 0.30~5.0m。

（2）**测量精度** 测量精度是指传感器测量值与真实值之间的偏差。超声波雷达测量精度主要受被测物体体积、表面形状以及表面材料等影响。被测物体体积过小、表面形状凹凸不平、物体材料吸收声波等情况都会降低超声传感器测量精度。测量精度越高，感知信息越可靠，测量精度要求在±10cm以内。

（3）**探测角度** 由于超声波雷达发射出去的超声波具有一定的指向性，波束的截面类似椭圆形，所以探测的范围有一定限度，探测角分为水平视场角和垂直视场角。

水平视场角在Ⅰ类障碍物的条件下，以超声波雷达探头中心为基准，距离障碍物为70cm处，满足左右各55°±5°角的要求；在Ⅱ类障碍物的条件下，以超声波雷达探头中心为基准，距离障碍物为150cm处，满足左右各55°±5°角的要求。Ⅰ类障碍物是指长度为1m、直径为60mm的塑胶水管，Ⅱ类障碍物是指尺寸为10cm×10cm的方形平面纸板。

垂直视场角在Ⅰ类障碍物的条件下，以超声波雷达探头中心为基准，距离障碍物为70cm处，满足上下各30°±5°角的要求；在Ⅱ类障碍物的条件下，以超声波雷达探头中心为基准，距离障碍物为150cm处，满足上下各30°±5°角的要求。

（4）**工作频率** 工作频率直接影响超声波的扩散和吸收损失、障碍物反射损失以及背景噪声，并直接决定传感器的尺寸。发射频率要求为（40±2）kHz，这样的传感器方向性敏锐，且避开了噪声，提高了信噪比；虽然传播损失相对低频有所增加，但不会给发射和接收带来困难。

（5）**工作温度** 由于超声波雷达应用广泛，有的应用场景要求温度较高，有的应用场景要求温度较低，因此，超声波雷达必须满足工作温度的要求，其工作温度一般要求-30~80℃。

6. 超声波雷达的产品与应用

超声波雷达模组的主要生产商有博世、法雷奥、村田、尼塞拉、电装、三菱、松下、深圳航盛电子、深圳豪恩、辉创、上富以及奥迪威等。

超声波雷达分为前装产品和后装产品两种，市场上出售的超声波雷达基本是后装产品。

博世公司的超声波雷达主要用于前装市场。博世公司第6代超声波雷达如图2-10所示。

博世公司超声波雷达的主要技术参数见表2-1。

表2-1 博世公司超声波雷达的主要技术参数

项目	参数
最小测量距离	0.15m
最大测量距离	5.5m
目标分辨率	3~15cm
水平视场角	±70°
垂直视场角	±35°
尺寸	44mm×26mm
重量	14g
工作温度	-40~85℃
电流消耗	7mA
防护安全等级	IP64k

图2-10 博世公司的超声波雷达
1—轴向超声波雷达
2—径向超声波雷达

博世公司的超声波雷达可用于停车辅助系统、侧边距报警系统和侧向辅助系统。博世停车辅助系统如图2-11所示，它采用镶嵌在前、后保险杠内的12个超声波雷达实现自动停车。

图2-11 博世停车辅助系统

博世停车辅助系统具有以下特性：

1) 支持平行与垂直自动停车。

2) 汽车行驶过程中系统自动测量停车区域，并通过停车指令提示驾驶人有合适的停车位。

3) 支持多次转向盘转动，一气呵成停车入库。

4）平行停车时，大于车身仅 80cm 的车位即可轻松停入。

5）前保险杠上两侧的传感器在手动停车时依然能进行距离测算，因此汽车的边角被完美保护。

6）支持汽车出库功能，当前进和倒退时，系统自动接管所有需要的转向盘转动。

2.2.2 毫米波雷达

1. 毫米波雷达的定义

毫米波是指波长为 1~10mm 的电磁波，对应的频率范围为 30~300GHz。

毫米波雷达（图 2-12）是工作在毫米波频段的雷达，它通过发射与接收高频电磁波来探测目标，后端信号处理模块利用回波信号计算出目标的距离、速度和角度等信息。毫米波雷达是智能网联汽车的核心传感器之一，主要用于先进驾驶辅助系统的自适应巡航控制、自动紧急制动、前向碰撞预警、盲区监测、变道辅助、车辆检测和行人检测等。

2. 毫米波雷达的特点

毫米波雷达具有以下优点：

1）探测距离远。毫米波雷达探测距离远，可达 200m 以上。

2）探测性能好。毫米波波长较短，汽车在行驶中前方目标一般都由金属构成，这会形成很强的电磁反射，因此其探测不受颜色与温度的影响。

3）响应速度快。毫米波的传播速度与光速一样，并且调制简单，配合高速信号处理系统可以快速地测量出目标的距离、速度和角度等信息。

图 2-12 毫米波雷达

4）适应能力强。毫米波具有很强的穿透能力，在雨、雪及大雾等恶劣天气依然可以正常工作。

5）抗干扰能力强。毫米波雷达一般工作在高频段，而周围的噪声和干扰基本处于中低频区，所以基本上不会影响毫米波雷达的正常运行，因此毫米波雷达具有抗低频干扰的特性。

毫米波雷达具有以下缺点：

1）毫米波雷达是利用目标对电磁波的反射来发现并测定目标位置，而充满杂波的外部环境经常给毫米波雷达感知带来虚警问题。

2）覆盖区域呈扇形，有盲点区域。

3）无法识别交通标志和交通信号灯。

4）无法识别道路标线。

3. 毫米波雷达的组成

毫米波雷达主要由发射机、接收机、信号处理器及天线组成，如图 2-13 所示，发射机通过内置天线向外发射毫米波，接收机接收目标反射信号，经信号处理器处理后快速准确地获取汽车周围的环境信息（如汽车与其他物体之间的相对距离、相对速度、角度以及行驶方向等），然后根据所探知的物体信息进行目标追踪和识别，进而结合车身动态信息进行数据融合，最终通过算法芯片进行智能处理。经合理决策后，以声、光及触觉等多种方式告知或警告驾驶人，或及时对汽车做出主动干预，从而保证汽车行驶安全性和舒适性，降低事故发生率。

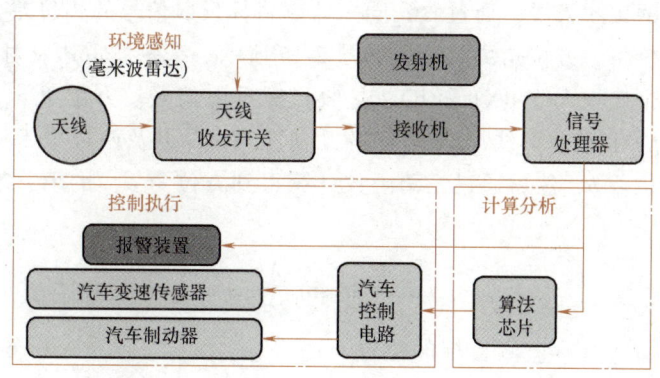

图 2-13 汽车毫米波雷达的组成

4. 毫米波雷达的测量原理

毫米波雷达具有 3 个主要的测量能力，即测量与目标车辆（物体）的距离、方位角和相对径向速度的能力。

毫米波雷达是利用多普勒效应测量得出目标的距离和速度，它通过发射源向给定目标发射毫米波信号，并分析发射信号频率和反射信号频率之间的差值，精确测量出目标相对于毫米波雷达的距离和速度等信息。

毫米波雷达通过发射模块发射毫米波信号，发射信号遇到目标后，经目标的反射会产生回波信号，发射信号与回波信号相比形状相同但时间上存在差值；当目标与毫米波雷达信号发射源之间存在相对运动时，发射信号与回波信号之间除存在时间差外，还会产生多普勒频率，如图 2-14 所示。

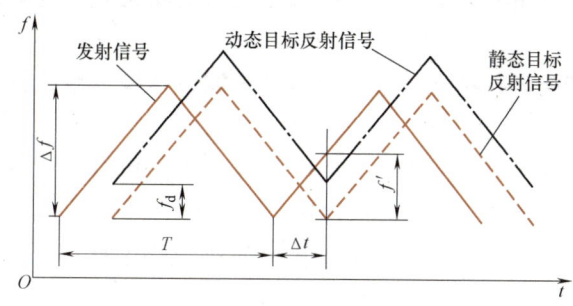

图 2-14 毫米波雷达的测量原理

Δf—调频带宽　f_d—多普勒频率　f'—发射信号与反射信号的频率差
T—信号发射周期　Δt—发射信号与回波信号的时间间隔

毫米波雷达测量的距离和速度分别为

$$s = \frac{c\Delta t}{2} = \frac{cTf'}{4\Delta f} \qquad (2\text{-}1)$$

$$u = \frac{cf_d}{2f_0} \qquad (2\text{-}2)$$

式中，s 为相对距离；u 为相对速度；c 为光速；f_0 为发射信号的中心频率。

通过毫米波雷达的发射天线发射出毫米波信号后，遇到被监测目标反射回来，通过毫米波雷达并列的接收天线，通过收到同一监测目标反射信号的相位差，就可以计算出被监测目标的方位角。方位角测量原理如图 2-15 所示。毫米波雷达发射天线 TX 向目标发射毫米波，两个接收天线 RX1 和 RX2 接收目标反射信号。方位角 α_{AZ} 是通过毫米波雷达接收天线 RX1 和接收天线 RX2 之间的几何距离 d，以及两根毫米波雷达天线所收到反射回波的相位差 b，然后通过三角函数计算得到方位角 α_{AZ} 的值，就可以知道被监测目标的方位角。

$$\alpha_{AZ} = \arcsin \frac{\lambda b}{2\pi d} \qquad (2\text{-}3)$$

由于毫米波雷达具有监测目标的位置、速度和方位角的优势，再结合毫米波雷达较强的抗干扰能力，可以全天候稳定工作，因此毫米波雷达成为了智能网联汽车核心传感器之一。

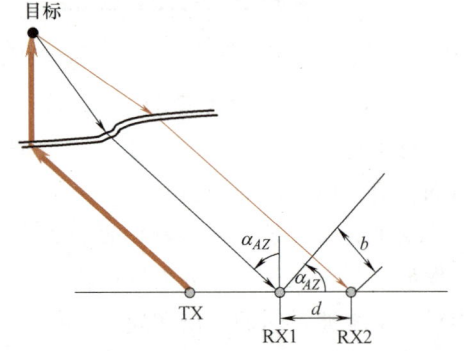

图 2-15 利用毫米波雷达测量目标方位角

5. 毫米波雷达的技术参数

毫米波雷达有以下主要技术参数：

（1）**最大探测距离**　最大探测距离是指毫米波雷达所能检测目标的最大距离，不同的毫米波雷达，最大探测距离是不同的。

（2）**距离分辨率**　距离分辨率是指在规定条件下，毫米波雷达能区分前后临近两个目标的最小距离间隔。

（3）**距离灵敏度**　距离灵敏度是指单目标的距离变化时，毫米波雷达可探测的最小绝对变化距离值。

（4）**距离测量精度**　距离测量精度是指毫米波雷达测量单目标时，目标距离的测量值与其真实值之差。

（5）**最大探测速度**　最大探测速度是指毫米波雷达能够探测目标的最大速度。

（6）**速度分辨率**　速度分辨率表示速度维区分两个同一位置的目标的能力。

（7）**速度灵敏度**　速度灵敏度是指单目标的速度变化时，毫米波雷达可探测的最小绝对变化速度值。

（8）**速度测量精度**　速度测量精度是指毫米波雷达测量单目标时，目标速度的测量值与其真实值之差。

（9）**视场角**　视场角是指在规定的测试条件下，在满足规定识别率的状态下，毫米波雷达能有效识别目标的探测范围，分为水平视场角和垂直视场角。

（10）**角度分辨率** 角度分辨率是指在规定条件下，毫米波雷达模组能区分左右临近两个目标的最小角度间隔。

（11）**角度灵敏度** 角度灵敏度是指单目标的角度变化时，毫米波雷达可探测的最小绝对变化角度值。

（12）**角度测量精度** 角度测量精度是指毫米波雷达测量单目标时，目标角度的测量值与其真实值之差。

（13）**识别率** 识别率是指毫米波雷达模组正确识别目标信息的程度。

（14）**误检率** 误检率是指毫米波雷达模组将目标识别为一个错误目标的比例。

（15）**漏检率** 漏检率是指毫米波雷达模组未能识别目标的比例。

6. 毫米波雷达的类型

毫米波雷达按探测距离可分为近距离（SRR）、中距离（MRR）和远距离（LRR）毫米波雷达。近距离毫米波雷达一般探测距离小于60m，中距离毫米波雷达一般探测距离为100m左右，远距离毫米波雷达探测距离一般大于200m。有的企业只分为近距离雷达和远距离雷达，具体探测距离以产品说明书为准。

毫米波雷达按采用的毫米波频段不同，划分有24GHz、60GHz、77GHz和79GHz毫米波雷达。主流可用频段为24GHz和77GHz，其中24GHz适合近距离探测，77GHz适合中、远距离探测，如图2-16所示。从24GHz过渡到77GHz，距离分辨率和精度将会提高约20倍（如24GHz毫米波雷达的距离分辨率为75cm，而77GHz毫米波雷达则提高到4cm），这使其可以更好地探测多个彼此靠近的目标。

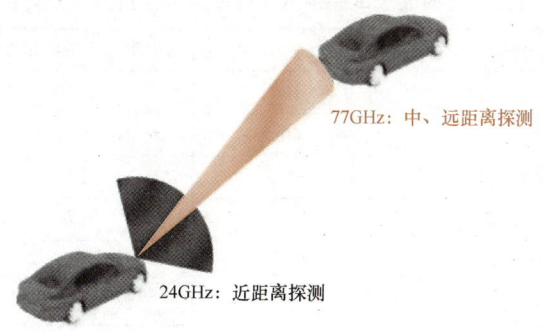

图2-16 毫米波雷达的类型

7. 毫米波雷达的产品与应用

德国大陆公司毫米波雷达系列产品如图2-17所示。

（1）**毫米波成像雷达 ARS 430** 毫米波成像雷达 ARS 430 属于77GHz远距离毫米波雷达，最大探测距离达到250m；适用于自适应巡航、自动紧急制动、前向碰撞预警、行人碰撞预警、盲区监测以及自动泊车等先进驾驶辅助系统。

（2）**77GHz 远距离雷达 ARS 408-21SC3** 77GHz远距离雷达 ARS 408-21SC3 的最大探测距离达到250m，适用于自适应巡航、自动紧急制动、前向碰撞预警等先进驾驶辅助系统和自动驾驶等。

（3）**77GHz 远距离雷达 ARS 404** 77GHz远距离雷达 ARS 404 的最大探测距离为170m，适用于自适应巡航、自动紧急制动以及前向碰撞预警等先进驾驶辅助系统。

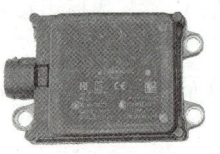 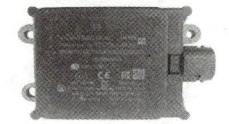 

毫米波成像雷达ARS 430　　77GHz远距离雷达ARS 408-21SC3　　77GHz远距离雷达ARS 404

77GHz远距离雷达ARS 308　　24GHz宽角雷达SRR 308　　24GHz宽角雷达SRR 208

图2-17　德国大陆公司毫米波雷达系列产品

（4）77GHz远距离雷达ARS 308　77GHz远距离雷达ARS 308的最大探测距离为200m，适用于自适应巡航、自动紧急制动以及前向碰撞预警等先进驾驶辅助系统。

（5）24GHz宽角雷达SRR 308　24GHz宽角雷达SRR 308的最大探测距离为90m，视场角从-75°~+75°到-90°~+90°，适用于盲区监测和变道辅助。

（6）24GHz宽角雷达SRR 208　24GHz宽角雷达SRR 208的最大探测距离为50m，视场角从-20°~+20°到-75°~+75°，适用于盲区监测和变道辅助。

智能网联汽车先进驾驶辅助系统应用的毫米波雷达见表2-2。

表2-2　智能网联汽车先进驾驶辅助系统应用的毫米波雷达

毫米波雷达类型		近距离雷达（SRR）	中距离雷达（MRR）	远距离雷达（LRR）
工作频段		24GHz	77GHz	77GHz
探测距离		小于60m	100m左右	大于200m
功能	自适应巡航控制系统	—	前方	前方
	前向碰撞预警系统	—	前方	前方
	自动制动辅助系统	—	前方	前方
	盲区监测系统	侧方	侧方	—
	自动泊车辅助系统	前方、后方	侧方	—
	变道辅助系统	后方	后方	—
	后向碰撞预警系统	后方	后方	—
	行人检测系统	前方	前方	—
	驻车开门辅助系统	侧方	—	—

为了满足不同距离范围的探测需要，一辆汽车上会安装多个近距离、中距离和远距离毫米波雷达。其中24GHz毫米波雷达主要实现近距离探测，77GHz毫米波雷达主要实现中距离和远距离的探测。不同的毫米波雷达在车辆前方、侧方和后方发挥不同的作用。

目前多以24GHz和77GHz毫米波雷达产品为主，由于77GHz频段的部件体积小、天线尺寸短、容易实现单芯片集成结构、具备更高的速度分辨率、具备更高的信噪比、具备更高的输出功率以及有利于减少成本，因此未来全球车载毫米波雷达的频段将选择76~81GHz频段。

2.2.3 激光雷达

1. 激光雷达的定义

激光雷达是激光探测及测距系统的简称，是一种以激光器作为发射光源，采用光电探测技术手段的主动遥感设备。激光雷达是工作在光波频段的雷达，它利用光波频段的电磁波先向目标发射探测信号，然后将其接收到的同波信号与发射信号相比较，从而获得目标的位置（距离、方位和高度）、运动状态（速度、姿态）等信息，实现对目标的探测、跟踪和识别。

激光雷达根据安装位置的不同，分为两大类。一类安装在无人驾驶汽车的四周，另一类安装在无人驾驶汽车的车顶。安装在无人驾驶汽车四周的激光雷达，其激光线束一般小于8线，常见的有单线激光雷达和4线激光雷达；安装在无人驾驶汽车车顶的激光雷达，其激光线束一般不小于16线，常见的有16线、32线、64线和128线激光雷达。

图2-18所示为威力登（Velodyne）公司推出的128线激光雷达，最大测距为300m，测距精度为±3cm，垂直视场角为-25°~+15°，垂直视场角分辨率最小为0.11°，水平视场角为360°，扫描频率为5~20Hz，质量为3.5kg；它可以在长距离和360°的水平视场范围内获得实时的、准确的距离和相对反射率，从而获得非常密集和全面的周围场景三维数据；这些测量值可用于自动驾驶和无人驾驶系统。

图2-18 威力登（Velodyne）公司推出的128线激光雷达

图2-19所示为128线激光雷达生成的点云图。

图2-19 128线激光雷达生成的点云图

2. 激光雷达的特点

激光雷达具有分辨率高、探测范围广、信息量丰富以及可全天候工作等特点，现分别叙述如下：

1）分辨率高。激光雷达可以获得极高的角度、距离和速度分辨率。通常激光雷达的角分辨率可达到 0.1mard[⊖]，也就是说可以分辨 3km 距离上相距 0.3m 的两个目标，并可同时跟踪多个目标；距离分辨率可达 0.1m；速度分辨率能达到 10m/s 以内。

2）探测范围广。探测距离可达 300m 以上。

3）信息量丰富。可直接获取探测目标的距离、角度、反射强度及速度等信息，生成目标多维度图像。

4）可全天候工作。激光主动探测，不依赖于外界光照条件或目标本身的辐射特性，它只需发射自己的激光束，通过探测发射激光束的回波信号来获取目标信息。

激光雷达具有以下缺点：

1）与毫米波雷达相比，产品体积大、成本高。

2）不易识别交通标志和交通信号灯。

3. 激光雷达的组成

激光雷达主要由发射系统、接收系统以及信号处理与控制系统组成，如图 2-20 所示。发射系统主要负责向障碍物发出激光信号，接收系统主要负责接收经障碍物反射之后回来的激光信息，信号处理与控制系统主要负责将接收回来的信号进行处理，它是激光雷达系统最关键的环节，将直接影响激光雷达系统的测量精度。激光雷达的硬件核心是激光器和探测器，软件的核心是信号的处理算法。不同类型的激光雷达，其组成是有一定差异的。

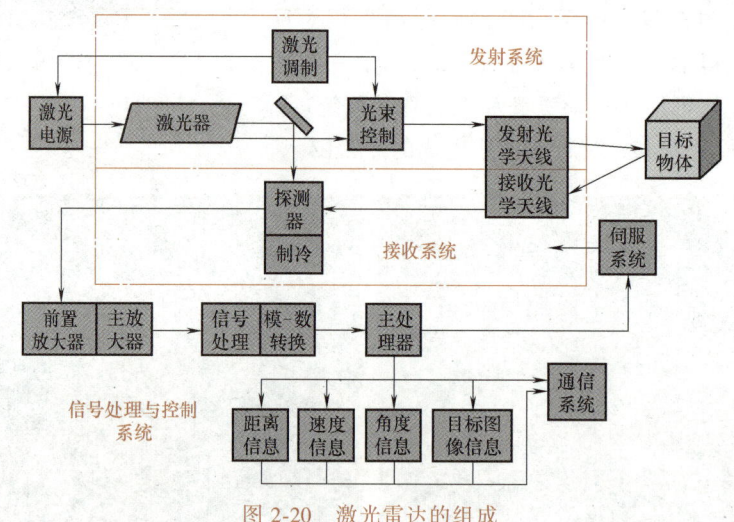

图 2-20　激光雷达的组成

4. 激光雷达的测距原理

激光雷达的测距原理是通过测算激光发射信号与激光回波信号的往返时间，从而计算出目标的距离。首先，激光雷达发出激光束，激光束碰到障碍物后被反射回来，被激光接收系统进行接收和处理，从而得到激光从发射至反射回来并被接收的时间，即激光

⊖ mard，光轴稳定度单位，1mard 表示 100m 处的 10cm。

的飞行时间；根据飞行时间，可以计算出障碍物的距离。

根据所发射激光信号的不同形式，激光测距方法有脉冲测距法、干涉测距法和相位测距法等。

(1) **脉冲测距法** 用脉冲测距法测量距离时，首先激光器发出一个光脉冲，同时设定的计数器开始计数，当接收系统接收到经过障碍物反射回来的光脉冲时停止计数。计数器所记录的时间就是光脉冲从发射到接收所用的时间。光速是一个固定值，所以只要得到发射到接收所用的时间就可以算出所要测量的距离，如图 2-21 所示。

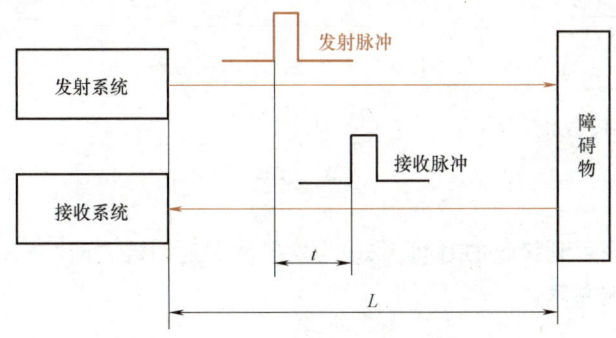

图 2-21 脉冲测距法的测距原理

设 c 为光在空气中传播的速度，$c=3\times10^8$ m/s，光脉冲从发射到接收的时间为 t，则待测距离为 $L=ct/2$。

脉冲测距法所测的距离比较远，发射功率较高，一般从几瓦到几十瓦不等，最大射程可达几十千米。脉冲测距法的关键之一是对激光飞行时间的精确测量。脉冲测距法测量的精度和分辨率与发射信号带宽或处理后的脉冲宽度有关，脉冲越窄，性能越好。

(2) **干涉测距法** 干涉测距法的基本原理是利用光波的干涉特性而实现距离测量的方法。根据干涉原理，产生干涉现象的条件是两列有相同频率、相同振动方向的光相互叠加，并且这两列光的相位差固定。

干涉测距法的测距原理如图 2-22 所示，通过激光器发射出一束激光，通过分光镜分为两束相干光波，两束光波各自经过反射镜 M1 和 M2 反射回来，在分光镜处又汇合到一起。由于两束光波的路程差不同，通过干涉后形成的明暗条纹也不同，所以传感器将干涉条纹转换为电信号之后，就可以实现测距。

干涉测距法的测距技术虽然已经很成熟，测量精度也很好，但是它一般用在测量距离的变化中，而不能直接用它测量距离，所以干涉测距一般应用于干涉仪、测振仪和陀螺仪中。

(3) **相位测距法** 相位测距法的测距原理是利用发射波和返回波之间所形成的相位差来测量距离的。首先，经过调制的频率通过发射系统发出一个正弦波的光束，然

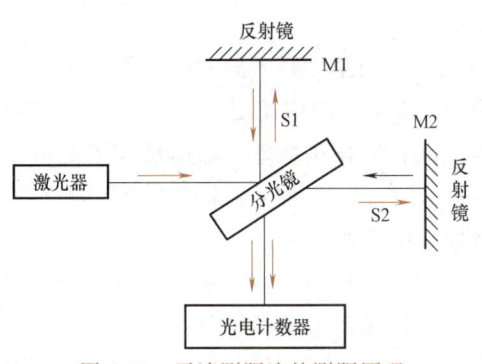

图 2-22 干涉测距法的测距原理

后，通过接收系统接收经过障碍物反射之后回来的激光。只要求出这两束光波之间的相位差，便可通过此相位差计算出待测距离。相位测距法的测距原理如图 2-23 所示。

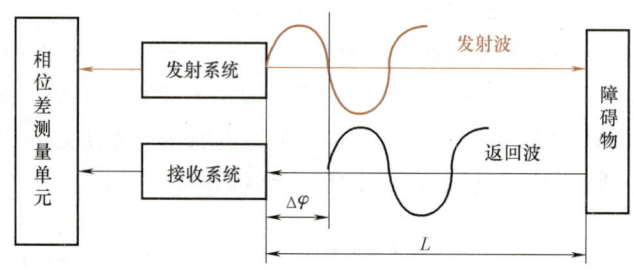

图 2-23 相位测距法的测距原理

激光从发射到接收的时间为

$$t = \frac{\Delta\varphi}{\omega} = \frac{\Delta\varphi}{2\pi f} \tag{2-4}$$

式中，t 为激光从发射到接收的时间，$\Delta\varphi$ 为发射波和返回波之间的相位差，ω 为正弦波角频率，f 为正弦波频率。

待测距离为

$$L = \frac{1}{2}ct = \frac{c\Delta\varphi}{4\pi f} \tag{2-5}$$

式中，L 为所测距离，c 为光速。

相位测距法由于其精度高、体积小、结构简单且昼夜可用的优点，被公认为是最有发展潜力的距离测量技术之一。相比于其他类型的测距方法，相位测距法是朝着小型化、高稳定性且方便与其他仪器集成的方向发展。

5. 激光雷达的技术参数

激光雷达的技术参数主要有最大探测距离、距离分辨率、测距精度、测量帧频、数据采样率、视场角、角度分辨率以及波长等。

(1) **最大探测距离** 最大探测距离通常需要标注基于某一个反射率下的测量值，如白色反射体反射率约 70%，黑色物体反射率为 7%~20%。

(2) **距离分辨率** 距离分辨率是指两个目标物体可区分的最小距离。

(3) **测距精度** 测距精度是指对同一目标进行重复测量时得到的距离值之间的误差范围。

(4) **测量帧频** 测量帧频与摄像头的帧频概念相同，激光雷达成像刷新帧频会影响激光雷达的响应速度，刷新率越高，响应速度越快。

(5) **数据采样率** 数据采样率是指每秒输出的数据点数，等于帧率乘以单幅图像的点云数目。通常数据采样率会影响成像的分辨率，特别是在远距离时，点云越密集，目标呈现就越精细。

(6) **视场角** 视场角又分为垂直视场角和水平视场角，是激光雷达的成像范围。

(7) **角度分辨率** 角度分辨率是指扫描的角度分辨率，等于视场角除以该方向所采集的点云数目，因此本参数与数据采样率直接相关。

（8）**波长** 是指激光雷达所采用的激光波长，波长会影响雷达的环境适应性和对人眼的安全性。

6. 激光雷达的类型

（1）**按有无机械旋转部件分** 可分为机械激光雷达、固态激光雷达和混合固态激光雷达。

1）机械激光雷达。机械激光雷达带有控制激光发射角度的旋转部件，体积较大、价格昂贵，但测量精度相对较高，一般置于汽车顶部。

2）固态激光雷达。固态激光雷达依靠电子部件来控制激光发射角度，无须机械旋转部件，故尺寸较小，可安装于车体内。

3）混合固态激光雷达。混合固态激光雷达没有大体积旋转结构，采用固定激光光源，通过内部旋转玻璃片改变激光光束方向，实现多角度检测，并且采用嵌入式安装。

（2）**根据线束数量的多少分** 激光雷达又可分为单线束激光雷达与多线束激光雷达。

1）单线束激光雷达。单线束激光雷达扫描一次只产生一条扫描线，所获得的数据为 2D 数据，因此无法区别有关目标物体的 3D 信息。由于单线束激光雷达具有测量速度快、数据处理量少等特点，被广泛应用于安全防护、地形测绘等领域。

2）多线束激光雷达。多线束激光雷达扫描一次可产生多条扫描线，目前市场上多线束激光雷达产品主要包括 4 线束、8 线束、16 线束、32 线束、64 线束和 128 线束等，再细分可分为 2.5D 激光雷达及 3D 激光雷达。2.5D 激光雷达与 3D 激光雷达最大的区别在于激光雷达的垂直视野范围，前者垂直视野范围一般不超过 10°，而后者可达到 30°，甚至 40°以上，这也就导致二者在汽车上的安装位置要求有所不同。

图 2-24 所示为 40 线束机械式激光雷达，雷达外壳内有 40 对固定安装在转子上的激光发射器和激光接收器，通过电机旋转进行水平 360°的扫描；该激光雷达探测距离为 0.3~200m，水平视场角为 360°，垂直视场角为 -16°~7°，线束 1~6 相邻两条线之间的垂直角分辨率为 1°，线束 6~30 相邻两条线之间的垂直角分辨率为 0.33°，线束 30~40 相邻两条线之间的垂直角分辨率为 1°。

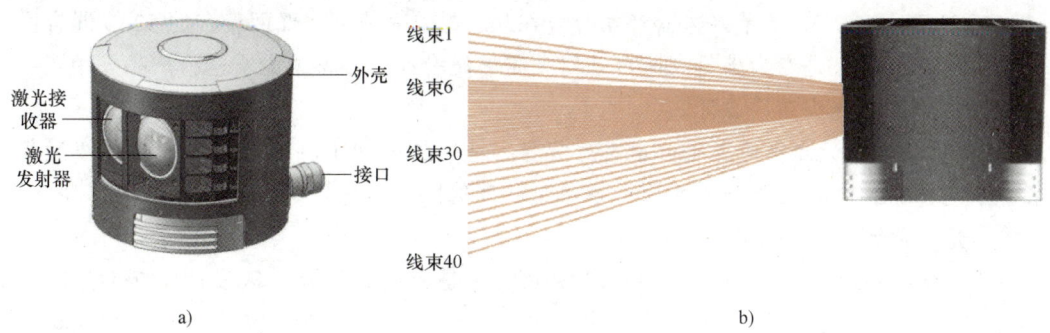

图 2-24 40 线束机械式激光雷达
a）雷达部分剖面图 b）雷达线束分布示意图

7. 激光雷达的产品与应用

（1）**威力登激光雷达** 威力登激光雷达的系列产品如图 2-25 所示。

1）VLP-16激光雷达。VLP-16激光雷达具有实时收发数据、360°全覆盖、3D距离测量以及校准反射测量等功能，它拥有16个通道，可以在360°水平视场角和30°垂直视场角（-15°~15°）中每秒产生多达300000个三维点云；它没有可见的旋转部件，可以高度灵活地适应要求严苛的环境。

2）VLP-32C激光雷达。VLP-32C保留了三维激光雷达的优势（如360°环绕视场角和实时三维数据测量，数据包括距离、反射率以及角度等），它具有200m的有效测量范围和双回波模式，功耗大约12W，可以捕获更详细的三维点云数据；它拥有32个通道，可以在360°水平视场角和40°垂直视场角（-25°~15°）中每秒产生多达120万个三维点云坐标；它在水平角度附近拥有更密集的脉冲信号，能在更远的距离内得到更高的分辨率，能更准确、更详细地识别物体；它没有可见的旋转部件，允许在-10~40℃环境温度范围内和恶劣天气条件下运行。

图2-25 威力登激光雷达的系列产品

3）HDL-64E激光雷达。HDL-64E激光雷达具有360°水平视场角、26.8°垂直视场角、5~15Hz可选帧速率以及每秒输出220万个点等特点，能提高客户所需的距离坐标数据和环境信息。此产品优点在于高速数据传输率、高稳定性、高精度以及100Mbit/s的以太网链接，它使用64个固定激光来测量周围环境，每一个都机械地安装在一个垂直角度，并随着整体旋转，从而大大提高了产品的可靠性、视场角和点云密度。

（2）**速腾聚创激光雷达** 速腾聚创激光雷达的系列产品如图2-26所示。

1）RS-LiDAR-16激光雷达。RS-LiDAR-16激光雷达是速腾聚创公司规模量产的16线激光雷达，内置16组激光元器件，同时发射并接收高频率激光束，通过360°旋转进行实时3D成像，能提供精确的三维空间点云数据及物体反射率，能让机器获得可靠的环境信息，能为定位、导航及避障等提供有力保障。

2）RS-LiDAR-32激光雷达。RS-LiDAR-32激光雷达是速腾聚创量产的32线混合固态激光雷达产品，是专为满足高速自动驾驶需求而设计的小型激光雷达，产品采用了中间密两边疏的激光头布局设计。

3）RS-Ruby激光雷达。RS-Ruby激光雷达是一款面向L4+自动驾驶的128线激光雷达，与RS-LiDAR-32相比，垂直分辨率是其3倍以上，达到0.1°，探测距离提高2~3倍，充分满足高速自动驾驶的需求。

4）RS-Bpearl激光雷达。RS-Bpearl激光雷达是专门为扫除盲区设计的新型近距离激光雷达，能够探测数厘米之内的物体，加上360°×90°超广视场角，能有效扫除车身周围盲区。

少线束激光雷达主要用于智能网联汽车ADAS，奥迪A8L安装的4线束激光雷达如图2-27所示，可实现自适应巡航控制系统、车道偏离预警系统、自动紧急制动系统以及交通拥堵辅助系统等。

第2章 智能网联汽车环境感知技术

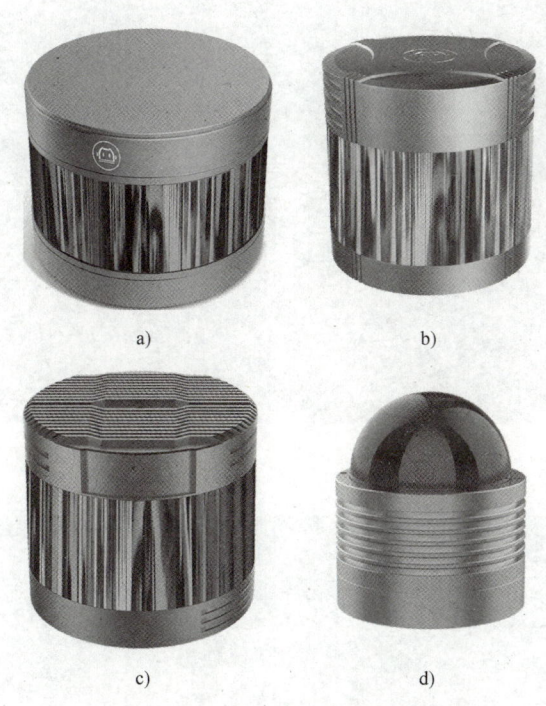

图 2-26 速腾聚创激光雷达的系列产品
a) RS-LiDAR-16 激光雷达 b) RS-LiDAR-32 激光雷达 c) RS-Ruby 激光雷达 d) RS-Bpearl 激光雷达

图 2-27 奥迪 A8L 安装的 4 线束激光雷达
a) 激光雷达外形 b) 激光雷达内部

多线束激光雷达具有高精度电子地图和定位、障碍物识别、可通行空间检测以及障碍物轨迹预测等功能。

L4 级和 L5 级的智能网联汽车必须使用多线束激光雷达，向 360°范围内发射激光，从而达到 360°扫描并获取车辆周围行驶区域的三维点云，通过比较连续感知的点云、物体的差异检测其运动，由此创建一定范围内的 3D 地图，如图 2-28 所示。

无人驾驶汽车的精准定位和路径跟踪必须依靠激光雷达和高精度地图等，如图 2-29 所示。

图 2-28 激光雷达获取车辆周围的三维点云图

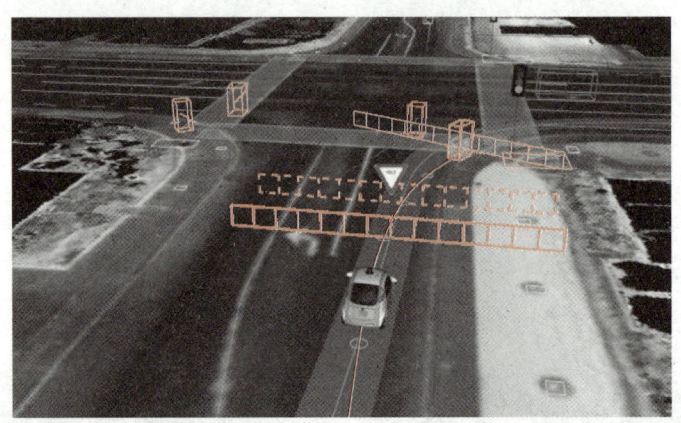

图 2-29 利用激光雷达进行精准定位和路径跟踪

2.2.4 视觉传感器

1. 视觉传感器的定义

视觉传感器是指通过对摄像头拍摄到的图像进行处理，对目标进行检测，并输出数据和判断结果的传感器。视觉传感器在智能网联汽车或无人驾驶汽车上的应用是以摄像头（机）出现，并搭载先进的人工智能算法，使其便于目标检测和图像处理。

图 2-30 所示为德国大陆公司推出的多功能单目摄像头 MFC520，传感器像素为 1820×940，水平视场角为 110°，垂直视场角为 45°，外形尺寸为 87.3mm×70.4mm×38.4mm，并且搭载了具备自主学习能力的深度神经网络，不仅能够实现车辆、行人、交通标志和交通信号

图 2-30 MFC520 单目摄像头

等视觉传感器的常规检测功能，还能支持可行驶区域检测、地图场景构建和自车定位。

2. 视觉传感器的特点

视觉传感器具有以下特点：

1) 视觉图像的信息量极为丰富，尤其是彩色图像，不仅包含有视野内目标的距离信息，还包括该目标的颜色、纹理、深度和形状等信息。

2) 在视野范围内可同时实现车道线检测、车辆检测、行人检测、交通标志检测以及交通信号灯检测等，信息获取量大。当多辆智能网联汽车同时工作时，不会出现相互干扰的现象。

3) 视觉 SLAM，通过摄像头可以实现同时定位和建图。

4) 视觉信息获取的是实时的场景图像，所提供的信息不依赖于先验知识，具有较强的适应环境能力。

5) 视觉传感器与机器学习、深度学习等人工智能相融合，可以获得更佳的检测效果，将扩大视觉传感器在智能网联汽车和无人驾驶汽车上的应用范围。

视觉传感器的发展趋势是探测距离越来越远、结合深度学习且识别能力越来越强。在未来几年里，视觉传感器的最大探测距离可达到 200~300m，像素达到 200 万~800 万，性能与远距离毫米波雷达差距大幅缩小，同时具备成本和图像识别等方面的优势。

3. 视觉传感器的组成

视觉传感器主要由光源、镜头、图像传感器、模-数转换器、图像处理器以及图像存储器等组成，如图 2-31 所示，其主要功能是获取视觉传感器要处理的最原始图像。

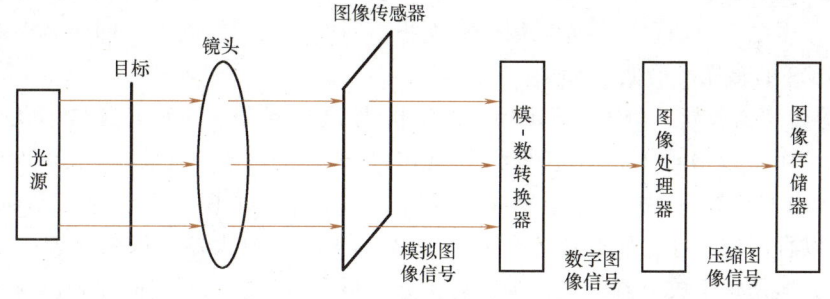

图 2-31 视觉传感器的组成

4. 视觉传感器的成像原理

图像传感器的作用是将镜头所成的图像转变为数字或模拟信号输出，是视觉检测的核心部件，主要有 CCD 图像传感器和 CMOS 图像传感器两种，如图 2-32 所示。

(1) CCD 成像原理 CCD 成像原理是当光线与图像从镜头透过投射到 CCD 表面时，CCD 就会产生电流，并将感应到的内容转换成数码资料存储起来。CCD 像素数目越多，单一像素尺寸越大，收集到的图像就会越清晰。

(2) CMOS 成像原理 CMOS 成像原理是利用硅和锗这两种元素所做成的半导体，使其在 CMOS 上共存着带负电的 N 极和带正电的 P 极半导体，这两个互补效应所产生的电流即可被处理芯片记录和解读成影像。

图 2-32　图像传感器

a）CCD 图像传感器　b）CMOS 图像传感器

(3) CCD 和 CMOS 图像传感器差异

1）制造上的差异。CCD 和 CMOS 同为半导体，但 CCD 是集成在半导体单晶材料上；CMOS 是集成在金属氧化物的半导体材料上。

2）工作原理的差异。主要区别是读取视觉数据的方法，CCD 从阵列的一个角落开始读取数据；CMOS 对每一个像素采用有源像素传感器及晶体管，以实现视觉数据读取。

3）视觉扫描方法的差异。CCD 传感器连续扫描，在最后一个数据扫描完成之后才能将信号放大；CMOS 传感器的每个像素都有一个将电荷转化为电子信号的放大器。

4）感光度的差异。CMOS 每个像素包含了放大器与模-数（A-D）转换电路，过多的额外设备压缩单一像素的感光区域的表面积；因此在相同像素下，同样大小的感光器尺寸，CMOS 的感光度会低于 CCD。

5）分辨率的差异。CMOS 每个像素的结构比 CCD 复杂，其感光开口不及 CCD 大，比较相同尺寸的 CCD 与 CMOS 感光器时，CCD 感光器的分辨率通常会优于 CMOS。

6）噪声的差异。CMOS 每个感光二极管旁都搭配一个模-数转换器（ADC）放大器，如果以百万像素计，那么就需要百万个以上的 ADC 放大器，虽然是统一制造工艺下的产品，但是每个放大器或多或少都有差异，很难达到放大同步的效果，与只有单个放大器的 CCD 比，CMOS 最终计算出的噪声比较多。

7）成本的差异。CMOS 应用半导体工业常用的 MOS 制程，可以将周边设施一次全部整合于单芯片中，降低了加工芯片所需负担的成本和良品率的损失；相对地，CCD 采用电荷传递的方式输出信息，必须另辟传输通道，如果通道中有一个像素故障，就会导致一整排的信号拥塞且无法传递；因此 CCD 的良品率比 CMOS 低，加上另辟传输通道和外加 ADC 等，CCD 的制造成本高于 CMOS。

8）耗电量的差异。CMOS 的影像电荷驱动方式为主动式，感光二极管所产生的电荷会直接由旁边的晶体管做放大输出；但 CCD 却为被动式，必须外加电压让每个像素中的电荷移动至传输通道。而这外加电压通常需要 12V 以上，因此 CCD 还必须要有更精密的电源线路和更高的耐压强度，高驱动电压使 CCD 的耗电量远高于 CMOS。

CCD 和 CMOS 图像传感器的对比见表 2-3。

表 2-3　CCD 和 CMOS 图像传感器的比较

传感器种类	CCD	CMOS
设计	单一感光器	感光器连接放大器
灵敏度	同样面积下灵敏度高	感光开口小，灵敏度低
解析度	连接复杂度低，解析度高	解析度低
噪点比	单一放大，噪点低	百万放大，噪点高
功耗比	需外加电压，功耗高	直接放大，功耗低
成本	线路品质影响程度高，成本高	CMOS 整合集成，成本低

相比于 CCD，CMOS 虽然成像质量不如 CCD，但是 CMOS 因为耗电量小（仅为 CCD 芯片的 1/10 左右）、体积小、重量轻、集成度高以及价格低等优点，迅速得到各大厂商的青睐，目前除了专业摄像机，大部分带有摄像头的设备使用的都是 CMOS。

5. 视觉传感器的技术参数

视觉传感器的技术参数有图像传感器的技术参数、相机的内部参数和相机的外部参数。

(1) **图像传感器的技术参数**　图像传感器的技术参数主要有像素、帧率、靶面尺寸、感光度和信噪比等。

1) 像素。像素是图像传感器的感光最小单位，即构成影像的最小单位。一帧影像画面是由许多密集的亮暗、色彩不同的点所组成，这些小点称之为像素。像素的多少是由 CCD/CMOS 上的光敏元件数目所决定的，一个光敏元件就对应一个像素。因此像素越大，意味着光敏元件越多，相应的成本就越大。像素用两个数字来表示，如 720×480，720 表示在图像长度方向上所含的像素点数，480 表示在图像宽度方向上所含的像素点数，二者的乘积就是该相机的像素点数。

2) 帧率。帧率代表单位时间所记录或播放的图片的数量，连续播放一系列图片就会产生动画效果，根据人的视觉系统特点，当图片的播放速度大于 15 幅/s 的时候，人眼就基本看不出来图片的跳跃；在达到 24~30 幅/s 时就已经基本觉察不到闪烁现象。每秒的帧数或说帧率表示图形传感器在处理图片时每秒能够更新的次数。高的帧率可以得到更流畅、更逼真的视觉体验。

3) 靶面尺寸。靶面尺寸也就是图像传感器感光部分的大小。一般用 in（英寸，1in=2.54cm）来表示，通常这个数据指的是这个图像传感器的对角线长度（如常见的有 1/3in），靶面越大，意味着通光量越好，而靶面越小则比较容易获得更大的景深（如 1/2in 可以有比较大的通光量，而 1/4in 可以比较容易获得较大的景深）。

4) 感光度。感光度代表通过 CCD 或 CMOS 以及相关的电子线路感应入射光线的强弱。感光度越高，感光面对光的敏感度就越强，快门速度就越高，这在拍摄运动车辆、夜间监控的时候就显得尤其重要。

5) 信噪比。信噪比指的是信号电压对于噪声电压的比值，单位为 dB。一般摄像头给出的信噪比值均是自动增益控制关闭时的值，因为当自动增益控制接通时，会对小信号进行提升，使得噪声也相应提高。信噪比的典型值为 45~55dB，若为 50dB，则图像有少量噪声，但图像质量良好；若为 60dB，则图像质量优良，不出现噪声，信噪比越大说明对噪声的控制越好。

（2）**相机的内部参数** 相机的内部参数是与相机自身特性相关的参数，主要有焦距、光学中心、图像尺寸和畸变系数等。

1）焦距。焦距是指摄像头的光学中心到图像传感器的距离，如图 2-33 所示。焦距一般用 mm 表示，如 18～135mm，代表着焦距可以从 18mm 到 135mm 进行变化，说明该摄像头的焦距是可变的；而 50mm，代表摄像头的焦距只有 50mm，说明该摄像头的焦距是不可变的。

在进行摄像头仿真时，焦距的单位一般要用像素。毫米焦距和像素焦距可以进行互换。

$$f_u = k_u dx \quad (2\text{-}6)$$
$$f_v = k_v dy \quad (2\text{-}7)$$

式中，f_u 和 f_v 分别为摄像头在 $x(u)$ 和 $y(v)$ 方向的毫米焦距，单位为 mm；k_u 和 k_v 分别为摄像头在 $x(u)$ 和 $y(v)$ 方向的像素焦距，单位为 pixel；dx 和 dy 分别为成像平面水平和垂直方向像素的有效尺寸，单位为 mm/pixel。

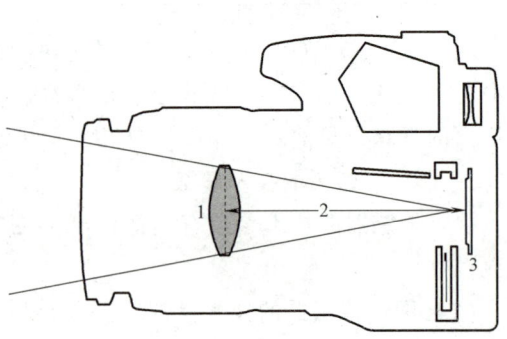

图 2-33 相机的焦距
1—光学中心　2—焦距　3—图像传感器

dx 和 dy 分别为

$$dx = \dfrac{\dfrac{1}{\text{ccd\_size}} \times 24.5 \times \dfrac{\text{image\_}x}{\text{image\_}y}}{\text{image\_}x} \quad (2\text{-}8)$$

$$dy = \dfrac{\dfrac{1}{\text{ccd\_size}} \times 24.5 \times \dfrac{\text{image\_}x}{\text{image\_}y}}{\text{image\_}y} \quad (2\text{-}9)$$

式中，ccd_size 是摄像头厂商给出的感光元件 CCD 或 CMOS 尺寸，以 in 为单位；24.5 是用来将 in 换算到 mm 单位用的，image_x 和 image_y 分别是图像 x 和 y 方向的像素数。

摄像头的焦距与水平视场角、影像大小密切相关。焦距越小，光学中心就越靠近感光元件，水平视场角越大，拍摄到的影像越大；焦距越大，光学中心就越远离感光元件，水平视场角越小，拍摄到的影像越小，如图 2-34 所示。

2）光学中心。相机的镜头是由多个镜片构成的复杂光学系统，光学系统的功能等价于一个薄透镜，但实际上薄透镜是不存在的。光学中心是这一等价透镜的中心，如图 2-35 所示。不同结构的镜头其光学中心位置也不一样，大部分在镜头内的某一位置，但也有在镜头前方或镜头后方的。

3）图像尺寸。图像尺寸是指构成图像的长度和宽度，可以用像素为单位，也可以用 cm 为单位。

图像尺寸与分辨率有关。分辨率是指单位长度中所表达或截取的像素数目，即表示

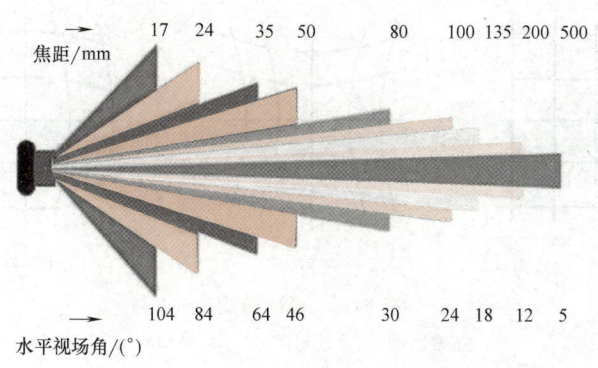

图 2-34 摄像头的焦距与水平视场角的关系

每英寸图像内的像素点数，单位是 PPI。图像分辨率越高，像素的点密度越高，图像越清晰。

像素（pixel）= 尺寸（in）×分辨率（PPI）

(2-10)

图像的像素、尺寸和分辨率具有以下关系：

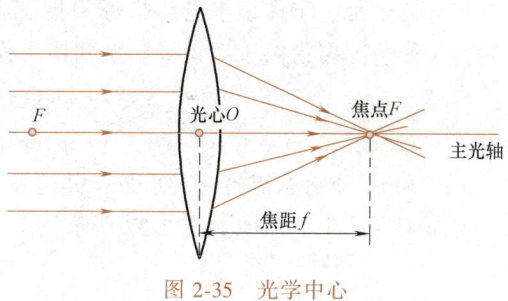

图 2-35 光学中心

① 像素相同的情况下，图像尺寸越小，单位面积内像素点越多，分辨率越大，画面看起来越清晰。这也就是为什么同一张图片，尺寸越大，画面越模糊的原因。

② 图像的分辨率越高，画面看起来越清晰。

③ 图像的分辨率取决于图像的像素和尺寸，像素高且尺寸小的图片，分辨率大，因此画面看起来更清晰。

④ 图像的像素越高，并不意味着画面越清晰，但是在同等分辨率要求的情况下，能够以更大的尺寸显示图片。

如果把单位 in 改为 cm，需要进行换算（如 72pixel/in = 28.346pixel/cm，300pixel/in = 118.11pixel/cm）。1cm = 0.3937in，1in = 2.54cm。

4）畸变系数。畸变系数分为径向畸变系数和切向畸变系数。径向畸变发生在相机坐标系转向物理坐标系的过程中，切向畸变产生的原因是透镜不完全平行于图像。

径向畸变就是沿着透镜半径方向分布的畸变，产生原因是光线在远离透镜中心的地方比靠近中心的地方更加弯曲，这种畸变在普通廉价的镜头中表现得更加明显，径向畸变主要包括枕形畸变和桶形畸变两种，如图 2-36 所示。

实际情况中，常用 $r=0$ 处的泰勒级数展开的前几项来近似描述径向畸变，用参数表示的径向畸变模型为

$$x_d = x(1 + k_1 r^2 + k_2 r^4 + k_3 r^6)$$
$$y_d = y(1 + k_1 r^2 + k_2 r^4 + k_3 r^6)$$

(2-11)

式中，k_1、k_2 和 k_3 分别为径向畸变系数，x、y 分别为畸变前的坐标，x_d、y_d 分别为畸

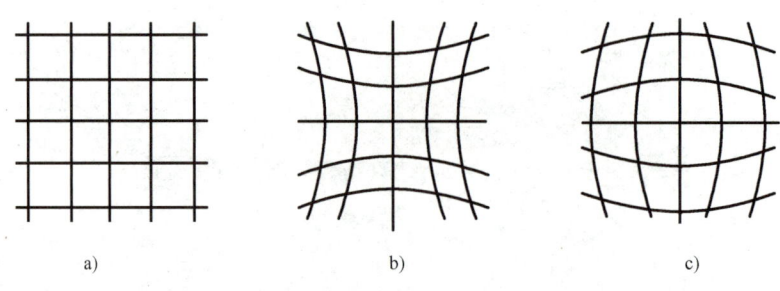

图 2-36 径向畸变
a）正常图像 b）枕形畸变 c）桶形畸变

变后的坐标。

切向畸变是由于透镜本身与摄像头传感器平面（像平面）或图像平面不平行而产生的，这种情况多是由于透镜被粘贴到镜头模组上的安装偏差导致。切向畸变模型为

$$x_d = x + 2p_1xy + p_2(r^2 + 2x^2)$$
$$y_d = y + 2p_2xy + p_1(r^2 + 2y^2)$$
(2-12)

式中，p_1 和 p_2 分别为切向畸变系数，其他参数含义同式（2-11）。

切向畸变产生的图像如图 2-37 所示。

图 2-37 切向畸变

（3）相机的外部参数 相机的外部参数是指相机的安装位置，即相机离地高度以及相机相对于车辆坐标系的旋转角度。

1）离地高度。相机离地高度是指从地面到相机焦点的垂直高度，如图 2-38 所示。

图 2-38 相机离地高度

2）旋转角度。相机相对于车辆坐标系的旋转角度有俯仰角、偏航角和横滚角。

俯仰运动（pitch）是指摄像头绕车辆坐标系 Y_v 轴的转动，偏航运动（yaw）是指摄像头绕车辆坐标系 Z_v 轴的转动，横滚运动（roll）是指摄像头绕车辆坐标系 X_v 轴的转动，如图 2-39 所示。

第2章 智能网联汽车环境感知技术

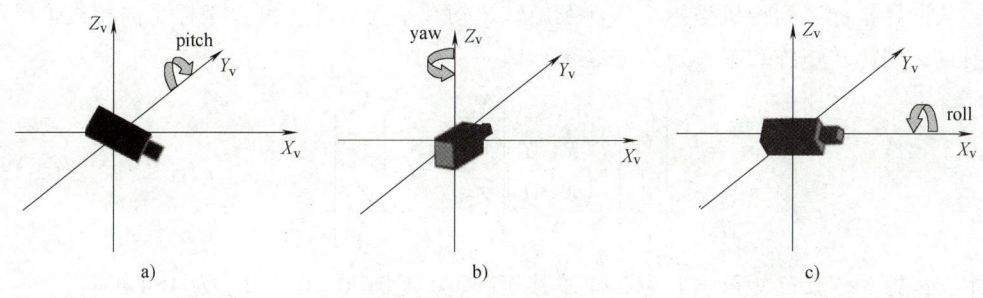

图 2-39 相机的旋转运动

a) 俯仰运动 b) 偏航运动 c) 横滚运动

相机的外部参数可以通过棋盘格标定获得，但要注意标准镜头和鱼眼镜头的差别。

6. 视觉传感器的坐标系

视觉传感器以其低廉的价格和丰富的图像信息，已经成为智能网联汽车必不可少的传感器。视觉传感器的作用是把三维世界中的形状、颜色信息，压缩到一张二维图像上。基于视觉传感器的感知算法则是从二维图像中提取并还原三维世界中的元素和信息（如车道线、车辆、行人等），并计算它们与自己的相对位置。

相机投影相关坐标系有世界坐标系、相机坐标系、图像坐标系以及像素坐标系，如图 2-40 所示。

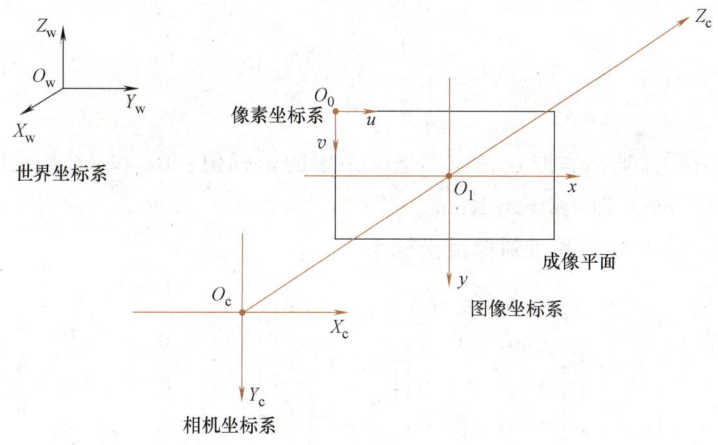

图 2-40 相机投影相关坐标系

（1）**世界坐标系** 世界坐标系为符合右手定则的三维直角坐标系，为用户自定义坐标系，可描述物体相对空间位置关系和相机的相对位置。图 2-40 中 $O_w X_w Y_w Z_w$ 为世界坐标系，用于描述视觉传感器的位置，单位是 m。

（2）**相机坐标系** 以相机光心为原点，过原点垂直于成像平面的光轴为 Z_c，建立相机坐标系 $O_c X_c Y_c Z_c$，单位为 m。

（3）**图像坐标系** 以光轴与成像平面的交点为原点，建立图像坐标系 $O_1 xy$，单位为 mm。

（4）**像素坐标系** 以成像平面左上角为原点，建立像素坐标系 $O_0 uv$，单位为像素。

从世界坐标系到相机坐标系，涉及旋转运动和平移运动。世界坐标系向相机坐标系转换可以用旋转矩阵和平移矩阵来表示，即

$$\begin{pmatrix} X_c \\ Y_c \\ Z_c \\ 1 \end{pmatrix} = \begin{pmatrix} \boldsymbol{R} & \boldsymbol{T} \\ \boldsymbol{0} & 1 \end{pmatrix} \begin{pmatrix} X_w \\ Y_w \\ Z_w \\ 1 \end{pmatrix} = \boldsymbol{L}_w \begin{pmatrix} X_w \\ Y_w \\ Z_w \\ 1 \end{pmatrix} \tag{2-13}$$

式中，$\boldsymbol{R}$ 为 3×3 旋转矩阵，$\boldsymbol{T}$ 为 3×1 平移矩阵，$\boldsymbol{0}=\begin{bmatrix}0 & 0 & 0\end{bmatrix}$，$\boldsymbol{L}_w$ 为 4×4 矩阵。

从相机坐标系向图像坐标系转换，是从 3D 转换到 2D，属于透视投影关系，用矩阵表示为

$$Z_c \begin{pmatrix} x \\ y \\ 1 \end{pmatrix} = \begin{pmatrix} f & 0 & 0 & 0 \\ 0 & f & 0 & 0 \\ 0 & 0 & 1 & 0 \end{pmatrix} \begin{pmatrix} X_c \\ Y_c \\ Z_c \\ 1 \end{pmatrix} \tag{2-14}$$

式中，f 为焦距。

从图像坐标系向像素坐标系转换，转换矩阵为

$$\begin{pmatrix} u \\ v \\ 1 \end{pmatrix} = \begin{pmatrix} \dfrac{1}{\mathrm{d}x} & 0 & u_0 \\ 0 & \dfrac{1}{\mathrm{d}y} & v_0 \\ 0 & 0 & 1 \end{pmatrix} \begin{pmatrix} x \\ y \\ 1 \end{pmatrix} \tag{2-15}$$

式中，u_0、v_0 为图像坐标系原点在像素坐标系中的坐标值；$\mathrm{d}x$ 和 $\mathrm{d}y$ 表示每一列和每一行分别代表多少 mm，即 1pixel = d$x$mm。

任意一点从世界坐标系转到像素坐标系为

$$Z_c \begin{pmatrix} u \\ v \\ 1 \end{pmatrix} = \begin{pmatrix} \dfrac{1}{\mathrm{d}x} & 0 & u_0 \\ 0 & \dfrac{1}{\mathrm{d}y} & v_0 \\ 0 & 0 & 1 \end{pmatrix} \begin{pmatrix} f & 0 & 0 & 0 \\ 0 & f & 0 & 0 \\ 0 & 0 & 1 & 0 \end{pmatrix} \begin{pmatrix} \boldsymbol{R} & \boldsymbol{T} \\ \boldsymbol{0} & 1 \end{pmatrix} \begin{pmatrix} X_w \\ Y_w \\ Z_w \\ 1 \end{pmatrix} = \begin{pmatrix} f_x & 0 & u_0 & 0 \\ 0 & f_y & v_0 & 0 \\ 0 & 0 & 1 & 0 \end{pmatrix} \begin{pmatrix} \boldsymbol{R} & \boldsymbol{T} \\ \boldsymbol{0} & 1 \end{pmatrix} \begin{pmatrix} X_w \\ Y_w \\ Z_w \\ 1 \end{pmatrix} \tag{2-16}$$

等式最右边的第一个矩阵是相机的内部参数，第二个矩阵是相机的外部参数，它们可以通过标定获取。

相机的焦距、像素尺寸和图像中成像中心的位置被称为相机的内部参数，用来确定相机从三维空间到二维图像的投影关系。实际应用中相机的内部参数会更为复杂，还包括图像的畸变系数等参数。在自动驾驶应用中，虽然相机的内部参数为常数，在使用中不会发生变化，但需要在使用前做好标定工作。相机的拍摄过程，可以抽象成是从三维相机坐标系映射到二维图像平面坐标系，再映射到图像坐标系的过程。图像感知算法则是这一过程的逆过程，通过二维图像推断物体在三维相机坐标系中的位置（如获得距

离信息）。

如果需要获得物体在世界坐标系中的位置，则还需要知道相机在世界坐标系中的位置。这一位置被称为相机的外部参数，用来决定相机坐标系与世界坐标系之间的相对位置关系。在自动驾驶应用中，得到这一位置关系还需要做一系列的标定和定位工作。

7. 相机的标定

在使用相机之前，必须对它进行标定。在机器视觉领域，相机的标定是一个关键的环节，它决定了机器视觉系统能否有效地定位，能否有效地计算目标物。

相机标定可以利用像棋盘一样的标定图像估算相机的内部参数和外部参数，以便配置单目相机的模型。

利用棋盘格对相机外部参数进行估算，在估算外部参数之前，必须从相机中捕获棋盘格图案的图像。使用与估算内部参数相同的棋盘模式。

棋牌坐标系主要用于相机的标定，如图2-41所示。在棋牌坐标系中，X_p轴指向右边，Y_p轴指向下方。棋盘坐标系原点是棋盘左上角黑格的右下角。每个棋盘角代表坐标系中的一点，如原点右侧的角为（1,0），原点下方的角为（0,1）。

棋盘格的尺寸（高度值，宽度值）用格数表示，如图2-42所示。

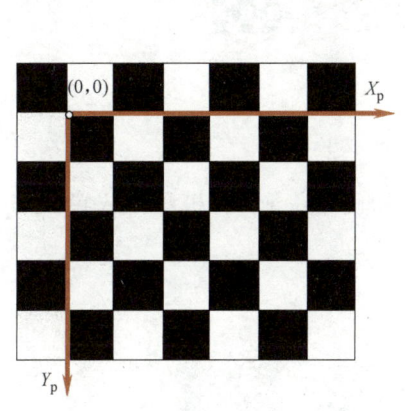

图2-41 棋牌坐标系

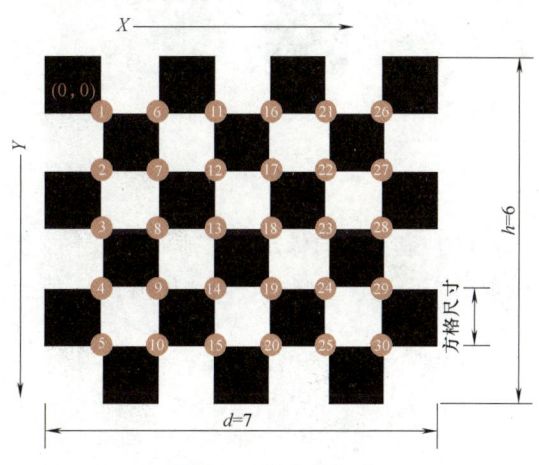

图2-42 棋盘格尺寸

车辆坐标系如图2-43所示，X_v轴从车辆尾部指向车头方向，Y_v轴指向车辆左方。从车辆顶部向下看，原点位于道路表面，直接位于摄像头焦点下方。当放置棋盘格时，X_p轴和Y_p轴必须与车辆的X_v轴和Y_v轴对齐。

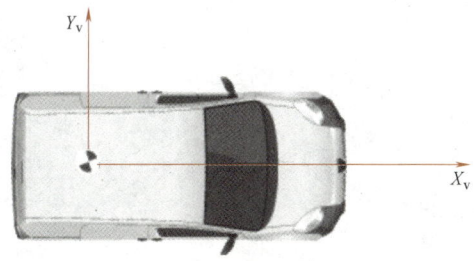

图2-43 车辆坐标系

(1) 水平方向标定　在水平方向上，棋盘格放在地面上或平行于地面，可以将棋盘格放在车辆的前面、后面、左侧或右侧，如图 2-44 所示。

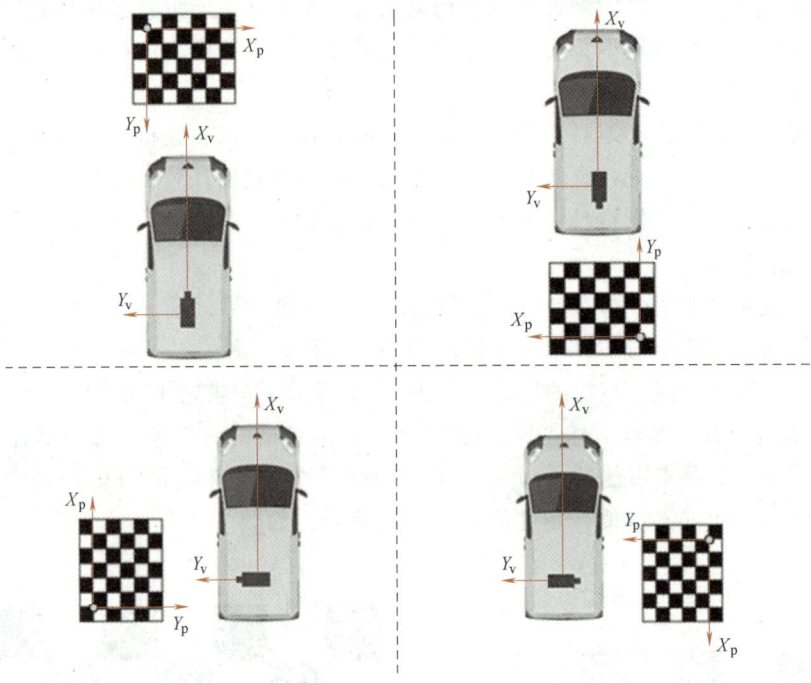

图 2-44　水平方向标定

(2) 垂直方向标定　在垂直方向上，棋盘格垂直于地面，可以将棋盘格放置在车辆前面、后面、左侧或右侧，如图 2-45 所示。

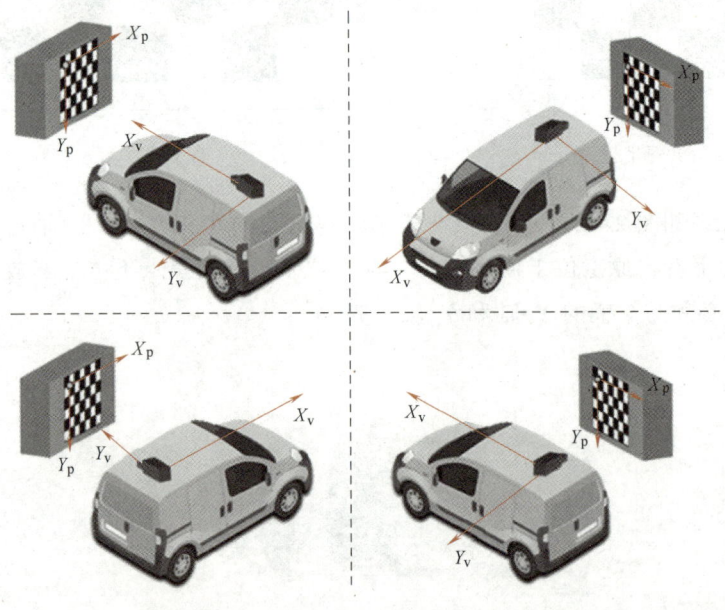

图 2-45　垂直方向标定

第2章 智能网联汽车环境感知技术

【例 2-1】 使用棋盘格标定单目相机，求外部参数，并利用鸟瞰图验证配置单目相机的正确性。

解： 在 MATLAB 命令行窗口输入以下程序。

```
1   mappingCoeffs = [8.751e+2,-3.038e-4,-4.815e-8,1.709e-11];   %映射系数
2   imageSize = [1500,2000];                                     %图像大小
3   distortionCenter = [1000,750];                               %光学中心
4   stretchMatrix = [1,0;0,1];                                   %转换矩阵
5   intrinsics = fisheyeIntrinsics(mappingCoeffs,imageSize, ...  %内部参数
            distortionCenter,stretchMatrix);
6   I = imread('checkerboard.png');                              %读取棋盘图像
7   imshow(I)                                                    %显示棋盘图像
8   [imagePoints,boardSize] = detectCheckerboardPoints(I);       %检测棋盘图像
9   squareSize = 0.029;                                          %棋盘方格边长
10  worldPoints = generateCheckerboardPoints(boardSize,squareSize); %棋盘角点世界坐标
11  patternOriginHeight = 0;                                     %棋盘原点高度
12  [pitch,yaw,roll,height] = estimateMonoCameraParameters(intrinsics, ... %估计外部参数
                imagePoints,worldPoints,patternOriginHeight);
13  [undistortedI,camIntrinsics] = undistortFisheyeImage(I, ...  %修正鱼眼图像失真
                intrinsics,'Output','full');
14  figure                                                       %设置图形窗口
15  imshow(undistortedI)                                         %显示无失真图像
16  monoCam = monoCamera(camIntrinsics,height, ...               %配置鱼眼相机
                'Pitch',pitch,'Yaw',yaw,'Roll',roll)
17  distAheadOfSensor = 6;                                       %传感器前方距离
18  spaceToOneSide = 2.5;                                        %左右各2.5m
19  bottomOffset = 0.2;                                          %在传感器前0.2m看
20  outView = [bottomOffset,distAheadOfSensor, ...               %观测区域
            -spaceToOneSide,spaceToOneSide];
21  outImageSize = [NaN,1000];                                   %输出图像尺寸
22  birdsEyeConfig = birdsEyeView(monoCam,outView,outImageSize); %创建鸟瞰图
23  B = transformImage(birdsEyeConfig,undistortedI);             %图像转换为鸟瞰图
24  imagePoint0 = vehicleToImage(birdsEyeConfig,[1.5,0]);        %车辆转换成图像
25  annotatedB = insertMarker(B,imagePoint0);                    %添加标记
26  annotatedB = insertText(annotatedB,imagePoint0,'1.5m');      %添加标志
27  figure                                                       %设置图形窗口
28  imshow(annotatedB)                                           %显示鸟瞰图像
```

单目相机配置为

monoCam =

  monoCamera-属性：

```
Intrinsics: [1×1 cameraIntrinsics]
WorldUnits: 'meters'
     Height: 0.4437
      Pitch: 22.2689
        Yaw: -3.2898
       Roll: -3.0256
SensorLocation: [0 0]
```

即单目相机的外部参数中离地高度为 0.4437m, 俯仰角为 22.2689°, 偏航角为 -3.2898°, 横滚角为 -3.0256°。

输出结果如图 2-46 所示。

a)

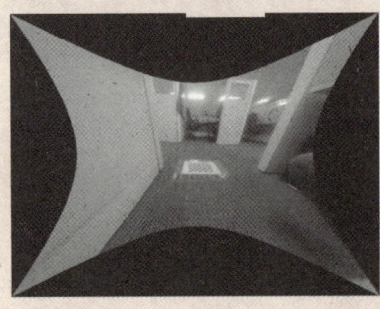

b)

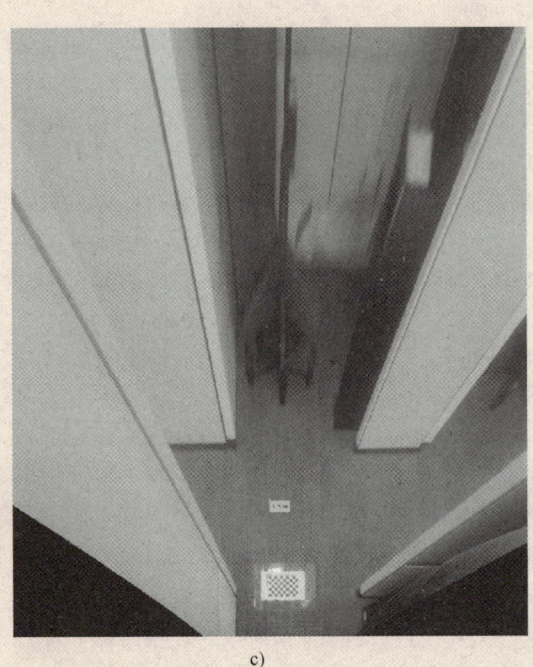

c)

图 2-46 单目相机标定

a) 原始图像 b) 无失真图像 c) 鸟瞰图像

8. 视觉传感器的环境感知流程

视觉传感器的环境感知流程一般包括图像采集、图像预处理、图像特征提取、图像模式识别和结果传输等,但根据具体识别目标和采用的识别方法不同,感知流程也会略有差异。

下面以车道偏离预警系统为例,介绍视觉传感器的感知流程。

(1) 图像采集 图像采集主要是通过摄像头采集图像,如果是模拟信号,要把模拟信号转换为数字信号,并把数字图像以一定格式表现出来。根据具体研究对象和应用场合,选择性价比高的摄像头。摄像头包括 CCD 摄像头和 COMS 摄像头,同时要充分考虑车载的实际情况。

图 2-47 所示为 Sony HDR-XR520E 高清摄像头采集的车道线原始图像。

图 2-47 车道线原始图像

（2）图像预处理 图像预处理包含的内容较多，要根据具体实际情况进行选择。

1）图像灰度化。视觉传感器采集的原始图像是彩色图像，即有红色（Red）、绿色（Green）、蓝色（Blue）三通道构成的图像，直接对采集到的图像进行处理时需要对每个像素点的三个颜色分量信息进行处理，需要处理的数据量很大。而灰度图像是使三个颜色分量信息相等，即 R=G=B 的一种特殊的彩色图像，其中 R=G=B 的值就叫作灰度值。在灰度图像中，每个像素点的信息只需一个灰度值来表示（灰度值数据处理范围为 0~255），因此需要处理的数据量小。同时，灰度图像与彩色图像一样可以完整地反映图像的色度、亮度的分布和特征。彩色图像灰度化常用的方法有分量法、最大值法和平均值法等。

图 2-48 所示为车道线灰度图像。

图 2-48 车道线灰度图像

2）图像压缩。图像压缩技术可以减少描述图像的数据量，以便节省图像传输、处理时间和减少所占用的存储器容量。压缩可以在不失真的前提下进行，也可以在允许失真的条件下进行。比较常用的数字图像压缩方法有基于傅里叶变换的图像压缩算法、基于离散余弦变换的图像压缩算法、基于小波变换的图像压缩算法、基于 NNT（数论变换）的图像压缩算以及基于神经网络的图像压缩算法等。

3）图像增强和复原。图像增强和复原的目的是为了提高图像的质量，如去除噪声，提高图像的清晰度等。

图像增强的技术方法有两种：空域法和频域法。空域法主要在空域内对像素灰度值直接运算处理，如图像灰度变换、直方图修正、图像空域平滑、锐化处理及伪彩色处理等。图像增强的频域法就是在图像的某种变换域内，对图像的变换值进行计算，如傅里叶变换等。

图像复原技术与增强技术不同，它需要了解图像降质的原因，一般要根据图像降质过程的某些经验知识建立降质模型，再用降质模型按照某种处理方法，恢复或重建原来的图像。

图 2-49 所示为增强处理后的车道线图像。

图 2-49　增强处理后的车道线图像

4）图像分割。图像分割就是把图像分成若干个特定的、具有独特性质的区域并提出感兴趣目标的技术和过程，它是图像处理和图像分析的关键步骤之一。图像分割方法主要有阈值分割法、区域分割法、边缘分割法和特定理论分割法等。

(3) 图像特征提取　为了完成图像中的目标识别，要在图像分割的基础上提取需要的特征，并将某些特征计算、测量并分类，以便计算机根据特征值进行图像分类和识别。

在图像识别中，主要有以下特征：

1）边缘特征。图像的边缘特征往往体现了图像属性的显著变化，主要包括场景照明的变化、深度上的不连续性、表面方向的不连续性以及物体属性的变化。因此，图像边缘包含大量信息（如物体形状、纹理等），不仅可以反映图像局部的不连续性，还可以根据图像边缘的特点将图像划分为不同的区域。在图像处理和机器视觉检测过程中，往往只对图像中的那些能体现物体结构属性的信息感兴趣；因此，对图像进行边缘检测能保留图像的重要信息，剔除不重要信息，大大减少后续处理的计算量。常用来获取图像边缘的检测算子有 Canny 算子、Roberts 算子和 Prewitt 算子等。

图 2-50 所示为不同检测算子的边缘检测结果。

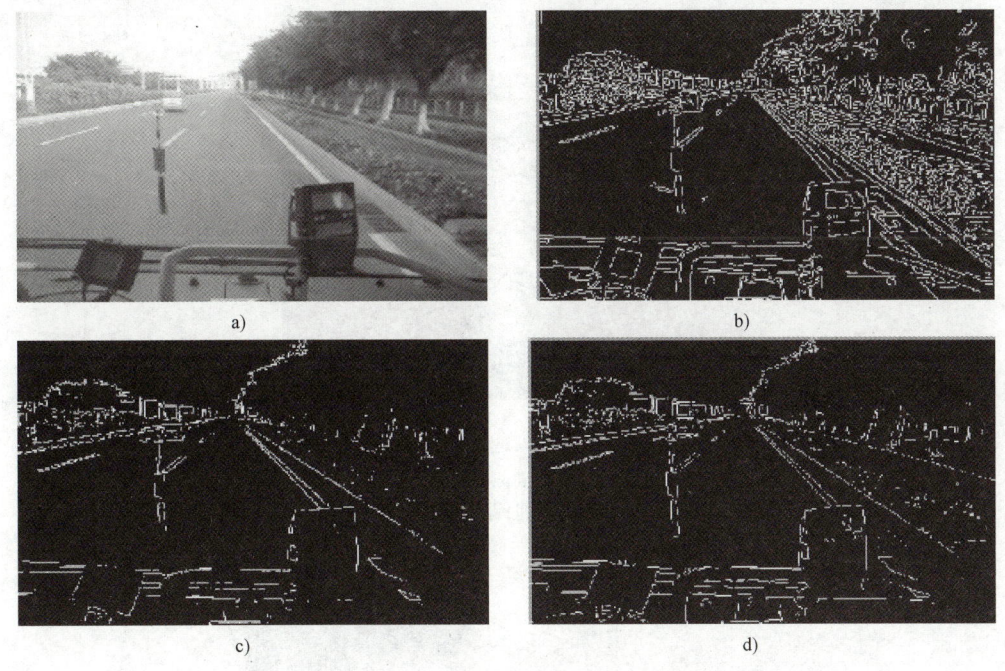

图 2-50　不同检测算子的边缘检测结果

a）灰度图　b）Canny 算子检测结果　c）Roberts 算子检测结果　d）Prewitt 算子检测结果

2）图像幅度特征。图像像素灰度值、RGB、HSI 和频谱值等表示的幅值特征是图像的最基本特征。

3）直观性特征。图像的边沿、轮廓、纹理和区域等，这些都属于图像灰度的直观特征；它们的物理意义明确，提取比较容易，可以针对具体问题设计相应的提取算法。

4）图像统计特征。图像统计特征主要有直方图特征、统计性特征（如均值、方差、能量及熵等）和描述像素相关性的统计特征（如自相关系数、协方差等）。

5）图像几何特征。图像几何特征主要有面积、周长、分散度、伸长度、曲线的斜率和曲率、凹凸性、拓扑特性等。

6）图像变换系数特征。如傅里叶变换系数、Hough 变换、Wavelet 变换系数、Gabor 变换、哈达玛变换、K-L 变换等。

此外，还有一些其他描述图像的特征，如纹理特征、三维几何结构描述特征等。

（4）**图像模式识别**　图像模式识别的方法很多，从图像模式识别提取的特征对象来看，图像识别方法可分为基于形状特征的识别技术、基于色彩特征的识别技术以及基于纹理特征的识别技术等。

根据模式特征选择及判别决策方法的不同，图像模式识别方法可分为统计模式（决策理论）识别方法、句法（结构）模式识别方法、模糊模式识别方法和神经网络模式识别方法等。

为了减少图像识别的运算量,一般要对图像感兴趣的区域进行划分。车道线图像划分如图 2-51 所示,区域 A 和 B 构成了感兴趣区域,其中 A 为近视野区域,大约为道路区域的 3/4;B 为远视野,大约为道路区域的 1/4;C 为视野尽头。

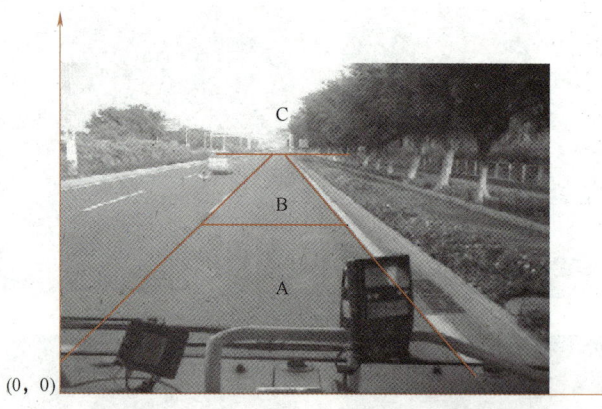

图 2-51 感兴趣区域的划分

基于形状特征的识别技术,车道线识别结果如图 2-52 所示。

图 2-52 车道线识别结果

(5)结果传输　是将通过环境感知系统识别出的信息,传输到车辆其他控制系统或者传输到车辆周围的其他车辆,完成相应的控制功能。把车道线识别结果输入到车道偏离预警系统中,可以对车道偏离进行预警,如图 2-53 所示。

9. 视觉传感器的类型

视觉传感器在智能网联汽车上的应用是以摄像头方式出现的,一般分为单目摄像头、双目摄像头、三目摄像头和环视摄像头,如图 2-54 所示。

(1)单目摄像头　单目摄像头的优点是成本低廉,能够识别具体障碍物的种类,识别准确;缺点是由于其识别原理导致其无法识别没有明显轮廓的障碍物,工作准确率与外部光线条件有关,并且受限于数据库,没有自学习功能。

(2)双目摄像头　相比于单目摄像头,双目摄像头没有识别率的限制,无须先识别,可直接进行测量,直接利用视差计算距离;其精度更高且无须维护样本数据库。

第2章 智能网联汽车环境感知技术

图 2-53　车道偏离预警系统

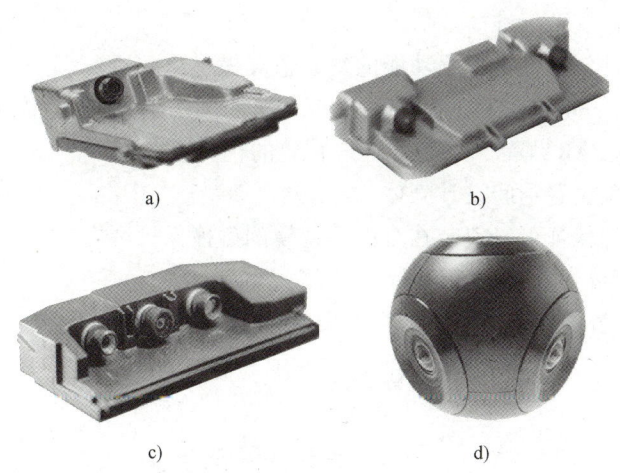

图 2-54　视觉传感器的类型

a）单目摄像头　b）双目摄像头　c）三目摄像头　d）环视摄像头

（3）**三目摄像头**　三目摄像头感知范围更大，但需同时标定三个摄像头，因此工作量大、算法更复杂。

（4）**环视摄像头**　环视摄像头一般至少包括 4 个摄像头，可实现 360°环境感知。

10. 视觉传感器的产品与应用

视觉传感器虽然在智能网联汽车上的应用非常广泛，但公开资料非常少，特别是技术参数更少。

图 2-55 所示为博世汽车 ADAS 摄像头 MPC2，其主要参数见表 2-4。

51

表 2-4　博世汽车 ADAS 摄像头 MPC2 主要参数

项　目	参　数
图像分辨率	1280pixel×960pixel
最大探测距离	>120m
水平视场角	50°
垂直视场角	28°
分辨率	25pixel/(°)
帧率	30 帧/s
波长	400~750nm
工作温度	−40~85℃

图 2-55　博世汽车 ADAS 摄像头 MPC2

博世汽车 ADAS 摄像头 MPC2 具有以下特点：

1）实现多重安全性和舒适性功能，包括行人警告、前方碰撞预警、车道偏离预警、车道保持或车道引导支持、道路标志辅助及智能大灯控制。

2）在开发硬件、图像处理技术和功能时始终采用统一的博世内部流程，确保了所有部件的一致性。

3）博世开发的全面功能组合，可与其他传感器（尤其是雷达）相结合，来提升紧急制动系统和自适应巡航控制的性能。

4）满足 NCAP 安全标准。

5）可扩展硬件使部件可根据功能的复杂情况做优化配置。

6）支持 CAN、FlexRay 和 Ethernet 接口，满足不同的车辆通信需求。

7）遵循 AUTOSAR 规范，可整合客户特定的代码。

8）可根据安装位置空间设计壳体。

9）紧凑型设计保证可以安装在车内后视镜的碰撞保护区内。

10）具有高度灵活的接插件设计。

视觉传感器在智能网联汽车上的主要安装位置如图 2-56 所示。

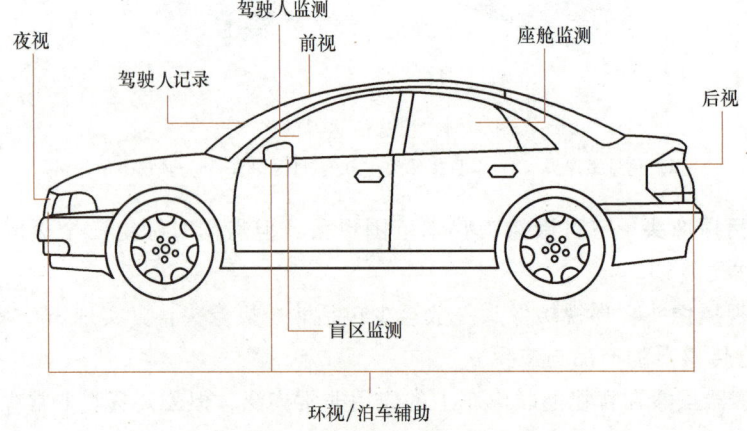

图 2-56　视觉传感器的安装位置

视觉传感器具有车道线检测、障碍物检测、交通标志和地面标志识别、交通信号灯识别以及可通行空间检测等功能。

（1）**车道线检测**　车道线是视觉传感器能够感知的最基本的信息，拥有车道线检测功能，即可实现高速公路的车道保持功能。

（2）**障碍物检测**　障碍物种类很多，如汽车、行人、自行车和动物等，有了障碍物信息，无人驾驶汽车即可完成车道内的跟车行驶。

（3）**交通标志和地面标志识别**　交通标志和地面标志是作为道路特征与高精度地图做匹配后，可以辅助定位，也可以基于这些感知结果进行地图的更新。

（4）**交通信号灯识别**　交通信号灯状态的感知能力对于城区行驶的无人驾驶汽车十分重要。

（5）**可通行空间检测**　可通行空间表示无人驾驶汽车可以正常行驶的区域。

视觉传感器主要应用于智能网联汽车ADAS，见表2-5。

表2-5　视觉传感器在智能网联汽车上的应用

ADAS	使用的摄像头	具体功能介绍
车道偏离预警系统	前视	当前视摄像头检测到车辆即将偏离车道线时发出警报
车道保持辅助系统	前视	当前视摄像头检测到车辆即将偏离车道线时通知控制中心发出指示，纠正行驶方向
前向碰撞预警系统	前视	当前视摄像头检测到与前车距离小于安全车距时发出警报
盲区监测系统	侧视	利用侧视摄像头将后视镜盲区的影像显示在后视镜或驾驶舱内
行人碰撞预警系统	前视	当前视摄像头检测到车辆前方的行人可能与车辆发生碰撞时发出警报
交通标志识别系统	前视、侧视	利用前视、侧视摄像头识别前方和两侧的交通标志
自动泊车辅助系统	后视	利用后视摄像头将车尾影像显示在驾驶舱内
全景泊车系统	前视、侧视、后视	利用图像拼接技术将摄像头采集的影像组成周边的全景图
驾驶人疲劳预警系统	内置	利用内置摄像头检测驾驶人是否疲劳、闭眼等
交通信号灯识别系统	前视	利用前视摄像头识别前方的交通信号灯

随着人工智能的机器学习、深度学习等在图像处理算法中的应用，视觉传感器的功能会越来越强，在智能网联汽车上的应用将更加深入。

2.3　传感器融合技术

2.3.1　传感器融合的定义

传感器的融合就是利用计算机技术将来自多传感器或多源的信息和数据，在一定的准则下加以自动分析和综合，以完成所需要的决策和估算而进行的信息处理过程。传感器融合要求硬件同步、时间同步、空间同步和软件同步。

硬件同步是指使用同一种硬件同时发布触发采集命令，实现各传感器采集、测量的时间同步，做到同一时刻采集相同的信息。

时间同步是指通过统一的主机给各个传感器提供基准时间，各传感器根据已经校准后的时间为各自独立采集的数据加上时间戳信息，可以做到所有传感器时间戳同步；但由于各个传感器各自的采集周期相互独立，无法保证在同一时刻采集相同的信息。

空间同步是指将不同传感器坐标系的测量值转换到同一个坐标系中，其中激光传感器在高速移动的情况下需要考虑当前速度下的帧内位移校准。

软件同步是指时间同步和空间同步。

2.3.2 传感器融合的原理

在自动驾驶技术中，现有的车载传感器包括超声波雷达、毫米波雷达、激光雷达以及视觉传感器等，各种传感器各有优劣，应根据各传感器的特点，在不同环境下应选择不同的传感器。使用单一传感器无法完成无人驾驶的功能性与安全性的全面覆盖，比如仅靠视觉传感器识别物体，在遭遇大雾、雨雪等恶劣天气时很容易影响识别精度。因此，多传感器信息融合的优势在于，能够综合利用多种信息源的不同特点，多方位获得相关信息，从而提高整个系统的可靠性和精准度。未来传感器融合技术将显得更加重要，并且会成为一种趋势。多传感器信息的融合是无人驾驶安全出行的前提。

传感器的融合就是将多个传感器获取的数据、信息集中在一起综合分析，以便更加准确、可靠地描述外界环境，从而提高系统决策的正确性。

多传感器融合的体系结构分为分布式、集中式和混合式，如图 2-57 所示。

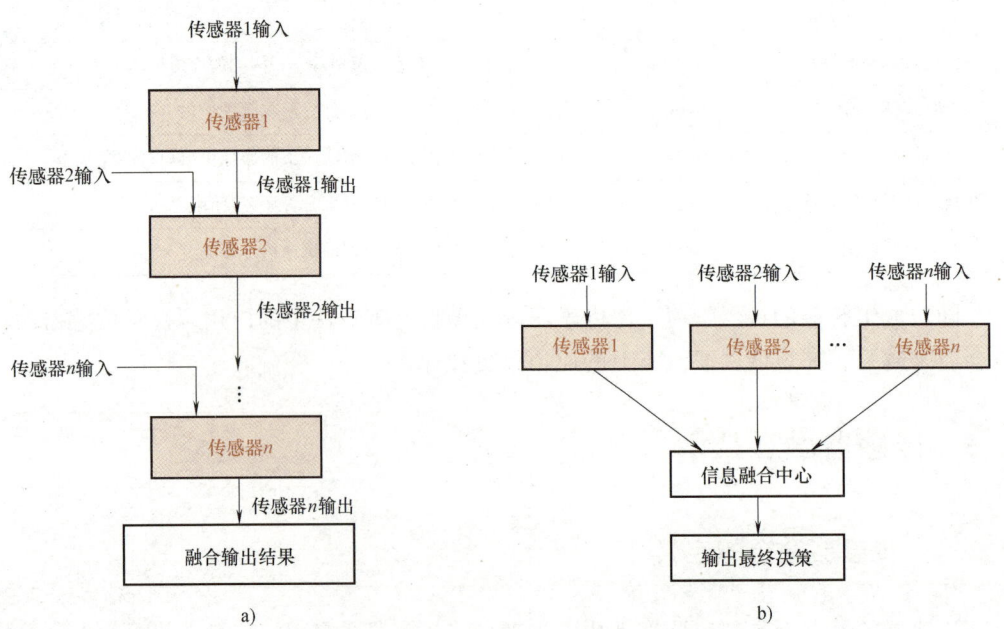

图 2-57　多传感器融合的体系结构
a) 分布式　b) 集中式

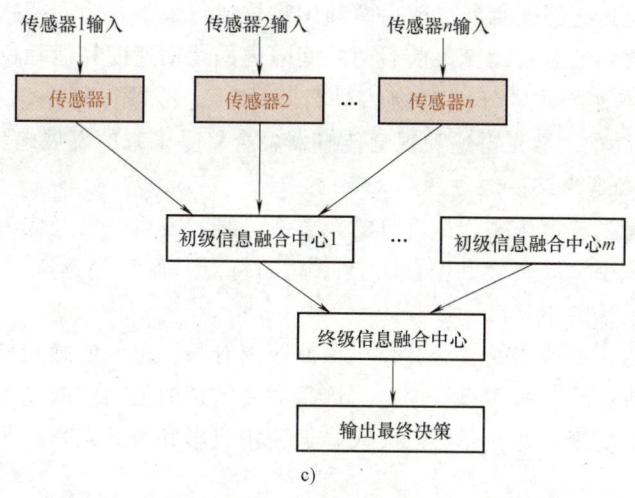

图 2-57 多传感器融合的体系结构（续）

c）混合式

（1）**分布式** 先对各个独立传感器所获得的原始数据进行局部处理，然后再将结果送入信息融合中心进行智能优化组合来获得最终的结果。分布式体系结构对通信带宽的需求低、计算速度快、可靠性和延续性好，但跟踪的精度却远没有集中式高。

（2）**集中式** 集中式将各传感器获得的原始数据直接送至信息融合中心进行融合处理，可以实现实时融合。优点是数据处理的精度高、算法灵活，缺点是对处理器的要求高、可靠性较低且数据量大，故难以实现。

（3）**混合式** 混合式多传感器信息融合体系结构中，部分传感器采用集中式融合方式，剩余的传感器采用分布式融合方式。混合式融合体系结构具有较强的适应能力，兼顾了集中式和分布式融合的优点，稳定性强。混合式融合方式的结构比前两种融合方式的结构复杂，这样就增加了通信和计算上的成本。

多传感器信息融合中，各种不同的传感器对应不同的工况环境和感知目标，如毫米波雷达主要识别前向中远距离障碍物（0.5~150m），如路面车辆、行人和路障等；如超声波雷达主要识别车身近距离障碍物（0.2~5m），如泊车过程中的路沿、静止的前后车辆以及过往的行人等信息。各传感器协同作用、互补不足，通过将障碍物角度、距离和速度等数据融合，刻画车身周边环境和可达空间范围。

2.3.3 传感器融合的方案

对于多传感器融合，有很多种组合和选择。

1. 激光雷达与视觉传感器融合

激光雷达和视觉传感器融合是一个经典方案。在无人驾驶应用中，视觉传感器价格便宜，但是受环境光线影响较大，可靠性相对较低；激光雷达探测距离远，对物体运动判断精准，可靠性高，但价格高。视觉传感器可进行车道线检测、障碍物检测和交通标志的识别，激光雷达可进行路沿检测、动态和静态物体识别以及定位和地图创建。对于动态的物体，视觉传感器能判断出前后两帧中物体或行人是否为同一物体或行人，而激光雷达则可以在得到信息后测算出前后两帧间隔内的运动速度和运动位移。

视觉传感器和激光雷达分别对物体进行识别后，再进行标定。对于安全性要求100%的无人驾驶汽车，激光雷达和视觉传感器融合将是未来的发展趋势。

2. 激光雷达和毫米波雷达融合

激光雷达和毫米波雷达融合是流行的新方案。毫米波雷达已经成为ADAS的核心传感器，它具有体积小、质量轻和空间分辨率高的特点，而且穿透雾、烟和灰尘的能力强，弥补了激光雷达的不足。

虽然毫米波雷达的功能受制于波长，探测距离有限，也无法感知行人，并且对周边所有障碍物无法进行精准的建模，但这恰恰是激光雷达的强项。激光雷达和毫米波雷达不仅可以在性能上实现互补，还可以大大降低使用成本并为无人驾驶开发提供一个新的选择。

3. 视觉传感器和毫米波雷达融合

将视觉传感器和毫米波雷达进行融合，相互配合共同构成智能网联汽车的感知系统，二者取长补短，可以实现更稳定可靠的ADAS功能。视觉传感器与毫米波雷达融合具有以下优势：

1) 可靠性。目标真实，可信度提高。
2) 互补性。全天候应用与远距离提前预警。
3) 高精度。大视场角、全距离条件下的高性能定位。
4) 识别能力强。对各种复杂对象都能够识别。

在智能驾驶场景下，视觉传感器与毫米波雷达的数据融合大致有3种策略：图像级融合、目标级融合和信号级融合。图像级融合是以视觉传感器为主体，将毫米波雷达输出的整体信息进行图像特征转化，然后与视觉系统的图像输出进行融合；目标级融合是对视觉传感器和毫米波雷达输出进行综合可信度加权，配合精度标定信息进行自适应的搜索匹配后融合输出；信号级融合是对视觉传感器和毫米波雷达传出的数据源进行融合，信号级融合的数据损失最小、可靠性最高，但运算成本高。

2.4 目标识别技术

2.4.1 道路识别技术

1. 道路识别的定义

道路识别就是把真实的道路通过激光雷达转换成汽车认识的道路，供自动驾驶汽车行驶或通过视觉传感器识别出车道线，提供车辆在当前车道中的位置，帮助智能网联汽车提高行驶的安全性。

图2-58所示为视觉传感器识别的车道线。

道路识别的任务是提取车道的几何结构（如车道的宽度、车道线的曲率等），确定车辆在车道中的位置、方向，提取车辆的可行驶区域。

图 2-58 视觉传感器识别的车道线

2. 道路识别的分类

（1）**依据道路类型分** 依据道路类型的不同，道路分为结构化道路和非结构化道路，见表 2-6。

表 2-6 道路类型

道路类型	结构化道路	非结构化道路
典型道路	高速公路、城市道路	乡村道路、越野道路
主要特点	结构明确，形状相对规则，有明显的标志线或边界，环境相对稳定	道路形状不规则，没有明确的边缘，光照、景物、天气多变

根据道路类型特点，道路识别可以分为结构化道路识别和非结构化道路识别。

1) 结构化道路识别。结构化道路具有明显的车道标识线或边界，几何特征明显，车道宽度基本上保持不变，如城市道路、高速公路。结构化道路识别一般依据车道线的边界或车道线的灰度与车道明显不同实现检测。虽然结构化道路识别的方法对道路模型有较强的依赖性，且对噪声、阴影及遮挡等环境变化敏感，但是结构化道路识别技术比较成熟。

2) 非结构化道路识别。非结构化道路相对比较复杂，一般没有车道线和清晰的道路边界，或路面凹凸不平，或交通拥堵，或受到阴影和水迹的影响。多变的道路类型，复杂的环境背景，以及阴影与天气变化等，都是非结构化道路识别方法所面临的困难。道路区域和非道路区域更是难以区分，所以非结构化道路识别是无人驾驶汽车的难点。非结构化道路识别主要依据车道的颜色或纹理进行检测。

（2）**根据所用传感器分** 根据所用传感器的不同，道路识别分为基于视觉传感器的道路识别和基于雷达的道路识别。

1）基于视觉传感器的道路识别。基于视觉传感器的道路识别就是通过视觉传感器采集道路图像,并通过算法处理道路图像,识别出车道线。

2）基于雷达的道路识别。基于雷达的道路识别就是通过雷达采集道路信息,并通过算法处理信息,识别出车道线。

智能网联汽车的道路识别主要是基于视觉传感器。

3. 图像特征的分类

要对图像中的物体进行分类,就需要先知道图像中各个部分的特征,利用这些特征作为分类的标准。从某种意义上说,特征的合适与否对分类的精确度起着决定性作用。图像中的特征最基本的是颜色,除此之外还有相对个体而言的纹理、形状等特征以及相对整体而言的空间位置关系特征。

（1）**颜色特征** 颜色特征就是对图像或者图像区域当中色彩的一个描述,它的特点是并不关注细节,不关注具体的某一个像素,而是从整体上来统计图像或者图像区域中的色彩。颜色特征有它自己的优点,比如颜色是不会因为旋转图像发生变化,也不会因为放大或者缩小图像发生变化。但是颜色特征不太适用于对图像中的某一局部进行描述。在图像处理中,常用的颜色特征包括颜色直方图、颜色集、颜色矩以及颜色聚合向量等。

1）颜色直方图。颜色直方图是对不同灰度级在图像中所占比例的一个统计分析,它的优点和缺点都在于它的计算与像素点的空间位置无关,它是一个完全的统计特性。这样一方面便于计算,对于不需要考虑空间位置的问题很适用;另一方面对于检测物体的具体位置就不适用了。常用RGB、HSV、HSI等颜色空间下的图像来计算图像的颜色直方图。

RGB模型也称为加色法混色模型,它是将彩色信息分成三个分量R、G、B（分别代表红、绿、蓝）,三个分量的不同组合可以表示出不同的颜色。RGB模型可以建立在三维坐标系中,三个坐标轴分别用RGB的三个分量R、G、B表示,如图2-59所示。

RGB模型的空间是一个正方体,原点代表黑色,对角顶点代表白色,RGB颜色空间中的任意一种颜色可以用从原点的矢量表示。一般情况下,要将RGB颜色模型立方体归一化为单位立方体,此时RGB每个分量的值在[0,1]之间。RGB颜色模型的优点是看起来比较直观,缺点是R、G、B三个分量相互依赖,任何一个分量发生改变,都会影响到整体颜色的改变。

RGB模型是人眼最直观的颜色模式,大多数彩色摄像头都是用RGB格式获取图像,能够直观地表示物体的色彩,是一种重要的颜色模型。

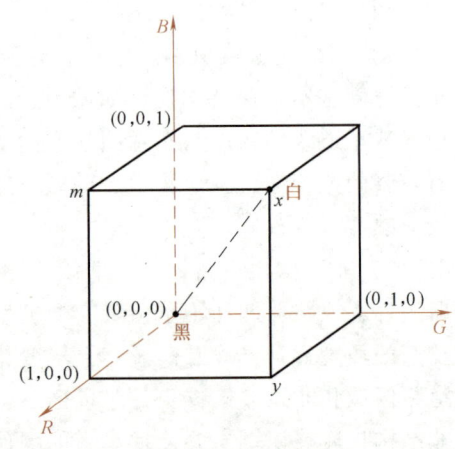

图2-59 RGB模型

HSV 模型是用色调（H）、饱和度（S）和亮度（V）三种属性表达颜色特征。其中色调是与混合光谱中的光的波长相联系的，反映了人们对颜色种类的感受；饱和度与色调的纯度有关，表示颜色的浓度；亮度表示人眼感受颜色的强弱程度，颜色中掺入白色越多就越明亮。这三种属性能够独立表达人们感受颜色的过程，互相不影响，因此 HSV 模型也称为主观颜色模型。

HSV 模型也称六角锥体模型，如图 2-60 所示，色调 H 用绕中轴旋转的角度表示，取值范围为 $0°\sim 360°$，红色为 $0°$，按逆时针角度方向计算，绿色为 $120°$，蓝色为 $240°$；亮度 V 用垂直轴线上的大小表示，取值范围为 $0\sim 1.0$；饱和度 S 用离中心轴线的距离表示，取值范围为 $0\sim 1.0$；当 $S=1$ 并且 $V=1$ 时，得到纯色彩。

HSV 模型有两个显著特点：第一，在 HSV 模型中亮度分量 V 和色调分量 H 是相互独立的，V 分量与图像的颜色无关，只与图像的光照强度有关；第二，色调分量 H 及饱和度分量 S 互相独立，并且与人们感知色彩的方式紧密相连。这些优点使得 HSV 模型可以充分发挥色调分量 H 的作用，适合基于人类的视觉系统对彩色图像分析的算法。

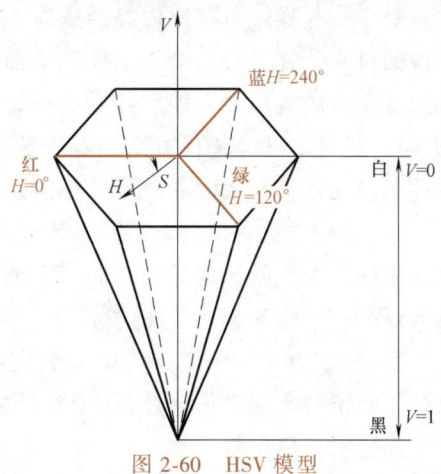

图 2-60　HSV 模型

HSI 色彩模型较好地反映了人们的视觉系统对不同色彩的感知方式，在该模型中用色调（H）、饱和度（S）及强度（I）三个基本分量来表达不同的颜色。H 与光波的波长紧密相关，不同 H 的值代表着不同的颜色，如当 H 值的取值范围为 $0\sim 360°$ 时，红色、绿色和蓝色的 H 值分别为 $0°$、$120°$ 和 $240°$；S 代表颜色的纯度，纯色是完全饱和的，颜色也最鲜艳，向纯光谱色中加入白光会降低饱和度；I 表示成像的亮度和图像的灰度，I 是一个主观的概念，表达了人类视觉对颜色明亮程度的感知。I 与图像的彩色信息无关，H 和 S 与人们感受颜色的方式紧密相连；因此，HSI 颜色模型得到了广泛的应用，成为了颜色检测及分析的常用模型。

2）颜色集。颜色集可以看作是颜色直方图的一个变种。颜色集的计算需要在视觉均衡的颜色空间中进行，比如 HSV 颜色空间。所以计算时首先将 RGB 颜色空间转化到此颜色空间，然后把颜色空间分成若干个柄，再以色彩特征把图像划分成若干子图像。对于三个颜色分量，只保留其中一个量化此颜色空间，并用这个颜色分量作为索引，从而用一个二进制颜色索引集来表达完整的图像。

3）颜色矩。颜色矩是用来表达图像或者图像区域中颜色分布的一种方法，常用的有三种，即颜色的一阶矩（均值）、二阶矩（方差）以及三阶矩（偏斜度）。它们可以比较充分地来表达一幅图像或者图像区域中的色彩分布。

4）颜色聚合向量。在求解颜色聚合向量时，首先要获取图像的直方图，然后利用它把其中每个柄（柄指图像代号）的像素划分成两个部分。划分的方法是先给定一个阈值，然后统计柄当中部分像素占据的连续面积，如果它们大于这个阈值，那么这个区域当中的像素就是定义的聚合像素；反之则不是。

（2）纹理特征　纹理特征给人的直观印象是图像当中色彩分布的某种规律性，它也是面向全局的。但是它和颜色特征还不太一样，它在对每个像素点进行讨论的时候，往往需要在此像素点的邻域内进行分析。纹理特征是不会因为图像的旋转而发生变化的，对于一些噪声也有比较好的适应性；但是它也有自己的缺点，比如当放大或者缩小图像的时候，纹理特征会发生变化，而且光线的变化也会对纹理特征产生影响。纹理特征的提取方法有很多，如统计方法、结构方法、模型方法和信号处理方法等。

1）统计方法。统计方法是基于像元及其邻域的灰度属性，研究纹理区域中的统计特性或像元及其邻域内的灰度的一阶、二阶或高阶统计特性，如灰度共生矩阵法。

2）结构方法。结构方法是基于纹理基元分析纹理特征，着力找出纹理基元，认为纹理由许多纹理基元构成，不同类型的纹理基元、不同的方向和数目等，决定了纹理的表现形式，如数学形态学法。

3）模型方法。模型方法中，假设纹理是以某种参数控制的分布模型方式形成的，从纹理图像的实现来估算计算模型参数，以参数为特征或采用某种分类策略进行图像分割，如随机场模型法。

4）信号处理方法。信号处理方法是建立在时域、频域分析与多尺度分析基础上，对纹理图像中某个区域内实行某种变换后，再提取保持相对平稳的特征值，以此特征值作为特征表示区域内的一致性以及区域间的相异性，如小波变换方法。信号处理方法是从变换域中提取纹理特征，其他方法是从图像域中提取纹理特征。

（3）形状特征　形状特征的提出主要是为了讨论图像或者图像区域当中物体的各种形式的形状。这里的形状包含了图像或图像区域的周长、面积、凹凸性以及几何形状等特征。按照形状特征的关注点不同，一般把形状特征分为着眼于边界的特征和关系到整个区域的特征。比较成熟的形状特征描述方法有边界特征法、傅里叶形状描述符法和几何参数法。

1）边界特征法。边界特征法着眼于图像中的边界，借以描述图像的形状，采用Hough变换提取直线和圆就是这类方法的典型应用。

2）傅里叶形状描述符法。傅里叶形状描述符法是针对物体的边界进行傅里叶变换，因为边界有封装和周期性的特征，它可以把二维的问题降成一维的问题。

3）几何参数法。几何参数法是利用形状的定量计算来描述形状特征，计算的参数包括矩、面积、周长、圆度以及偏心率等。

（4）空间关系特征　图像当中的物体是丰富多彩的，物体作为一个独立的个体会有它自己的特性，而从整体来看，物体和物体之间也会存在一定的联系，其中最直接的联系就是空间位置关系；比如物体之间可能邻接，也可能被其他物体间隔开；物体和物体之间可能有相互重叠的情况，也可能有互不关联的状况。在描述空间位置的时候有时候用绝对的描述，比如用具体的图像中的坐标；也可以用相对的描述，比如相对某一物体的左或者右等。空间位置关系的作用是加强了图像当中物体彼此区分的能力，但是存在的问题是空间位置关系随着图像的旋转会发生变化，而尺度的变化也同样会影响它的效果。正是因为这个原因，一般都要将空间位置关系和其他特征配合起来使用。

4. 道路识别的流程

利用视觉传感器进行道路识别的流程主要是"原始图像采集→图像灰度化→图像滤波→图像二值化→车道线提取",如图 2-61 所示。

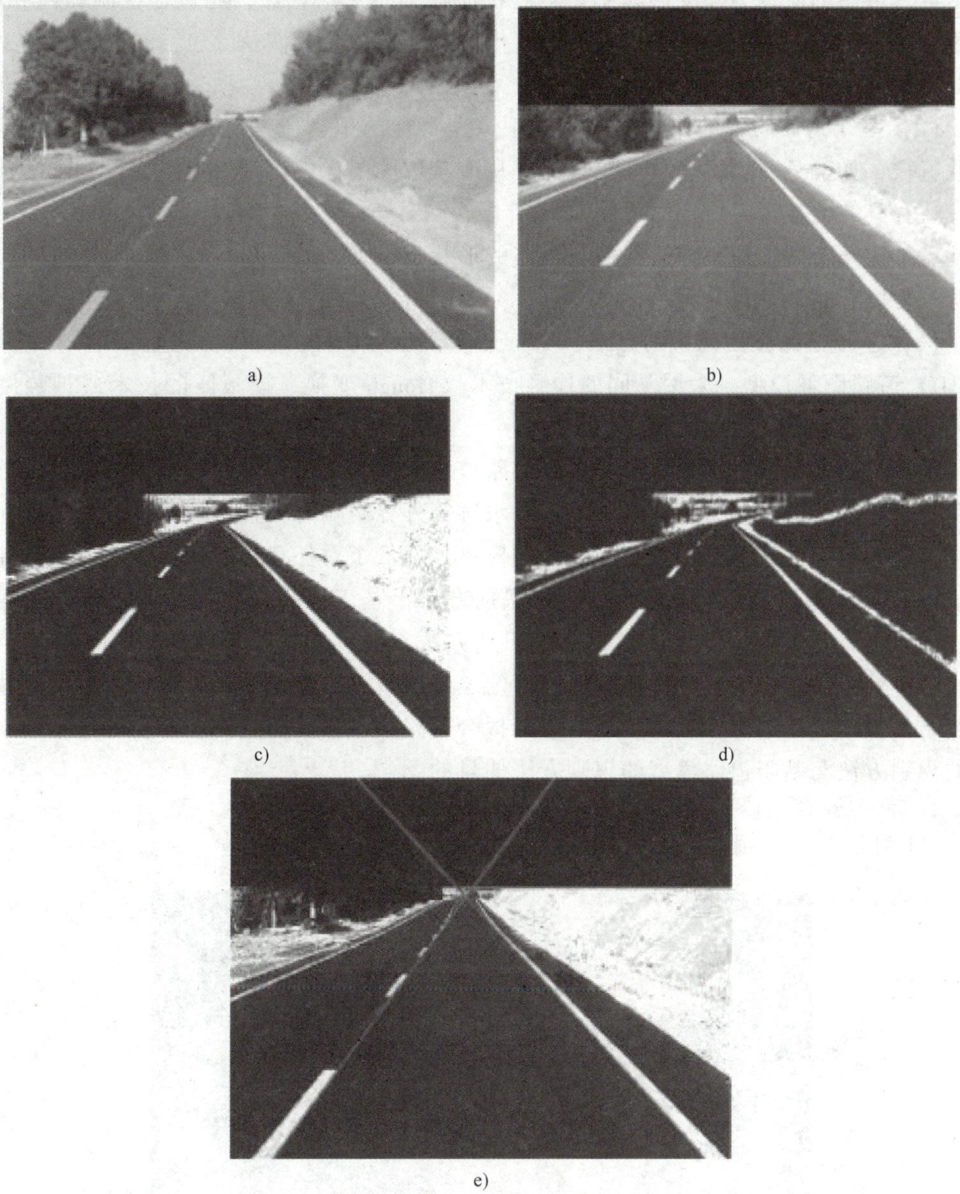

图 2-61 道路识别的流程

a) 原始图像采集 b) 图像灰度化 c) 图像滤波 d) 图像二值化 e) 车道线提取

5. 道路识别的方法

道路识别的方法主要有基于区域分割的识别方法、基于道路特征的识别方法、基于道路模型的识别方法和基于道路特征与模型相结合的识别方法。

(1) 基于区域分割的识别方法 基于区域分割的识别方法是把道路图像的像素分

为道路和非道路两类。分割的依据一般是颜色特征或纹理特征。基于颜色特征的区域分割方法的依据是道路图像中道路部分的像素与非道路部分的像素的颜色存在显著差异。根据采集到的图像性质,颜色特征可以分为灰度特征和彩色特征两类。灰度特征来自灰度图像,可用的信息为亮度的大小。彩色特征除了亮度信息外,还包含色调和饱和度。基于颜色特征的车道检测的本质是彩色图像分割问题,主要涉及颜色空间的选择和采用的分割策略两个方面。

(2)基于道路特征的识别方法 基于道路特征的识别方法主要是结合道路图像的一些特征,如颜色、梯度、纹理等特征,从所获取的图像中识别出道路边界或车道标识线,适合具有明显边界特征的道路。

基于道路特征的识别方法虽然与道路的形状没有关系、鲁棒性较好,但是对阴影和水迹较为敏感且计算量较大。

(3)基于道路模型的识别方法 基于道路模型的识别方法主要是基于不同的(2D或3D)道路图像模型,采用不同的检测技术(Hough变换、模板匹配技术或神经网络技术等)对道路边界或车道线进行识别。

基于道路模型的识别方法检测出的道路较为完整,只需较少的参数就可以表示整个道路,所以基于道路模型的方法对阴影、水迹等外界影响有较强的抗干扰性。不过在道路类型比较复杂的情况下很难建立准确的模型,降低了对任意类型道路检测的灵活性。

(4)基于道路特征与模型相结合的识别方法 基于道路特征与模型相结合的识别方法的基本思想是利用基于道路特征的识别方法在对抗阴影、光照变化等方面的鲁棒性,对待处理的图像进行分割,找出其中的道路区域;再根据道路区域与非道路区域的分割结果找出道路边界,并使用道路边界拟合道路模型;从而达到综合利用基于道路特征的识别方法与基于道路模型的识别方法的目的。

【例 2-2】 利用 MATLAB 检测图 2-62 中的车道边界线。

图 2-62 车道线原始图

解：在 MATLAB 命令行窗口输入以下程序。

```
1   I = imread('road.png');                                              %读取道路图像
2   bevSensor = load('birdsEyeConfig');                                  %加载鸟瞰图配置
3   birdsEyeImage = transformImage(bevSensor.birdsEyeConfig,I);          %道路图像转换鸟瞰图像
4   approxBoundaryWidth = 0.25;                                          %车道近似宽度
5   birdsEyeBW = segmentLaneMarkerRidge(rgb2gray(birdsEyeImage),         %检测灰度图像中车道
        ...bevSensor.birdsEyeConfig,approxBoundaryWidth);
6   [imageX,imageY] = find(birdsEyeBW);                                  %查找图像边界点
7   xyBoundaryPoints = imageToVehicle(bevSensor.birdsEyeConfig,...       %图像坐标转换为车辆坐标
        [imageY,imageX]);
8   boundaries = findParabolicLaneBoundaries(xyBoundaryPoints,...        %查找边界
        approxBoundaryWidth);
9   XPoints = 3:30;                                                      %设置X点范围
10  BEconfig = bevSensor.birdsEyeConfig;                                 %定义传感器
11  lanesBEI = insertLaneBoundary(birdsEyeImage,boundaries(1),...        %插入左车道
        BEconfig,XPoints);
12  lanesBEI = insertLaneBoundary(lanesBEI,boundaries(2),BEconfig,...    %插入右车道
        XPoints,'Color','green');
13  imshow(lanesBEI);                                                    %显示检测结果
14  figure                                                               %设置图形窗口
15  sensor = bevSensor.birdsEyeConfig.Sensor;                            %定义传感器
16  lanesI = insertLaneBoundary(I,boundaries(1),sensor,XPoints);         %插入左车道
17  lanesI = insertLaneBoundary(lanesI,boundaries(2),...                 %插入右车道
        sensor,XPoints,'Color','green');
18  imshow(lanesI);                                                      %显示检测结果
```

输出结果如图 2-63 所示。

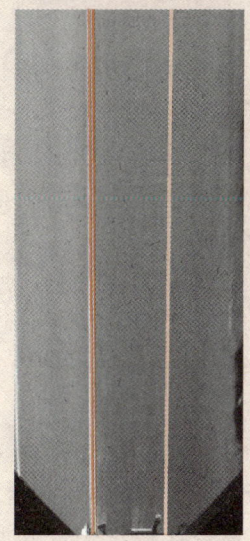

图 2-63　车道边界线检测

a) 鸟瞰图　b) 原始图

2.4.2　车辆识别技术

前方车辆检测是判断安全车距的前提，车辆检测的准确与否不仅决定了测距的准确性，还决定了是否能够及时发现一些潜在的交通事故。

识别算法用于确定图像序列中是否存在车辆，并获得其基本信息，如大小、位置等。摄像头跟随车辆在道路上运动时，所获取道路图像中车辆的大小、位置和亮度等是不断变化的。根据车辆识别的初始结果，对车辆大小、位置和亮度的变化进行跟踪。由于车辆识别时需要对所有图像进行搜索，所以算法的耗时较大。而跟踪算法可以在一定的时间和空间条件约束下进行目标搜索，还可以借助一些先验知识，所以计算量较小，一般可以满足预警系统的实时性要求。

目前用于识别前方运动车辆的方法主要有基于特征的识别方法、基于机器学习的识别方法、基于光流场的识别方法和基于模型的识别方法等。

1. 基于特征的识别方法

基于特征的识别方法是在车辆识别中最常用的方法之一，又称为基于先验知识的识别方法。

对于行驶在前方的车辆，其颜色、轮廓和对称性等特征都可以用来将车辆与周围背景区别开来。因此，基于特征的车辆识别方法就是以这些车辆的外形特征为基础从图像中识别前方行驶的车辆。当前常用的基于特征的方法有使用阴影特征的方法、使用边缘特征的方法、使用对称特征的方法、使用位置特征的方法和使用车辆尾灯特征的方法等。

（1）**使用阴影特征的方法**　前方运动车辆底部的阴影是一个非常明显的特征。通常的做法是先使用阴影找到车辆的候选区域，再利用其他特征或者方法对候选区域进行下一步验证。

（2）**使用边缘特征的方法**　前方运动车辆无论是水平方向上还是垂直方向上都有着显著的边缘特征，通常将边缘特征与车辆所符合的几何规则结合起来运用。

（3）**使用对称特征的方法**　前方运动车辆在灰度化的图像中表现出较为明显的对称特征。一般来说对称特征分为灰度对称和轮廓对称这两类特征。灰度对称特征一般指统计意义上的对称特征，而轮廓对称特征指的是几何规则上的对称特征。

（4）**使用位置特征的方法**　一般情况下，前方运动车辆存在于车道区域之内，所以在定位出车道区域的前提下，将检测范围限制在车道区域之内，不但可以减少计算量，还能够提高识别的准确率。在车道区域内如果检测到不属于车道的物体，一般是车辆或者障碍物，对于驾驶人来说都是需要注意的目标物体。

（5）**使用车辆尾灯特征的方法**　在夜间驾驶场景中前方运动车辆的尾灯是将车辆与背景区别出来的显著且稳定的特征。夜间车辆尾灯在图像中呈现的是高亮度、高对称性的红白色车灯对。利用空间及几何规则能够判断前方是否存在车辆及其所在的位置。

因为周围环境的干扰和光照条件的多样性，如果仅仅使用一个特征实现对车辆的识别难以达到良好的稳定性和准确性。所以如果想获得较好的识别效果，目前都是使用多个特征相结合的方法完成对前方运动车辆的识别。

2. 基于机器学习的识别方法

前方运动车辆的识别其实是对图像中车辆区域与非车辆区域的定位与判断的问题。基于机器学习的识别方法一般需要从正样本集和负样本集中提取目标特征，再训练出识别车辆区域与非车辆区域的决策边界，最后使用分类器判断目标。通常的识别过程是对原始图像进行不同比例的缩放，得到一系列的缩放图像，然后在这些缩放图像中全局搜索所有与训练样本尺度相同的区域，再由分类器判断这些区域是否为目标区域，最后确定目标区域并获取目标区域的信息。

机器学习的方法无法预先定位车辆可能存在的区域，因此只能对图像进行全局搜索，这样就造成识别过程的计算复杂度高，无法保证识别的实时性。

3. 基于光流场的识别方法

光流场是指图像中所有像素点构成的一种二维瞬时速度场，其中的二维速度矢量是景物中可见点的三维速度矢量在成像表面的投影。通常光流场是由于摄像头、运动目标或二者在同时运动的过程中产生的。在存在独立运动目标的场景中，通过分析光流可以检测目标数量、目标运动速度、目标相对距离以及目标表面结构等。

光流分析的常用方法有特征光流法和连续光流法。特征光流法是在求解特征点处光流时，利用图像角点和边缘等进行特征匹配。特征光流法的主要优点是能够处理帧间位移较大的目标，对于帧间运动限制很小、降低了对于噪声的敏感性、所用特征点较少且计算量较小。主要缺点是难以从稀疏光流场中提取运动目标的精确形状，也不能很好地解决特征匹配问题。连续光流法大多采用基于帧间图像强度守恒的梯度算法，其中最为经典的算法是 L-K 法和 H-S 法。

光流场在进行运动背景下的目标识别时效果较好，但是也存在计算量较大、对噪声敏感等缺点。在对前方车辆进行识别，尤其是车辆距离较远时，目标车辆在两帧之间的位移非常小，有时候仅移动一个像素，这种情况下不能使用连续光流法。另外车辆在道路上运动时，车与车之间的相对运动较小，而车与背景之间的相对运动较大，这就导致了图像中的光流包含了较多的背景光流而目标车辆光流相对较少，因此特征光流法也不适用于前方车辆识别。但是在进行从旁边超过的车辆识别时，超越车辆和摄像头之间的相对运动速度较大，因此在识别从旁边超过的车辆时采用基于光流的方法效果较好。

4. 基于模型的识别方法

基于模型的识别方法是根据前方运动车辆的参数来建立二维或三维模型，然后利用指定的搜索算法来匹配查找前方车辆。这种方法对建立的模型依赖度较高，并且车辆外部形状各异，仅建立一种或者少数几种模型的方法难以对车辆实施有效的识别；如果为每种车辆外形都建立精确的模型又将大幅增加识别过程中的计算量。

多传感器融合技术是未来车辆识别技术的发展方向。目前，在车辆识别中主要有两种融合技术，即视觉和激光雷达传感器的融合技术以及视觉和毫米波雷达传感器的融合技术。

【例2-3】 利用MATLAB的RCNN车辆检测器检测图2-64中的车辆。

a)   b)

图2-64 RCNN车辆检测的原始图像

a) 原始图像1 b) 原始图像2

解 在MATLAB命令行窗口输入以下程序。

```
1  fasterRCNN = vehicleDetectorFasterRCNN('full-view');    %RCNN车辆检测器
2  I = imread('c1.jpg');                                    %读取原始图像
3  [bboxes,scores] = detect(fasterRCNN,I);                  %检测图像中车辆
4  I = insertObjectAnnotation(I,'rectangle',bboxes,scores,'FontSize',40);  %将检测结果标注在图像上
5  imshow(I)                                                %显示检测结果
```

分别读取图2-64中的图像,得到车辆检测结果如图2-65所示。

a)   b)

图2-65 车辆检测结果

a) 图像1检测结果 b) 图像2检测结果

感兴趣的读者可以用手机拍摄车辆图像,采用例2-3中的程序检测图像中的车辆。

2.4.3 行人识别技术

1. 行人识别的定义

行人识别是采用安装在车辆前方的视觉传感器采集前方场景的图像信息，通过一系列复杂的算法分析处理这些图像信息，实现对行人的识别，如图 2-66 所示。

行人识别是智能网联汽车先进驾驶辅助系统的重要组成部分。行人是道路交通的主体和主要参与者，其行为具有非常大的随意性，再加上驾驶人在车内视野变窄以及长时间驾驶导致的视觉疲劳，使得行人在交通事故中很容易受到伤害。行人识别的目的是能够及时准确地检测出车辆前方的行人，并根据不同危险级别提供不同的预警提示，如距离车辆越近的行人危险级别越高，提示音也应越急促，以保证驾驶人有足够的反应时间，从而能够极大地降低甚至避免撞人事故的发生。

图 2-66　行人识别

根据所采用的视觉传感器的不同，可以将基于视觉的行人检测方法分为可见光行人的检测和红外行人的检测。

(1) **可见光行人的检测**　可见光行人的检测采用的视觉传感器为普通的光学摄像头，由于普通摄像头基于可见光进行成像，不但非常符合人的正常视觉习惯，而且硬件成本也十分低廉。但是受到光照条件的限制，该方法只能在白天应用，在光照条件很差的阴雨天或夜间则无法使用。

(2) **红外行人的检测**　红外行人的检测采用红外热成像摄像头，利用物体发出的热红外线进行成像，不依赖于光照，具有很好的夜视功能，在白天和晚上都适用，尤其是在夜间以及光线较差的阴雨天具有无可替代的优势。

红外行人的检测相比可见光行人的检测，主要优势有：红外摄像头靠感知物体发出的红外线（与温度成正比）进行成像，与可见光光照条件无关，对于夜间场景中的发热物体检测有明显的优势；行人属于恒温物种，温度一般会高于周围背景很多，在红外图像中表现为行人相对于背景明亮突出；红外成像不依赖于光照条件，对光照的明暗、物体的颜色变化以及纹理和阴影干扰不敏感。

2. 行人识别的特征

行人识别特征的提取就是利用数学方法和图像处理技术从原始的灰度图像或者彩色图像中提取表征人体信息的特征，它伴随着分类器训练和检测的全过程，直接关系到行人检测系统的性能；因此行人识别的特征提取是行人识别的关键技术。在实际环境中，由于行人自身的姿态不同、服饰各异和背景复杂等因素的影响，使得行人特征提取比较困难，因此选取的行人特征要具有较好的鲁棒性。目前行人识别特征主要有 HOG 特征、

Haar 小波特征、Edgelet 特征和颜色特征等。

（1）HOG 特征　HOG 特征的主要思想是用局部梯度大小和梯度方向的分布来描述对象的局部外观和外形，而梯度和边缘的确切位置不需要知道。

梯度方向直方图描述符一般有三种不同形式，如图 2-67 所示，都是基于密集型的网格单元，用图像梯度方向的信息代表局部的形状信息，图 2-67a 所示为矩形梯度方向直方图（R-HOG）描述符，图 2-67b 所示为圆形梯度方向直方图（C-HOG）描述符，图 2-67c 所示为单个中心单元的圆形梯度方向直方图描述符。

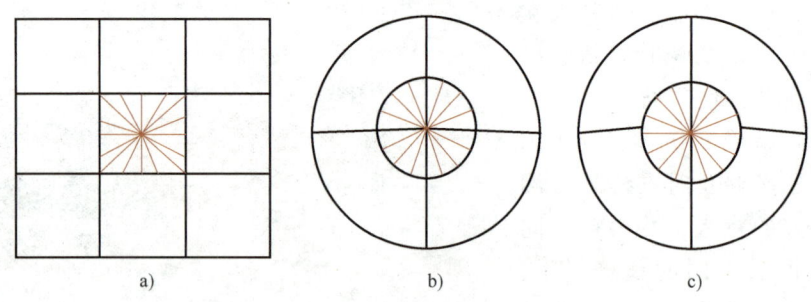

图 2-67　梯度方向直方图描述符变量
a）R-HOG　b）C-HOG　c）单个中心单元的 C-HOG

（2）Haar 小波特征　Haar 小波特征反应图像局部的灰度值变化，是黑色矩形与白色矩形在图像子窗口中对应区域灰度级总和的差值。Haar 小波特征计算方便且能充分地描述目标特征，常与 Adaboost 级联分类器结合检测行人目标。

常用的 Haar 小波特征主要分为八种线性特征、四种边缘特征、两种中心环特征和一种对角线特征，如图 2-68 所示。

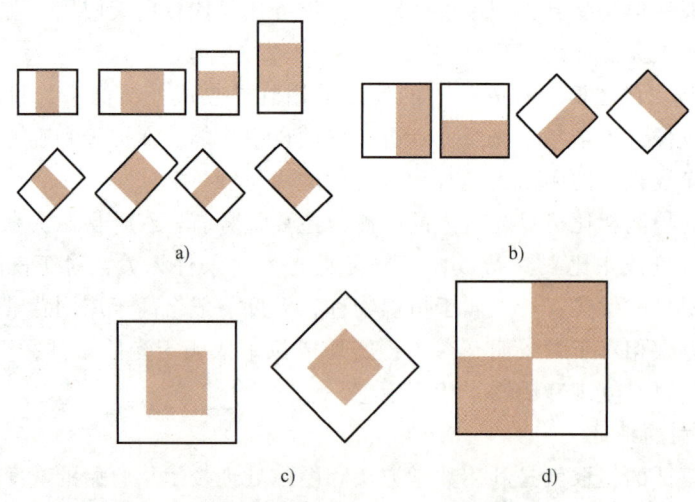

图 2-68　常用的 Haar 小波特征
a）线性特征　b）边缘特征　c）中心环绕特征　d）对角线特征

可以看出，Haar 小波特征都是由 2~4 个白色和黑色的矩形框构成。由该特征定义知,每一种特征的计算都是由黑色填充区域的像素值之和与白色填充区域的像素值之和的差值,这种差值就是 Haar 小波特征的特征值。试验表明,一副很小的图像就可以提取成千上万的 Haar 小波特征,这样就给算法带来了巨大的计算量,严重降低了检测 Haar 和分类器的训练的速度,为了解决这些问题可以在特征提取中引入积分图的概念,并应用到实际的对象检测框架中。

(3) Edgelet 特征　Edgelet 特征描述的是人体的局部轮廓特征,该特征不需要人工标注,避免了重复计算相似的模板,降低了计算的复杂度。由于是对局部特征的检测,Edgelet 特征算法能较好地处理行人之间的遮挡问题,对复杂环境多个行人相互遮挡的检测效果明显优于其他特征。

人体部位的定义如图 2-69 所示。

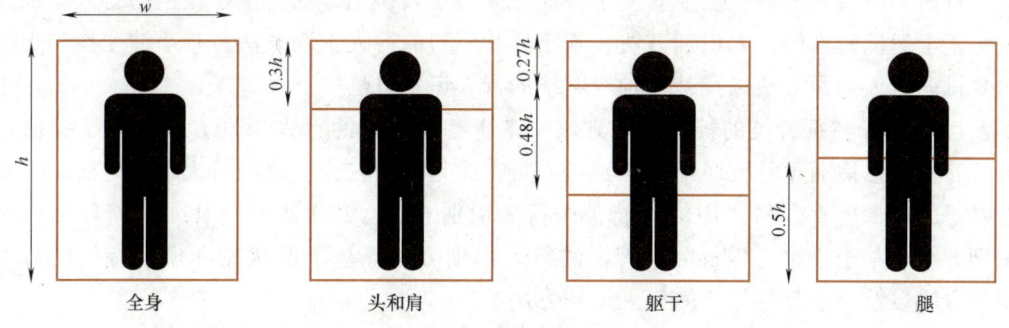

图 2-69　人体部位的定义

每一个 Edgelet 特征就是一条由边缘点组成且包含一定形状与位置信息的小边,主要有直线型、弧形和对称型三种形式的 Edgelet 特征,该方法是通过 Adaboost 算法筛选出一组能力强的 Edgelet 特征进行学习训练,便能检测行人的各个部位(如头、肩、躯干和腿),最后分析各个局部特征相互之间的关系来进行整体的行人检测。

(4) 颜色特征　颜色特征具有较强的鲁棒性,图像中子对象的方向和大小的改变对它影响不大,颜色给人以直观的视觉冲击,是最稳定、最可靠的视觉特征,经常用颜色特征描述跟踪对象并实现对目标的跟踪。

颜色特征的提取与颜色空间和颜色直方图有关。颜色空间包括 RGB、HSV 和 HSI 等。颜色直方图表示的是整幅图像中不同颜色所占的比例,并不关心每种颜色所处的空间位置,即无法描述图像中的对象。在运动目标的检测与跟踪中,颜色直方图有其独特的优点,即物体形变对其影响较小。由于颜色直方图不表示物体的空间位置,仅表示颜色,若跟踪目标的颜色不变,即使形体发生变化也不会影响颜色直方图的分布,所以应用颜色直方图作为特征进行行人跟踪,很好地改善了行人动作随意和形变较大的缺点。

上述 4 种特征各有优缺点,概括如下:

1) HOG 特征是比较经典的行人特征,具有良好的光照不变性和尺度不变性,能较强地描述行人的特征,对环境适应性较强;但它也有其自身的不足,如特征维数较高、计算量大且难保证实时性。

2）Haar 小波特征计算简单，特别是引入积分图概念后，计算速度提高，实时性高，在稀疏行人且遮挡不严重的环境下检测效果较好；但是它对光照和环境遮挡等因素敏感，适应性差，不适合复杂易变的行人场景。

3）Edgelet 特征表征的是人体局部轮廓特征，可以处理一定遮挡情况下的行人检测，但是该算法是要去匹配图像中所有相似形状的边缘，这样就需要耗费大量的时间进行搜索，达不到实时的要求。

4）颜色特征具有较强的鲁棒性，图像中子对象的方向和大小的改变对它影响不大，颜色给人以直观的视觉冲击，是最稳定和最可靠的视觉特征，常应用于行人跟踪领域；但是该特征容易受到背景环境的影响。

3. 行人识别方法

目前，行人识别方法主要有基于特征分类的行人识别方法、基于模型的行人识别方法、基于运动特性的行人识别方法、基于形状模型的行人识别方法、基小波变换和支持向量机的行人识别方法以及基于神经网络的行人识别方法等。

（1）**基于特征分类的行人识别方法** 基于特征分类的行人识别方法着重于提取行人的特征，然后通过特征匹配来识别行人目标，是目前较为主流的行人识别方法，主要有基于方向梯度直方图（HOG）特征的行人识别方法、基于小波（Haar）特征的行人识别方法、基于小边（Edgelet）特征的行人识别方法、基于形状轮廓模板特征的行人识别方法以及基于部件特征的行人识别方法等。

（2）**基于模型的行人识别方法** 基于模型的行人识别方法是通过建立背景模型来识别行人。常用的基于背景建模的行人识别方法有混合高斯法、核密度估计法和密码本（Codebook）法。

（3）**基于运动特性的行人识别方法** 基于运动特性的行人识别方法就是利用人体运动的周期性特性来确定图像中的行人。该方法主要识别运动的行人，不适合识别静止的行人。在基于运动特性的行人识别方法中，比较典型的算法有背景差分法、帧间差分法和光流法。

（4）**基于形状模型的行人识别方法** 基于形状模型的行人识别方法主要依靠行人的形状特征来识别行人，避免了由于背景变化和摄像头运动带来的影响，适合于识别运动和静止的行人。

（5）**基于小波变换和支持向量机的行人识别方法** 行人识别主要是基于小波模板概念，按照图像中小波相关系数子集定义目标形状的小波模板。系统首先对图像中每个特定大小的窗口以及该窗口进行一定范围的比例缩放得到的窗口进行小波变换，然后利用支持向量机检测变换的结果是否可以与小波模板匹配，如果匹配成功则认为检测到一个行人。

（6）**基于神经网络的行人识别方法** 神经网络方法在行人识别技术中的应用主要是对利用视觉信息探测到的可能含有行人的区域进行分类识别。首先利用立体视觉进行目标区域分割，然后合并和分离子目标候选图像中满足行人尺寸和形状约束的子图像，最后将所有探测到的可能含有行人目标的框区域输入到神经网络进行行人识别。

【例2-4】 利用 MATLAB 的 HOG 行人检测器检测图 2-70 中的行人。

a) b)

图 2-70 HOG 行人检测原始图像

a) 图像 1 b) 图像 2

解：在 MATLAB 命令行窗口输入以下程序。

```
1  peopleDetector = vision.PeopleDetector;              %HOG 行人检测器
2  I = imread('xr2.jpg');                               %读取原始图片
3  [bboxes,scores] = peopleDetector(I);                 %检测图像中行人
4  I = insertObjectAnnotation(I,'rectangle',bboxes,scores);  %将检测结果标注在图像上
5  imshow(I)                                            %显示检测结果
```

分别读取图 2-70 中的图像，得到行人检测结果如图 2-71 所示。

a) b)

图 2-71 HOG 行人检测结果

a) 图像 1 检测结果 b) 图像 2 检测结果

感兴趣的读者可以用手机拍摄行人图像，采用例题 2-4 中的程序检测图像中的行人。

2.4.4 交通标志识别技术

1. 交通标志的类型

道路交通标志作为重要的道路交通安全附属设施，可向驾驶人提供各种引导和约束信息。驾驶人实时地、正确地获取交通标志信息，可保障行车更安全。

由于地区和文化差异，目前世界各个国家执行的交通标志标准有所不同。目前，我国道路交通标志的执行的标准是 GB 5768.2—2009《道路交通标志和标线 第 2 部分：道路交通标志》。由该标准可知，我国的交通标志分为主标志和辅助标志两大类，主标志又可以分为警告标志、禁令标志、指示标志、指路标志、旅游区标志、作业区标志、告示标志共 7 种，其中，警告标志、禁令标志和指示标志是最重要也是最常见的交通标志，直接关系到道路交通的通畅与安全，更与汽车的行车路径规划直接相关。为了引起行人和车辆驾驶人的注意，交通标志都具有鲜明的颜色特征。我国警告标志、禁令标志和指示标志共计 131 种，这些交通标志由 5 种主要颜色（红、黄、蓝、黑和白色）组成。

（1）**警告标志** 警告标志主要用来警告车辆驾驶人、行人前方有危险，道路使用者需谨慎行动。警告标志有明显的颜色特征：黄色的底、黑色边缘和黑色内部图形，其形状大多数是顶角朝上的正三角形，其部分样式如图 2-72 所示。

图 2-72 警告标志

（2）**禁令标志** 禁令标志主要用来禁止或限制车辆、行人的交通行为及相应解除，道路使用者应严格遵守。禁令标志有明显的颜色特征：白色的底、红色的边缘、红色的斜杠和黑色的内部图形，而且黑色图形在红色斜杠之上（解除速度限制和解除禁止超车除外），禁令标志的形状大多数是圆形，其中特殊的是正八边形和倒三角形，这两者的个数都是一个。部分禁令标志样式如图 2-73 所示。

（3）**指示标志** 指示标志主要用来指示车辆、行人的行进。指示标志有明显的颜色特征：蓝色的底、白色内部图形，其形状多为圆形、矩形，其部分样式如图 2-74 所示。

交通标志的颜色与形状之间也有着一定的关系，如图 2-75 所示，禁令标志的颜色以红色为主，形状有倒三角形、正八边形和圆形；指示标志以蓝色为主，形状多为圆形和矩形；警告标志以黄色为主，形状为正三角形。在交通标志的检测与识别过程中，应该充分利用这些颜色信息和形状信息,以及颜色与形状信息间的对应关系。

图 2-73 禁令标志

图 2-74 指示标志

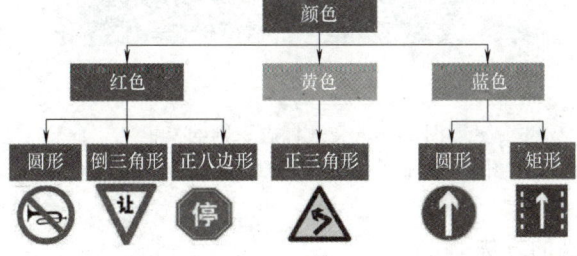

图 2-75 交通标志颜色与形状的关系

交通标志具有鲜明的色彩特征,因此要实现对交通标志图像的有效分割,颜色是一个重要信息;选择合适的颜色空间对其加以分析和提取,将有助于系统检测的实时性和准确性。

2. 交通标志识别的流程

利用视觉传感器进行交通标志识别的流程主要是"原始图像采集→图像预处理→

图像分割检测→图像特征提取→交通标志识别",如图2-76所示。

图 2-76 交通标志识别的流程

a) 原始图像采集 b) 图像预处理 c) 图像分割检测 d) 图像特征提取 e) 交通标志识别

3. 交通标志识别的方法

交通标志识别的方法主要有基于颜色信息的交通标志识别、基于形状特征的交通标志识别、基于显著性的交通标志识别以及基于特征提取和机器学习的交通标志识别等。

（1）基于颜色信息的交通标志识别 颜色分割就是利用交通标志特有的颜色特征，将交通标志与背景分离。颜色特征具有旋转不变性，即颜色信息不会随着图像的旋转、倾斜而发生变化，与几何、纹理等特征相比，基于颜色特征设计的交通标志识别算法对图像旋转、倾斜的情况具有较好的鲁棒性。所采用的颜色模型包括 RGB 模型、HSI 模型、HSV 模型及 CIE-XYZ 模型等。

（2）**基于形状特征的交通标志识别** 除颜色特征外，形状特征也是交通标志的显著特征。我国警告标志、指示标志和禁令标志共 131 种，其中 130 种都有规则的形状：圆形、矩形、正三角形、倒三角形以及正八边形。颜色检测和形状检测是交通标志识别中的重要内容。检测方法通常都以颜色分割做粗检测，排除大部分的背景干扰；再提取二值图像各连通域的轮廓，进行形状特征的分析，进而确定交通标志候选区域并完成定位。

（3）**基于显著性的交通标志识别** 显著性作为从人类生物视觉中引入的概念，用来度量场景中具有最显眼的特征、最容易吸引人优先看到的区域。由于交通标志被设计成具有显眼的颜色和特定的形状，在一定程度上满足了显著性的要求，因此可以采用显著性模型来检测交通标志。

（4）**基于特征提取和机器学习的交通标志识别** 无论是基于颜色和形状分析的算法，还是基于显著性的算法，由于其所包含的信息的局限性，在背景复杂或者出现与目标物十分相似的干扰物时，都不能很好地去除干扰；因此，可通过合适的特征描述符更充分地表示交通标志，再通过机器学习方法区分出标志和障碍物。

基于特征提取和机器学习的交通标志识别一般使用滑动窗口的方式或者使用之前处理得到的感兴趣块进行验证的方式。前者对全图或者交通标志可能出现的感兴趣区域操作，以多尺度的窗口滑动扫描目标区域，并对得到的每一个窗口均用训练好的分类器判断是否是标志。后者则认为经过之前的处理，如颜色、形状分析等，得到的感兴趣块已经是一整个标志或者干扰物，只需对其整体进行分类即可。

【例 2-5】 利用 MATLAB 的 ACF 目标检测器检测图 2-77 中的停车标志。

图 2-77 停车标志

解：在 MATLAB 命令行窗口输入以下程序。

```
1   imageDir = fullfile(matlabroot,'toolbox','vision',...        %定义文件路径
            'visiondata','stopSignImages');
2   addpath(imageDir);                                            %添加路径
3   load('stopSignsAndCars.mat');                                 %加载停车标志训练数据
4   stopSigns = stopSignsAndCars(:,[1,2]);                        %提取图像文件名和停车标志
5   stopSigns.imageFilename = fullfile(toolboxdir('vision'),...   %把图像文件添加到完整路径上
            'visiondata',stopSigns.imageFilename);
6   acfObjectDetector = trainACFObjectDetector(stopSigns,...      %训练 ACF 停车标志检测器
            'NegativeSamplesFactor',2);
7   I = imread('tc.jpg');                                         %读取图像
8   [bboxes,scores] = detect(acfObjectDetector,I);                %检测停车标志
9   I = insertObjectAnnotation(I,'rectangle',bboxes,scores);      %标志检测结果
10  imshow(I)                                                     %显示检测结果
```

输出结果如图 2-78 所示。

图 2-78 使用 ACF 目标检测器检测停车标志

2.4.5 交通信号灯识别技术

1. 交通信号灯介绍

不同国家和地区采用的交通信号灯，式样各不相同。在国内，交通信号灯的设置都必须遵循 GB 14887—2011《道路交通信号灯》和 GB 14886—2016《道路交通信号灯设置与安装规范》。

我国交通信号灯的特征如图 2-79 所示。从颜色来看，交通信号灯的颜色有红色、黄色、绿色三种颜色，而且三种颜色在交通信号灯中出现的位置都有一定的顺序关系；从安装方式来看，交通信号灯有横放安装和竖放安装两种，一般安装在道路上方。

从功能来看，交通信号灯有机动车信号灯、非机动车信号灯、左转非机动车信号

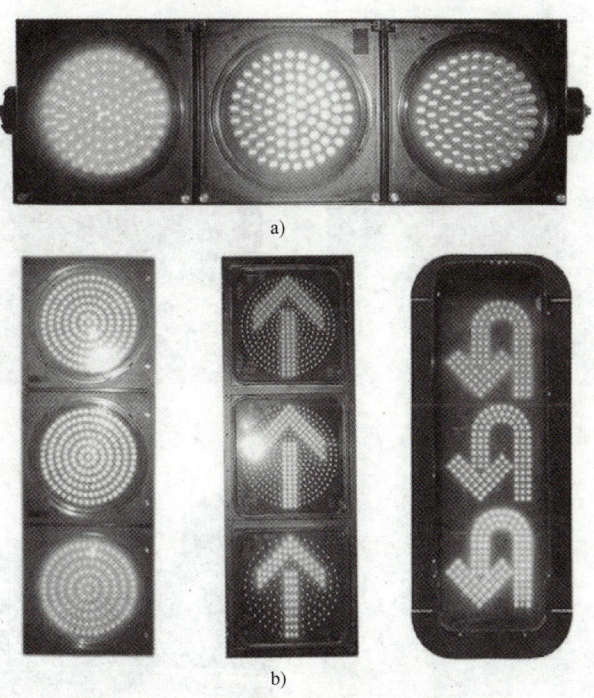

图 2-79 我国交通信号灯的特征
a) 横放交通信号灯 b) 竖放交通信号灯

灯、人行横道信号灯、车道信号灯、方向指示信号灯、闪光警告信号灯、道口信号灯以及掉头信号灯等。其中机动车信号灯、闪光警告信号灯和道口信号灯的光信号无图案；非机动车信号灯、左转非机动车信号灯、人行横道信号灯、车道信号灯、方向指示信号灯以及掉头信号灯的光信号为各种图案。

2. 交通信号灯识别的流程

利用视觉传感器进行交通信号灯识别的流程主要是"原始图像采集→图像灰度化→直方图均衡化→图像二值化→交通信号灯识别"，如图 2-80 所示。

3. 交通信号灯的识别方法

交通信号灯的识别方法主要有基于颜色特征的识别算法和基于形状特征的识别方法。

(1) 基于颜色特征的识别算法 基于颜色特征的交通信号灯识别算法主要是选取某个色彩空间对交通信号灯的红、黄、绿 3 种颜色进行描述。在这些算法中，通常依据对色彩空间的不同，主要有以下三类：

1) 基于 RGB 颜色空间的识别算法。通常采集到的交通信号灯图像都是 RGB 格式的，因此如果直接在 RGB 色彩空间中进行交通信号灯的识别，优点是不需要色彩空间的转换，算法的实时性会很好；缺点是 R、G、B 三个通道之间相互依赖性较高，对光学变化很敏感。

2) 基于 HSI 颜色空间的识别算法。HSI 色彩模型比较符合人类对色彩的视觉感知，而且 HSI 模型的 3 个分量之间的相互依赖性比较低，更加适合交通信号灯的识别；缺点

图 2-80 交通信号灯检测的流程

a) 原始图像采集　b) 图像灰度化　c) 直方图均衡化　d) 图像二值化　e) 交通信号灯检测

是从 RGB 色彩空间转换过来会比较复杂。

3) 基于 HSV 颜色空间的识别算法。在 HSV 颜色空间中，H 和 S 两个分量是用来描述色彩信息的，V 则是用来表征对非色彩的感知的。虽然在 HSV 颜色空间中进行交通信号灯的识别对光学变化不敏感，但是相关参数的确定比较复杂，必须视具体环境而定。

（2）基于形状特征的识别算法　基于形状特征的识别算法主要是利用交通信号灯和它的相关支撑物之间的几何信息。这一识别算法的主要优势在于交通信号灯的形状信息一般不会受到光学、天气和气候变化的影响。

也可以将交通信号灯的颜色特征和形状特征结合起来，以减少单独利用某一特征所带来的影响。

【例 2-6】　利用 MATLAB 图像处理对图 2-81 所示的红灯、黄灯和绿灯进行检测。

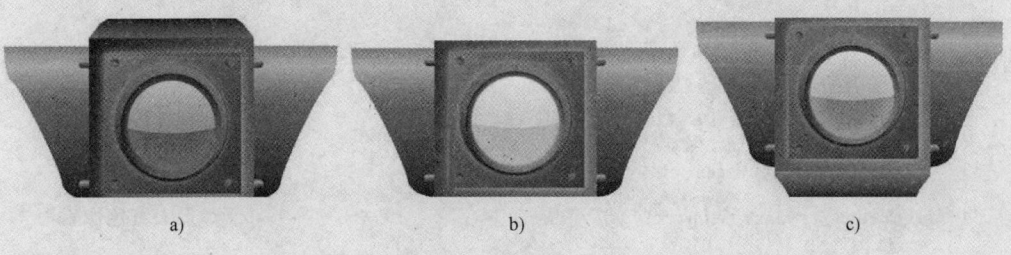

图 2-81　交通信号灯
a）红灯　b）黄灯　c）绿灯

解：在 MATLAB 命令行窗口输入以下程序。

1	[filename,filepath] = uigetfile('jpg','输入要检测的信号灯');	%输入信号灯
2	file = strcat(filepath,filename);	%定义信号灯文件
3	Image_f = imread(file);	%读取信号灯文件
4	subplot(2,2,1)	%设置图像位置
5	imshow(Image_f)	%显示原始图像
6	title('原始图像')	%原始图像标注
7	hsv_f = rgb2hsv(Image_f);	%将 RGB 转换成 HSV
8	H = hsv_f(:,:,1) * 255;	%提取 H
9	S = hsv_f(:,:,2) * 255;	%提取 S
10	V = hsv_f(:,:,3) * 255;	%提取 V
11	subplot(2,2,2)	%设置图像位置
12	imshow(hsv_f)	%显示 HSV 图像
13	title('HSV 图像')	%HSV 图像标注
14	subplot(2,2,4)	%设置图像位置
15	imhist(uint8(H))	%提取 H 直方图
16	title('直方图')	%直方图标注
17	[y,x,z] = size(Image_f);	%原始图像尺寸
18	Red_y = zeros(y,1);	%红色赋初值 0 矩阵
19	Green_y = zeros(y,1);	%绿色赋初值 0 矩阵
20	Yellow_y = zeros(y,1);	%黄色赋初值 0 矩阵
21	for i = 1:y	%循环开始
22	for j = 1:x	%循环开始

23	if(((H(i,j)>=0)&&(H(i,j)<15))&&(V(i,j)>50)&&(S(i,j)>30))	%判断红色条件
24	Red_y(i,1) = Red_y(i,1)+1;	%计算红色像素
25	elseif(((H(i,j)>=66)&&(H(i,j)<130))&&(V(i,j)>50)&&(S(i,j)>30))	%判断绿色条件
26	Green_y(i,1) = Green_y(i,1)+1;	%计算绿色像素
27	elseif(((H(i,j)>=20)&&(H(i,j,1)<65))&&(V(i,j)>50)&&(S(i,j)>30))	%判断黄色条件
28	Yellow_y(i,1) = Yellow_y(i,1)+1;	%计算黄色像素
29	end	%判断结束
30	end	%循环结束
31	end	%循环结束
32	Max_Red_y = max(Red_y)	%最大红色像素
33	Max_Green_y = max(Green_y)	%最大绿色像素
34	Max_Yellow_y = max(Yellow_y)	%最大黄色像素
35	if((Max_Red_y>Max_Green_y)&&(Max_Red_y>Max_Yellow_y))	%判断红色
36	Result = 1;	%结果为1
37	elseif((Max_Green_y>Max_Red_y)&&(Max_Green_y>Max_Yellow_y))	%判断绿色
38	Result = 2;	%结果为2
39	elseif((Max_Yellow_y>Max_Green_y)&&(Max_Yellow_y>Max_Red_y))	%判断黄色
40	Result = 3;	%结果为3
41	else	%否则
42	Result = 4;	%其他为4
43	end	%结束
44	if(Result == 1)	%如果结果为1
45	disp('检测结果为红灯');	%检测结果为红灯
46	elseif(Result == 2);	%如果结果为2
47	disp('检测结果为绿灯');	%检测结果为绿灯
48	elseif(Result == 3)	%如果结果为3
49	disp('检测结果为黄灯');	%检测结果为黄灯
50	else	%否则
51	disp('检测失败');	%检测失败
52	end	%结束

当输入为红灯时，输出图像如图2-82所示。

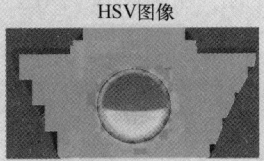

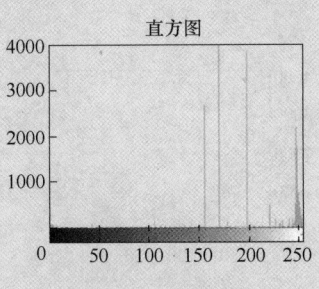

图 2-82 红灯检测

输出结果为

Max_Red_y = 15

Max_Green_y = 2

Max_Yellow_y = 1

检测结果为红灯。

当输入为黄灯时，输出图像如图 2-83 所示。

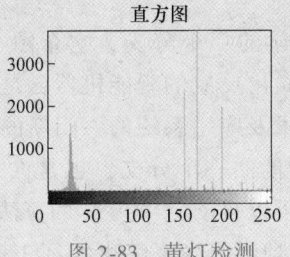

图 2-83 黄灯检测

输出结果为

Max_Red_y = 13

Max_Green_y = 1

Max_Yellow_y = 95

检测结果为黄灯。

当输入为绿灯时，输出图像如图 2-84 所示。

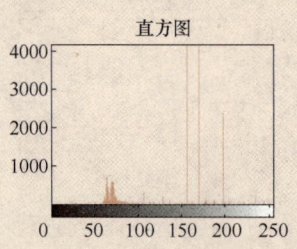

图 2-84　绿灯检测

输出结果为

Max_Red_y = 0

Max_Green_y = 93

Max_Yellow_y = 78

检测结果为绿灯。

2.5　人工智能技术

2.5.1　人工智能的定义与应用

1. 人工智能的定义

人工智能（AI）是计算机科学的一个分支，它企图了解智能的本质，并生产出一种新的能以人类智能相似的方式做出反应的智能机器，是研究、开发用于模拟、延伸和扩展人的智能的理论、方法、技术及应用系统的一门新的技术科学。

机器学习（ML）属于人工智能的一个分支，也是人工智能的核心。机器学习理论主要是设计和分析一些让计算机可以自动"学习"的算法。

深度学习（DL）是利用深度神经网络来解决特征表达的一种学习过程。深度学习是机器学习研究中的一个新的领域，其动机在于建立、模拟人脑进行分析学习的神经网络，它能模仿人脑的机制来解释数据（如图像、声音与文本）。

机器学习是一种实现人工智能的方法，深度学习是一种实现机器学习的技术，如图 2-85 所示。

2. 人工智能在自动驾驶中的应用

自动驾驶技术是人类驾驶员在长期驾驶实践中对"环境感知-决策与规划-控制与执

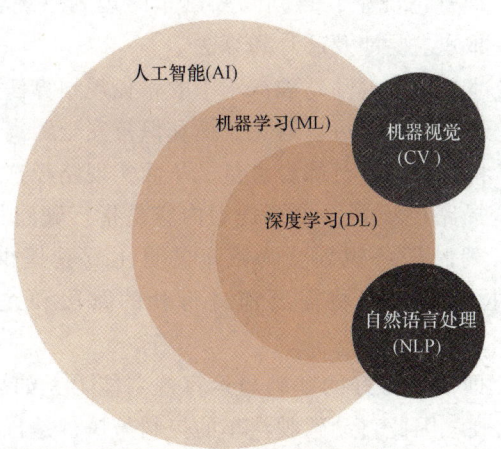

图2-85 人工智能、机器学习和深度学习的关系

行"过程的理解、学习和记忆的物化,如图2-86所示。自动驾驶汽车是一个复杂的软、硬件结合的智能自动化系统,运用到了自动控制技术、现代传感技术、计算机技术、信息与通信技术以及人工智能等。

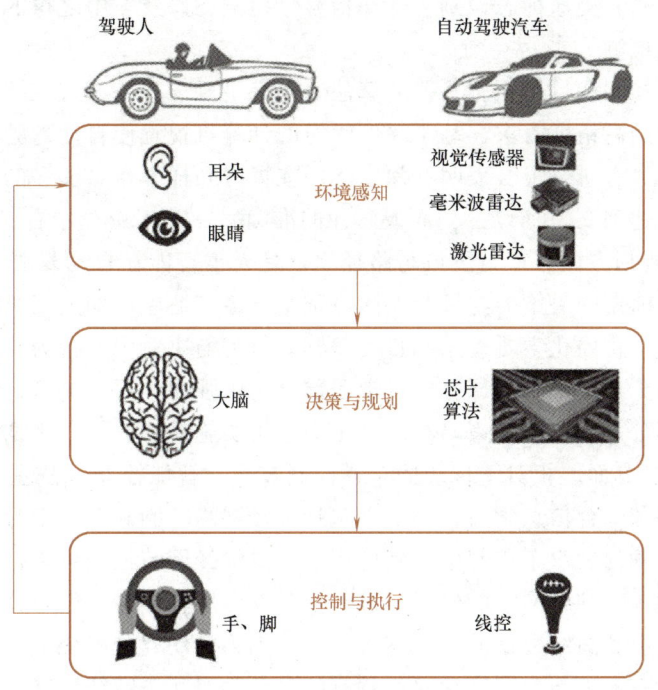

图2-86 自动驾驶技术

(1) 环境感知 环境感知相当于人类的眼睛与耳朵,处于自动驾驶汽车与外界环境信息交互的关键位置,是实现自动驾驶的基础。环境感知技术通过利用视觉传感器、激光雷达、毫米波雷达和超声波雷达等车载传感器,辅以V2X和5G等技术获取汽车所处交通环境信息和车辆状态信息,为自动驾驶汽车的决策规划进行服务。

（2）决策与规划　　通常情况下，自动驾驶汽车的规划系统包含路径规划、驾驶任务规划两大方面。这一部分主要涉及芯片和算法。

路径规划即路径局部规划，自动驾驶汽车中的路径规划算法会在行驶任务设定之后将完成任务的最佳路径选取出来，可以避免碰撞和保持安全距离。在此过程中，路径规划算法会对路径的曲率和弧长等进行综合考量，从而实现路径选择的最优化。

驾驶任务规划即全局路径规划，主要规划内容是指行驶路径范围的规划。当自动驾驶汽车上路行驶时，驾驶任务规划会为汽车的自主驾驶提供方向引导方面的行为决策方案，通过 GPS 技术进行即将需要前进行驶的路段和途径区域的规划与顺序排列。

（3）控制与执行　　即使有再好的基础与运算规划能力，如果不能做到安全控制执行，也不能实现自动驾驶；因此自动驾驶汽车的控制与执行是自动行驶的保障。控制包括汽车的纵向控制和横向控制，纵向控制是通过对加速和制动的协调，期望实现对车速的精准跟随；横向控制是通过转向盘角度的调整以及轮胎力的控制实现自动驾驶路径跟踪。

人工智能与自动驾驶的关键技术密切相关。

1）环境感知方面。自动驾驶汽车所要面临的环境感知包括：路面路缘检测、车道线检测、护栏检测、交通标志识别、交通信号灯检测，以及重中之重的行人检测、机动车检测和非机动检测等。

复杂的路况检测和目标检测，普通算法难以满足要求。基于人工智能的深度学习可以满足视觉感知的高精度需求，基于深度学习的计算机视觉使自动驾驶汽车可获得接近于人的感知能力。有研究报告表明，深度学习在算法和样本量足够多的前提下，视觉感知的准确率可以达到 99.9% 以上，而人感知的准确率一般在 95% 左右。

2）决策与规划方面。行为决策与路径规划是人工智能在自动驾驶汽车领域中的另一个重要应用，前期的决策树与贝叶斯网络都是已经广泛应用的人工智能技术。目前越来越多的研发机构将强化学习应用到自动驾驶的行为与决策中。行为与决策可分解成两部分：可学习部分与不可学习部分，可学习部分是由强化学习来决策行驶需要的高级策略；不可学习部分是按照这些策略利用动态规划来实施具体的路径规划。

3）车辆控制方面。相对于传统的车辆控制技术，智能控制方法主要体现在对控制对象模型的运用和综合信息学习运用上，包括神经网络控制和深度学习方法等，这些算法已经逐步在自动驾驶汽车控制中得到应用。通过神经网络控制可以把控制问题看成模式识别问题，而源于神经网络的研究，进一步开发深度神经网络学习，可以免除人工选取特征的繁复冗杂和高维数据的维度灾难问题。因为自动驾驶系统最终要尽量减少人的参与或者实现没有人参与，深度学习所具有的自动学习状态特征的能力使得深度学习在自动驾驶系统中具有先天的优势。

2.5.2　深度学习技术

1. 深度学习的定义

深度学习是机器学习的一个类型，该类型的模型直接从图像、文本或声音中学习执行分类任务，通常使用神经网络架构实现深度学习。"深度"一词是指网络中的层数，层数越多，网络越深。传统的神经网络只包含 2 层或 3 层，而深度神经网络可能有几百层。

深度神经网络结合多个非线性处理层，并行使用简单元素操作，受到了生物神经系统的启发。它由一个输入层、多个中间层和一个输出层组成，各层通过节点或神经元相互连接，每个中间层使用前一层的输出作为其输入，如图 2-87 所示。

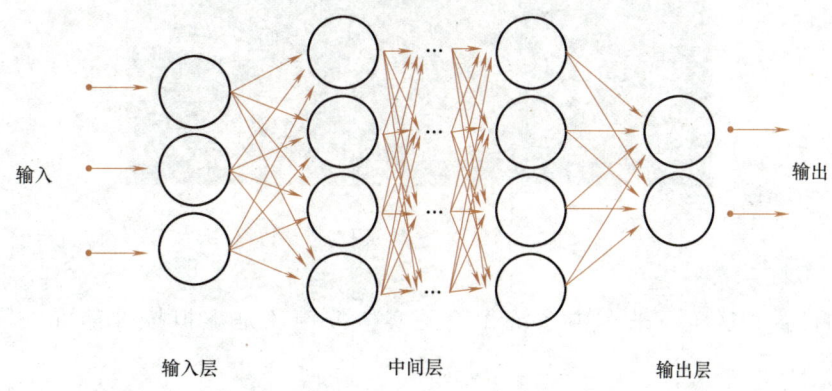

图 2-87 深度神经网络

2. 深度学习在自动驾驶中的应用

自动驾驶汽车要想做出正确的决策，前提是必须要做到完全的感知。目前的自动驾驶技术，识别车前到底是一个行人还是一辆车已经不是什么难题，但如果要判断车前的车是一辆轿车还是一辆 SUV，行人是一个成人还是一个儿童可能就不是那么容易了。要想做到更高等级的识别，就必须借助深度学习技术。

图像识别是深度学习最为擅长的，只需对系统进行训练，系统便可以给出正确的识别结果，但是在训练的时候需要一个由几万张以上图片组成的训练集，这个训练集所包含的图片数量越多，最终结果识别的准确率便会越高。通过深度学习，自动驾驶系统不仅能做到基本的路径识别、行人识别、道路标识识别、信号灯识别、障碍物以及环境识别，还能实现一些高难度的识别。

如果使用常规的图像识别方法，而道路边缘的道牙也没有特定的颜色，系统就无法很好地判断出道路的边界，自动驾驶汽车就很有可能会撞击道路边缘。但是当使用了深度学习技术之后，图像识别系统就可以很好地区分道路与道路边缘的道牙，如图 2-88 所示。还有一种极端的情况是如何实现在没有车道线的地方自动驾驶，这时可以用人在没有车道线的路况下开车的数据来训练神经网络，训练好之后，神经网络在没有车道线的时候也能大概判断车可以怎么开。

基于深度学习的智能语音系统也将是智能网联汽车发展的一个重点方向，尽管目前相对于深度学习来说，语音识别远不及图像识别的效果好，但是随着时间的推移，未来智能语音系统可以清楚地分辨出车内不同成员的声音，并结合他们的习惯来进

图 2-88　借助深度学习识别道路边缘

行相应的设置。这样一来车内系统无论是实体按键还是虚拟按键都可以取消，如图 2-89 所示。

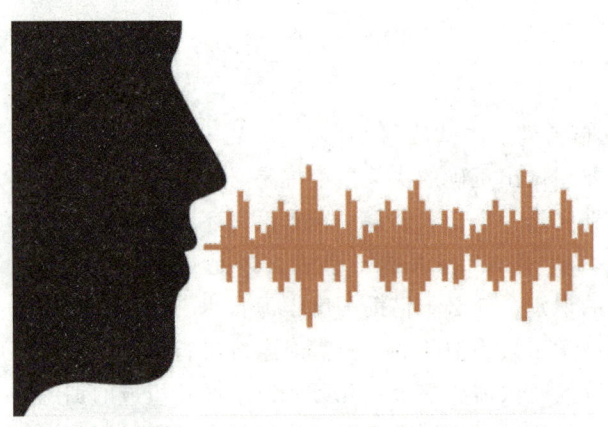

图 2-89　深度学习可以提升智能语音识别的准确率

　　V2X 技术和 5G 技术将实现车联万物，这意味着只要坐在车内几乎就可以控制一切与生活息息相关的事情。而当深度学习技术被发挥到极致的时候，车辆几乎掌握驾驶人的每一个习惯甚至是每一个想法，并能够实现这些行为习惯和想法。也许在短时间内这样的场景只是畅想，但科技前行的步伐必将远远超出人们的想象。深度学习技术的大量运用正是人工智能时代到来的一大标志，而在人工智能时代，汽车的使用必将被完全颠覆。

3. 深度学习的应用实例

　　MATLAB 利用深度学习建立了车辆检测和行人检测函数，利用这些函数可以非常容易识别车辆和行人，如图 2-90 和图 2-91 所示。

图 2-90 基于深度学习的车辆检测
a) 原始图像 b) 检测结果

图 2-91 基于深度学习的行人检测
a) 原始图像 b) 检测结果

2.5.3 语义分割技术

1. 语义分割的定义

语义分割是将标签或类别与图片的每个像素关联的一种深度学习算法。它用来识别构成可区分类别的像素集合,如自动驾驶汽车需要识别车辆、行人、交通信号、人行道和其他道路特征等。

语义分割的一个简单例子就是将图像划分成两类,如图 2-92 所示,一副图像显示一个人在海边,与之相配的版本显示分割为两个不同类别的图像像素:人和背景。

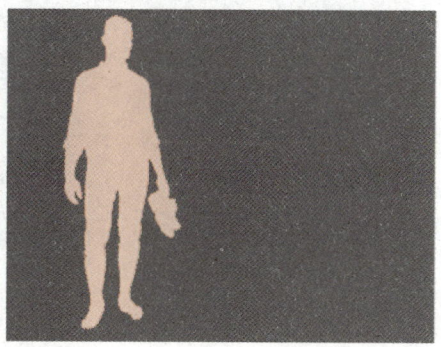

图 2-92 语义分割

语义分割并不局限于两个类别，可以更改对图像内容进行分类的类别数，如图 2-92 中的图像可分割为四个类别，即人、天空、水和背景。

2. 语义分割与目标检测的区别

语义分割可以作为对象检测的一种有效替代方法，因为它允许感兴趣对象在像素级别上跨越图像中的多个区域。这种技术可以清楚地检测到形态不规则的对象，与之相比目标检测则要求目标必须位于有边界的方框内，如图 2-93 所示。

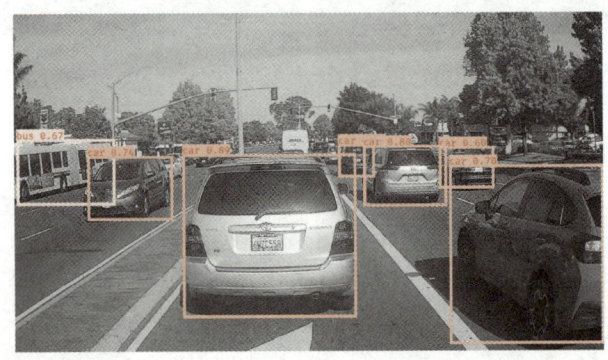

图 2-93 自动驾驶的车辆检测

3. 语义分割在自动驾驶中的应用

因为语义分割会给图像中的像素加上标签，所以精确性高于其他形式的对象检测。这使得语义分割适用于各种需要准确图像映射的行业，如自动驾驶，通过区分道路、行人、人行道、电线杆和其他汽车等，让汽车识别可行驶的路径。图 2-94 所示为自动驾驶场景的语义分割。

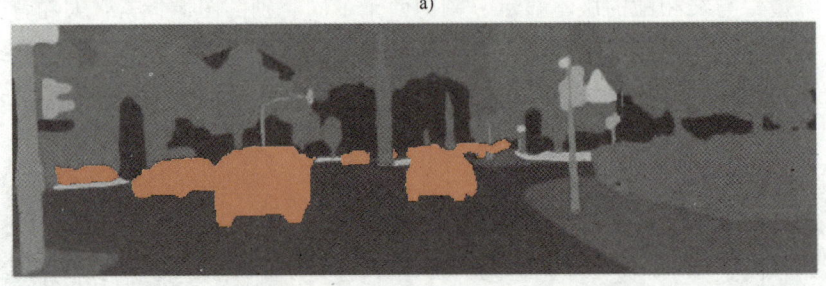

图 2-94 自动驾驶场景的语义分割
a）原始图像 b）分割结果

图 2-95 所示为激光雷达点云的语义分割。

图 2-95　激光雷达点云的语义分割

a）激光点云　b）分割结果

练　习　题

一、名词解释

1. 超声波雷达　　2. 毫米波雷达　　3. 激光雷达

4. 视觉传感器　　5. 焦距　　　　　6. 视场角

7. 人工智能　　　8. 深度学习　　　9. 语义分割

二、简答题

1. 智能传感器各有哪些特点？

2. 智能传感器在智能网联汽车上各有哪些应用？

3. 毫米波雷达测量原理是怎样的？

4. 激光雷达有哪些类型？

5. 视觉传感器的技术参数有哪些？

6. 多传感器融合的体系结构有哪几种？

三、仿真题

1. 对图 2-62 中的车道线进行识别。

2. 利用手机拍摄车辆，对图像中的车辆进行识别。

3. 利用手机拍摄行人，对图像中的行人进行识别。

4. 查找带有 STOP 停车标志的图像，对图像中的停车标志进行识别。

5. 查找带有红绿灯的图像，对图像中的红绿灯进行识别。

四、仿真扩展题

1. 对视频中的车道线进行识别。

2. 对视频中的车辆进行识别。

3. 对视频中的行人进行识别。

第3章

智能网联汽车网络与通信技术

【教学目标】

通过对本章的学习,学生能够掌握智能网联汽车网络构成与特点、了解常用车载网络的特点和应用、了解车载自组织网络技术、掌握V2X的各种通信技术以及了解车路协同控制技术及其前瞻技术。

【教学要求】

知识要点	能力要求	参考学时
智能网联汽车网络构成与特点	1)掌握智能网联汽车的构成和特点 2)了解车载网络的分类	0.5
车载网络技术	1)了解CAN总线、LIN总线、FlexRay、MOST以及以太网的定义、特点及应用 2)能够分析汽车上各种总线技术的应用	1.5
车载自组织网络技术	了解车载自组织网络的定义、类型、路由协议类型和特点	0.5
V2X通信技术	1)掌握V2X的定义和分类 2)掌握DSRC和LTE-V通信技术的定义和组成 3)了解5G通信技术的特点及应用 4)了解V2X通信系统的安全风险 5)了解V2X的应用场景及技术要求	2
车路协同控制技术	了解车路协同控制技术的定义、架构及典型应用	0.5
车路协同前瞻技术	了解大数据、云计算和多接入边缘计算技术的定义及应用	1

3.1 智能网联汽车网络构成与特点

3.1.1 智能网联汽车的网络构成

智能网联汽车主要包括3种网络,即以车内总线通信为基础的车内网络,也称为车载网络;以短距离无线通信为基础的车载自组织网络;以远距离通信为基础的车载移动互联网络。智能网联汽车是融合车载网、车载自组织网和车载移动互联网的一体化网络系统,如图3-1所示。

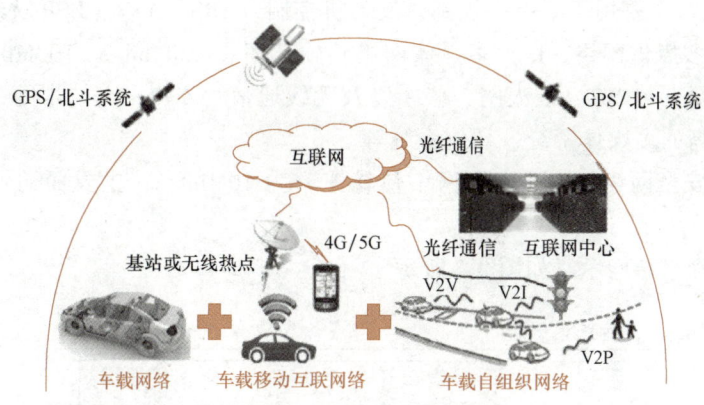

图 3-1 智能网联汽车网络体系构成

1. 车载网络

车载网络按照协议划分为 CAN、LIN、FlexRay、MOST 以及以太网等总线技术，如图 3-2 所示。该车载网络以高速以太网作为骨干，将动力总成、底盘控制、车身控制、娱乐、ADAS 共 5 个核心域控制器连接在一起，各个域控制器在实现专用的控制功能的同时，还提供强大的网关功能。

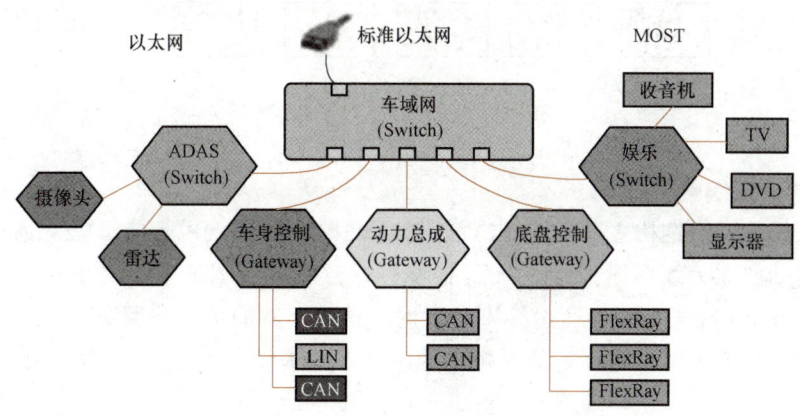

图 3-2 车载网络的总线技术

车载网络按速率划分为 5 种类型，分别为 A 类低速网络、B 类中速网络、C 类高速网络、D 类多媒体网络和 E 类安全应用网络。

(1) A 类低速网络　A 类低速网络传输速率一般小于 10kbit/s，有多种通信协议，该类网络的主流协议是 LIN（局域互联网络），主要用于电动门窗、电动座椅、车内照明系统和车外照明系统等。

(2) B 类中速网络　B 类中速网络传输速率在 10～125kbit/s 之间，对实时性要求不太高，主要面向独立模块之间数据共享的中速网络。该类网络的主流协议是低速 CAN（控制器局域网络），主要用于故障诊断、空调、仪表显示等。

(3) C 类高速网络　C 类高速网络传输速率在 125～1000kbit/s 之间，对实时性要求高，主要面向高速、实时闭环控制的多路传输网。该类网络的主流协议是高速 CAN、

FlexRay 等协议，主要用于牵引力控制、发动机控制、ABS、ASR、ESP 及悬架控制等。

（4）D 类多媒体网络　D 类多媒体网络传输速率在 250kbit/s～100Mbit/s 之间，该类网络协议主要有 MOST、以太网、蓝牙以及无线通信（ZigBee）技术等，主要用于要求传输效率较高的多媒体系统、导航系统等。

（5）E 类安全网络　E 类安全网络传输速率为 10Mbit/s，主要面向汽车安全系统网络。

汽车车载网络结构示意如图 3-3 所示。

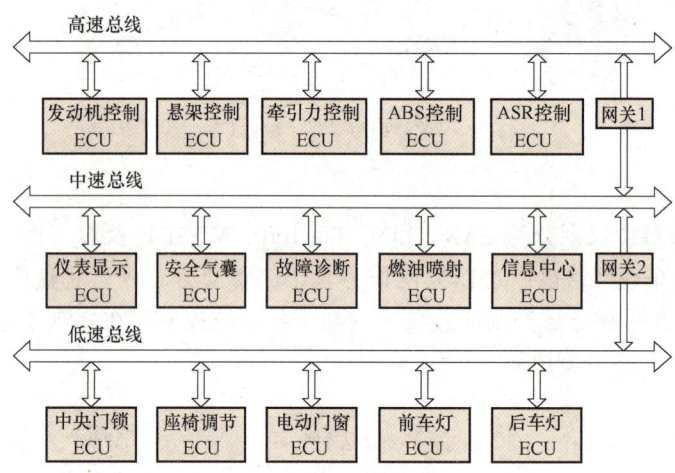

图 3-3　车载网络结构示意图

2. 车载自组织网络

车载自组织网络结构主要分为 V2V 通信、V2I 通信和 V2P 通信。V2V 通信是通过 GPS 定位辅助建立无线多跳连接，从而能够进行暂时的数据通信，提供行车信息、行车安全等服务；V2I 通信能够通过接入互联网获得更丰富的信息与服务；V2P 通信的研究刚刚起步，目前主要是通过智能手机中的特种芯片提供行人和交通状况，以后会有更多通信方式。

3. 车载移动互联网络

车载移动互联网络是基于远距离通信技术构建的车辆与互联网之间连接的网络，实现车辆信息与各种服务信息在车载移动互联网上的传输，使智能网联汽车用户能够开展商务办公、信息娱乐服务等。

车载移动互联网是以车为移动终端，通过远距离无线通信技术构建的车与互联网之间的网络，实现车辆与服务信息在车载移动互联网上的传输，如图 3-4 所示。车载移动互联网是先通过短距离通信技术在车内建立无线个域网或无线局域网，再通过 4G/5G 技术与互联网连接。

3.1.2　智能网联汽车网络的特点

智能网联汽车网络系统具有以下特点：

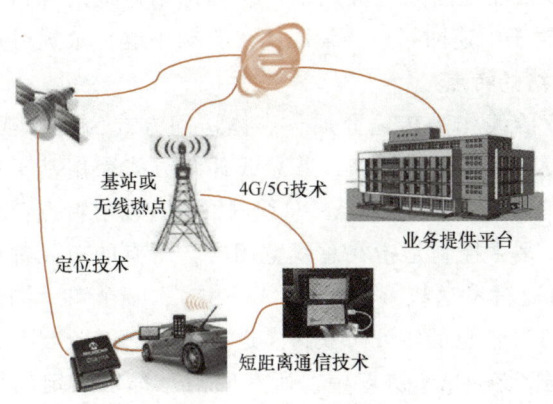

图 3-4 车载移动互联网

(1) 复杂化　智能网联汽车电控系统的网络体系结构复杂，它包含多达数百个 ECU 通信节点，这些 ECU 被划分到十几个不同的网络子系统之中，由这些 ECU 产生的需要进行通信的信号个数多达数千个。

(2) 异构化　为了满足各个功能子系统对网络带宽、实时性、可靠性和安全性的不同需求，CAN、LIN、FlexRay、MOST、以太网、自组织网络以及移动互联网等多种网络技术都将在智能网联汽车上得到应用，因此，不同网络子系统中所采用的网络技术之间存在很大程度的异构性。这种异构性不仅体现在网络类型的不同方面，也体现在同种类型网络的带宽和传输速率方面（如高速 CAN 和低速 CAN）。网关被用来实现不同网络子系统之间的互联和异构网络的集成，所以在网关内需要对协议进行转换。

(3) 网关互连的层次化架构　智能网联汽车电控系统和先进驾驶辅助系统的网络体系结构具有层次化特点，它同时包括同一网络子系统内不同 ECU 之间的通信和两个或多个网络子系统所包含的 ECU 之间的跨网关通信等多种情况。如防碰撞系统功能的实现依赖于安全子系统、底盘控制子系统、车身子系统以及 V2V、V2I、V2P 之间的交互和协同控制。

(4) 通信节点组成和拓扑结构是变化的　智能网联汽车需要实现 V2V、V2I、V2P 之间的通信，所以它的网络体系结构中包含的通信节点和体系结构的拓扑结构是变化的。

3.2　车载网络技术

3.2.1　CAN 总线网络

1. CAN 总线的定义

CAN 是控制器局域网络的简称，是德国博世公司在 1985 年时为了解决汽车上众多测试仪器与控制单元之间的数据传输，而开发的一种支持分布式控制的串行数据通信总

线。目前，CAN 总线已经是国际上应用最广泛的网络总线之一，它的数据信息传输速率最大为 1Mbit/s，属于中速网络，通信距离（无须中继）最远可达 10km。

2. CAN 总线网络的特点

CAN 总线采用双绞线作为传输介质，媒体访问方式为位仲裁，是一种多主总线。CAN 总线为事件触发的实时通信网络，其总线仲裁方式采用基于优先级的载波侦听多路访问冲突检测（CSMA/CD）法。CAN 总线网络具有以下特点：

（1）**多主控制**　多主控制是指在总线空闲时，所有的单元都可开始发送消息；最先访问总线的单元可获得发送权（CSMA/CA 方式）；多个单元同时开始发送时，发送高优先级 ID（标识符）消息的单元可获得发送权。

（2）**消息的发送**　在 CAN 协议中，所有的消息都以固定的格式发送。总线空闲时，所有与总线相连的单元都可以开始发送新消息。两个以上的单元同时开始发送消息时，根据 ID 决定优先级。ID 并不是表示发送的目的地址，而是表示访问总线的消息的优先级。两个以上的单元同时开始发送消息时，对各消息 ID 的每个位进行逐个仲裁比较，仲裁获胜（被判定为优先级最高）的单元可继续发送消息，仲裁失败的单元则立刻停止发送而进行接收工作。

（3）**系统的柔软性**　与总线相连的单元没有类似于"地址"的信息，因此在总线上增加单元时，连接在总线上的其他单元的软硬件及应用层都不需要改变。

（4）**高速度和远距离**　当通信距离小于 40m 时，CAN 总线的传输速率可以达到 1Mbit/s。通信速度与其通信距离成反比，当其通信距离达到 10km 时，其传输速率仍可以达到约 5kbit/s。

（5）**远程数据请求**　可通过发送"遥控帧"请求其他单元发送数据。

（6）**错误检测、通知和恢复功能**　错误检测功能是指所有的单元都可以检测错误，错误通知功能是指正在发送消息的单元一旦检测出错误，会强制结束当前的发送，并立即同时通知其他所有单元；错误恢复功能是指强制结束发送的单元会不断地重新发送此消息，直到消息成功发送为止。

（7）**故障封闭**　CAN 总线可以判断出错误的类型是总线上暂时的数据错误（如外部噪声等）还是总线上持续的数据错误（如单元内部故障、驱动器故障或断线等）。根据此功能，当总线上发生持续的数据错误时，可将引起此故障的单元从总线上隔离出去。

（8）**连接**　CAN 总线可以同时连接多个单元，理论上可连接的单元总数是没有限制的。但实际上，可连接的单元数受总线上的时间延迟及电气负载限制。因此可连接的单元数增加，传输速率降低；可连接的单元数减少，传输速率提高。

总之，CAN 总线具有实时性强、可靠性高、传输速率快、结构简单、互操作性好、总线协议具有完善的错误处理机制、灵活性高和价格低廉等特点，在车载网络上已经得到广泛的应用。

3. CAN 总线在汽车上的应用

汽车 CAN 总线有两条：一条用于驱动系统的高速 CAN 总线，速率达到 500kbit/s；另一条用于车身系统的低速 CAN 总线，速率为 100kbit/s。高速 CAN 总线主要连接发动机、自动变速器、ABS/ASR 以及 ESP 等对通信实时性有较高要求的系统;低速 CAN 总线主要连接灯光、电动车窗、自动空调及信息显示系统等,多为低速电动机和开关量器件,对实时性要求较低且数量众多。不同速度的 CAN 网络之间通过网关连接。对汽车 CAN 总线上的信号进行采集时,需要确定所采集的信号处于哪个 CAN 网络中,以便于设置合适的 CAN 通道波特率。

图 3-5 所示为 CAN 总线在汽车上的应用实例。

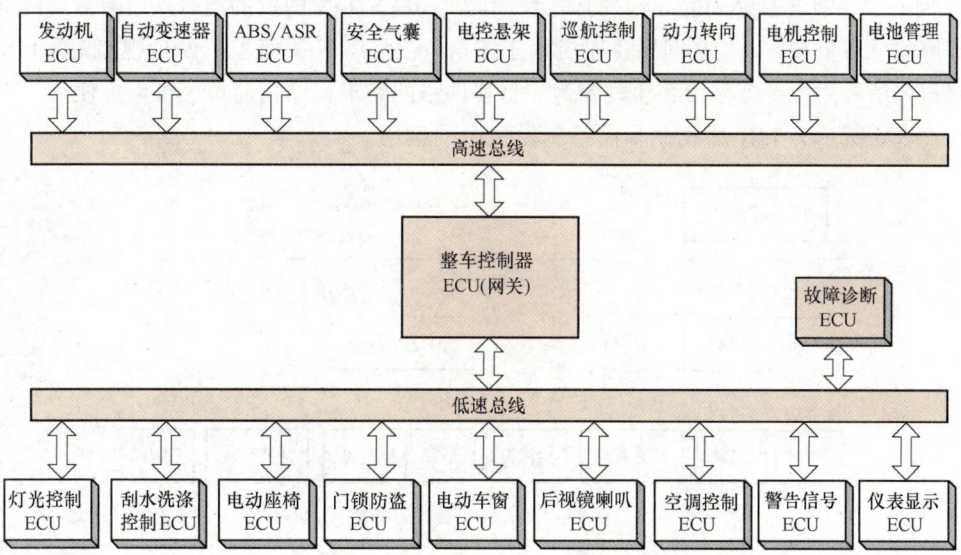

图 3-5 CAN 总线在汽车上的应用实例

3.2.2 LIN 总线网络

1. LIN 总线的定义

LIN 是局部连接网络的简称,也被称为局域网子系统,是专门为汽车开发的一种低成本串行通信网络,用于实现汽车中的分布式电子系统控制。LIN 网络的数据传输速率为 20kbit/s,属于低速网络,媒体访问方式为单主多从,是一种辅助总线,辅助 CAN 总线工作。在不需要 CAN 总线的带宽和多功能的场合,使用 LIN 总线可大大降低成本。

2. LIN 总线网络的特点

LIN 总线网络具有以下特点:

1) LIN 总线的通信是基于 SCI 数据格式,媒体访问采用单主节点、多从节点的方式,数据优先级由主节点决定,灵活性好。

2) 一条 LIN 总线最多可以连接 16 个节点,共有 64 个标识符。

3) LIN 总线采用低成本的单线连接,传输速率最高可达 20kbit/s。

4) 不需要进行仲裁,在从节点中无须石英或陶瓷振荡器,只采用片内振荡器就可以实现自同步,降低了硬件成本。

5) 几乎所有的 MCU 均具备 LIN 所需硬件,且实现费用较低。

6) 网络通信具有可预期性,信号传播时间可预先计算。

7）通过主机节点可将 LIN 与上层网络（CAN）相连接，实现 LIN 的子总线辅助通信功能，从而优化网络结构，提高网络效率和可靠性。

8）总线通信距离最大不超过 40m。

3. LIN 总线网络在汽车上的应用

一个 LIN 网络通常由一个主节点、一个或多个从节点组成，所以 LIN 网络为主从式控制结构。各个 LIN 主节点是车身 CAN 总线上的节点，通过 CAN 总线连接成为低速车身 CAN 网络，并兼起 CAN/LIN 网关的作用。引入带 CAN/LIN 网关的混合网络有效地降低了主干网的总线负载率。LIN 网络主要应用于车窗、门锁、开关面板以及后视镜等。LIN 网络将模拟信号用数字信号代替实现对汽车低速网络的需求，结构简单、维修方便。

图 3-6 所示为 LIN 总线在车门控制模块中的应用。

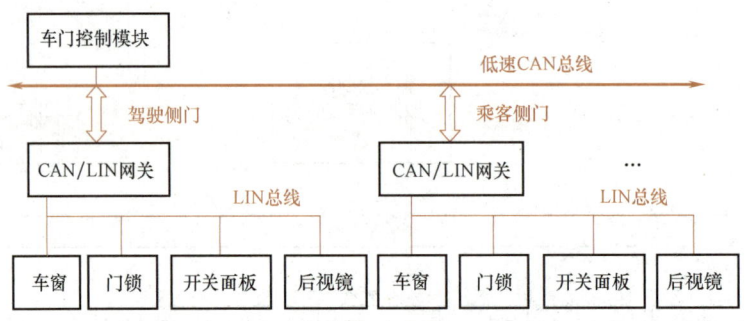

图 3-6　LIN 总线在车门控制模块中的应用

3.2.3　FlexRay 总线网络

1. FlexRay 总线的定义

FlexRay 是一种用于汽车的高速可确定性的、具备故障容错的总线系统。汽车中的控制器件、传感器和执行器之间的数据交换主要是通过 CAN 网络进行的。然而新的线控技术（X-by-Wire）系统设计思想的出现，导致车辆系统对信息传送速度尤其是故障容错与时间确定性的需求不断增加。FlexRay 通过在确定的时间槽中传送信息、在两个通道上传送故障容错和冗余信息，可以满足这些新增要求。

2. FlexRay 总线网络的特点

FlexRay 总线网络具有以下特点：

（1）**数据传输速率高**　FlexRay 网络最大传输速率可达到 10Mbit/s，双通道总数据传输速率可达到 20Mbit/s，因此，应用在车载网络上，FlexRay 的网络带宽可以是 CAN 网络的 20 倍。

（2）**可靠性好**　FlexRay 具有很多 CAN 网络所不具有的可靠性特点如 FlexRay 具备的冗余通信能力。具有冗余数据传输能力的总线系统使用两个相互独立的信道，每个信道都由一组双线导线组成；一个信道失灵时，该信道应传输的信息可在另一条没有发生故障的信道上传输。此外，总线监护器的存在进一步提高了通信的可靠性。

（3）**确定性**　FlexRay 是一种时间触发式总线系统，它也可以通过时间触发方式进行部分数据传输。在时间控制区域内，将时隙分配给确定的信息，一个时隙是指一个规定的时间段，该时间段对特定信息开放；对时间要求不高的其他信息则在时间控制区域内传输。确定性数据传输用于确保时间触发区域内的每条信息都能实现实时传输即每条信息都能在规定时间内进行传输。

（4）灵活性　灵活性是 FlexRay 总线的突出特点，反映在以下方面：支持多种方式的网络拓扑结构，如点对点连接、串级连接、主动星形连接以及混合型连接等；信息长度可配置，可根据实际控制应用需求，为其设定相应的数据载荷长度；双通道拓扑既可用以增加带宽，也可用于传输冗余的信息；周期内静态、动态信息传输部分的时间都可随具体应用而改变。

为了满足不同的通信需求，FlexRay 在每个通信周期内都提供静态和动态通信段。静态通信段可以提供有界延迟，而动态通信段则有助于满足在系统运行时间内出现的不同带宽需求。FlexRay 帧的固定长度静态段用固定时间触发的方法来传输信息，而动态段则使用灵活时间触发的方法来传输信息。

3. FlexRay 网络在汽车上的应用

FlexRay 网络具有速度快、效率高、容错性强等特点，可用于汽车动力和底盘系统的控制数据传输。

（1）**替代 CAN 总线**　在数据传输速率要求超过一条 CAN 总线的应用会采用两条或多条 CAN 总线来实现，FlexRay 将是替代这种多总线解决方案的理想技术。

（2）**用做"数据主干网"**　FlexRay 具有很高的数据传输速率且支持多种拓扑结构，非常适合于车辆主干网络，也可用于连接多个独立网络。

（3）**用于分布式测控系统**　分布式测控系统用户要求确切知道消息到达时间且消息周期偏差非常小，这使得 FlexRay 成为首选技术，如应用于动力系统、底盘系统的一体化控制中。

（4）**用于高安全性要求的系统**　FlexRay 本身虽不能确保系统安全，但它具备大量功能并用以支持面向安全的系统设计。

图 3-7 所示是奥迪 A8 中的 FlexRay 总线拓扑结构。奥迪 A8 使用 FlexRay 总线可以实现驾驶动态控制、车距控制、自适应巡航控制和图像处理等功能。

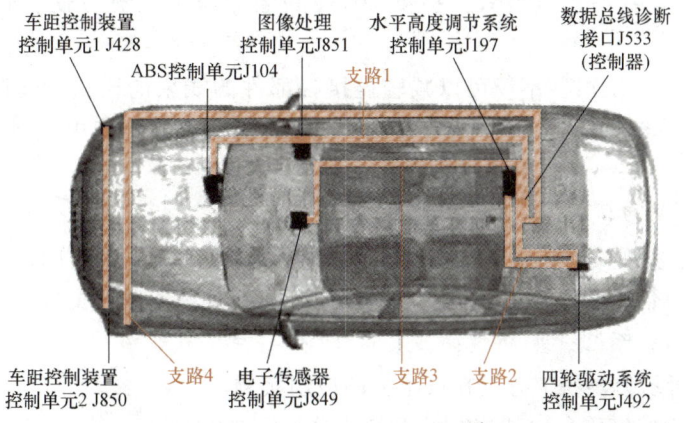

图 3-7　奥迪 A8 中的 FlexRay 总线拓扑结构

FlexRay 总线的拓扑结构可以分为点对点连接的主动星型拓扑结构（支路 3）和总线型拓扑结构（支路 1、2 和 4）。数据总线诊断接口 J533 用作控制器，上面有 4 个支路接口，其他总线用户围绕着数据总线诊断接口 J533 分布在若干支路上；每条支路上最多连接 2 个控制单元，其中主动星型连接器以及支路上的末端控制单元始终接低电阻（内电阻较低），而中间控制单元则始终接高电阻（内电阻较高）。

冷态启动和同步控制单元包括数据总线诊断接口 J533、ABS 控制单元 J104 和电子传感器控制单元 J849。非冷态启动控制单元包括车距控制装置控制单元 1 J428、车距控制装置控制单元 2 J850、图像处理控制单元 J851、四轮驱动系统控制单元 J492 以及水平高度调节系统控制单元 J197。

3.2.4　MOST 总线网络

1. MOST 总线的定义

MOST（多媒体定向系统传输）总线是使用光纤或双绞线作为传输介质的环形网络，可以同时传输音/视频流数据、异步数据和控制数据，可以支持高达 150Mbit/s 的传输速率。

MOST 总线标准已经发展到第 3 代。MOST25 是第 1 代总线标准，最高可支持 24.6Mbit/s 的传输速率，以塑料光纤作为传输介质；第 2 代标准 MOST50 的传输速率是 MOST25 的两倍，除了采用塑料光纤作为传输介质外，还可采用非屏蔽双绞线作为传输介质；第 3 代标准 MOST150，不仅最高可支持 147.5Mbit/s 的传输速率，还解决了与以太网的连接等问题，MOST150 将成为 MOST 总线技术发展的趋势。

2. MOST 总线网络的特点

MOST 总线网络具有以下特点：

1) 在保证低成本的条件下，最高可以达到 147.5Mbit/s 的数据传输速率。
2) 无论是否有主控计算机都可以工作。
3) 支持声音和压缩图像的实时处理。
4) 支持数据的同步和异步传输。
5) 发送/接收器嵌有虚拟网络管理系统。
6) 支持多种网络连接方式，提供 MOST 设备标准，具有方便、简洁的应用系统界面。
7) 通过采用 MOST，不仅可以减轻连接各部件的线束的质量、降低噪声，还可以减轻系统开发技术人员的负担，最终在用户处实现各种设备的集中控制。
8) 光纤网络不会受到电磁辐射干扰与搭铁环的影响。

3. MOST 网络在汽车上的应用

MOST 可以实现实时传输声音和视频以满足高端汽车娱乐装置的需求，主要用于车载电视、车载电话、车载 CD、车载互联网以及 DVD 导航等系统的控制中，也可以用在车载摄像头等行车系统。

如图 3-8 所示为 MOST 总线在汽车上的应用实例。

四种常用总线网络传输速率与成本的比较如图 3-9 所示。

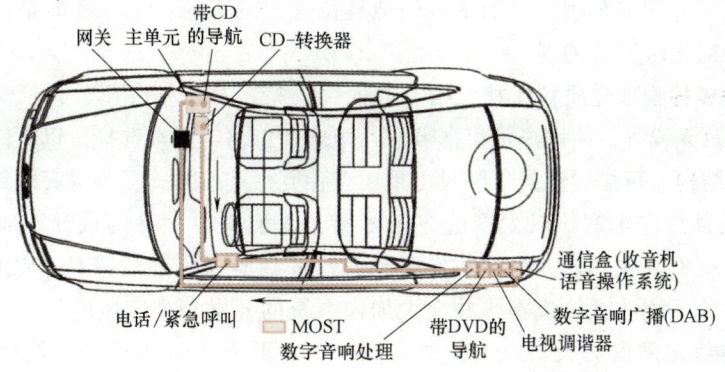

图 3-8　MOST 总线在汽车上的应用实例

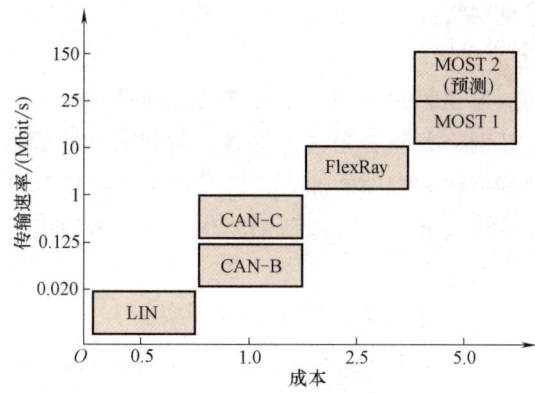

图 3-9　四种常用总线网络传输速率与成本的比较

3.2.5　以太网

1. 以太网的定义

以太网是由美国施乐公司创建，并由施乐（Xerox）、英特尔（Intel）和数字装备（DEC）公司联合开发的基带局域网规范，是当今现有局域网采用的最通用的通信协议标准。以太网包括标准以太网（10Mbit/s）、快速以太网（100Mbit/s）、千兆以太网（1000Mbit/s）和万兆以太网（10Gbit/s）。

2. 以太网的特点

以太网具有以下特点：

（1）**数据传输速率高**　现在以太网的最大传输速率能达到 10Gbit/s，并且还在提高，比任何一种现场总线都快。

（2）**应用广泛**　基于 TCF/IP 协议的以太网是一种标准的开放式网络，不同厂商的设备很容易互联，这种特性非常有利于解决不同厂商设备的兼容和互操作问题。以太网是目前应用最广泛的局域网技术，遵循国际标准规范 IEEE802.3，受到广泛的技术支持。几乎所有的编程语言都支持以太网的应用开发，如 Java、C++和 VB 等。

（3）**容易与信息网络集成，有利于资源共享**　由于具有相同的通信协议，以太网能实现与互联网的无缝连接，方便车辆网络与地面网络的通信。车辆网络与互联网的接入极大地解除了为获取车辆信息而带来的地理位置上的束缚,这一性能是目前其他任何一种现场总线都无法匹敌的。

(4) **支持多种物理介质和拓扑结构** 以太网支持多种传输介质,包括同轴电缆、双绞线、光缆以及无线等,使用户可根据带宽、距离和价格等因素选择。以太网支持总线型和星型等拓扑结构,可扩展性强,同时可采用多种冗余连接方式,可提高网络的性能。

(5) **软硬件资源丰富** 以太网已应用多年,人们对以太网的设计、应用等方面经验丰富,技术也十分成熟。大量的软件资源和设计经验可以显著降低系统的开发成本,也可以显著降低系统的整体成本,并大大加快系统的开发和推广速度。

(6) **可持续发展潜力大** 以太网的应用广泛,其发展一直受到广泛的重视并拥有大量的技术投入。车载网络采用以太网,可以避免其发展游离于主流计算机网络技术之外,可使车载网络与信息网络技术互相促进,共同发展。

3. 以太网在汽车上的应用

以太网在汽车上的应用虽然刚刚开始,但它优越的性能已经得到了汽车业界的重视,有望成为重要的车载网络。随着先进传感器、高分辨率显示器、车载摄像头以及先进驾驶辅助系统及其数据传输和控件的加入,汽车电子产品正变得更加复杂。采用标准的以太网协议将这些设备连接起来,可以帮助简化布线、节约成本、减少线束质量和增加行驶里程。

图 3-10 所示为以太网在智能网联汽车上的应用实例。

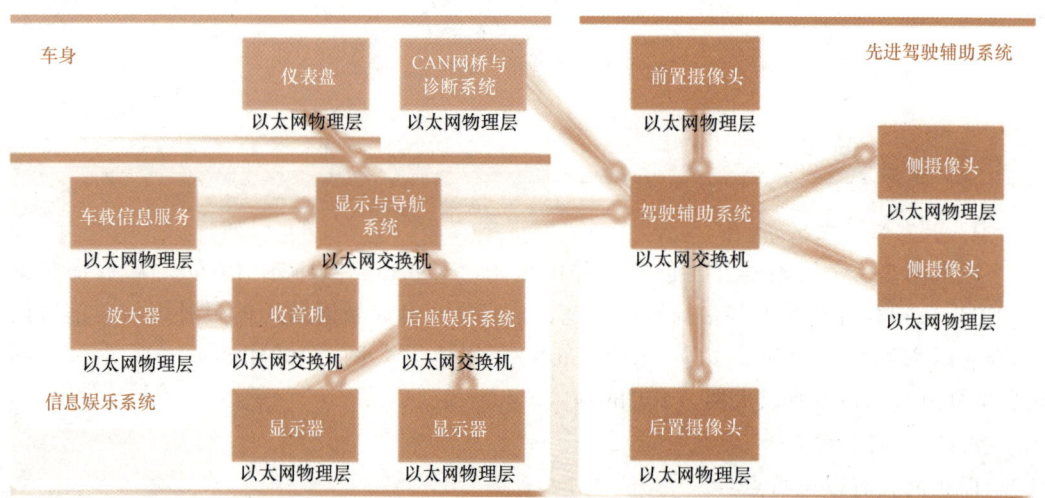

图 3-10 以太网在汽车上的应用实例

3.3 车载自组织网络技术

3.3.1 车载自组织网络的定义

无线自组织网络是一种不同于传统无线通信网络的技术,它是由一组具有无线通信能力的移动终端节点组成、具有任意性和临时性网络拓扑的动态自组织网络系统，其中每个终端节点既可作为主机，也可作为路由器。作为主机，终端具有运行各种面向用户的应用程序的能力；作为路由器，终端可以运行相应的路由协议，根据路由策略和路由表完成数据的分组转发和路由维护工作。

车载自组织网络是一种自组织、结构开放的车辆间通信网络，能够提供车辆之间以及车辆与路边基础设施之间的通信。通过结合全球定位系统及无线通信技术（如无线局域网、蜂窝网络等），可为处于高速移动状态的车辆提供高速率的数据接入服务，并支持车辆之间的信息交互，已成为保障车辆行驶安全，提供高速数据通信、智能交通管理及车载娱乐的有效技术手段，如图 3-11 所示。车载自组织网络是智能交通系统未来发展的通信基础，也是智能网联汽车安全行驶的保障。

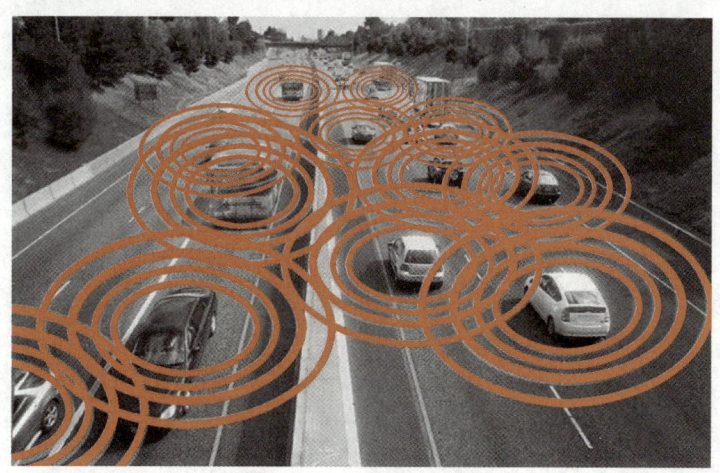

图 3-11　车载自组织网络

3.3.2　车载自组织网络的类型

车载自组织网络结构主要分为 3 种，即 V2V 通信、V2I 通信和 V2P 通信，如图 3-12 所示。

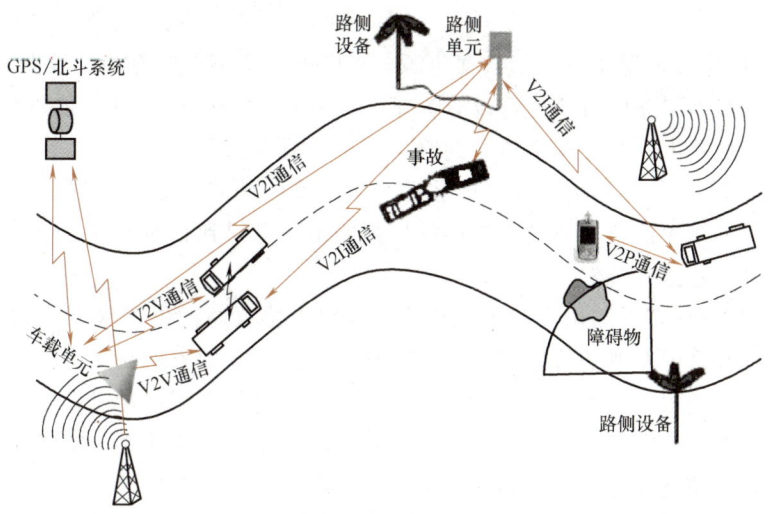

图 3-12　车载自组织网络结构

所示。V2V 通信是通过 GPS 定位辅助建立无线多跳连接，因此能够进行暂时的数据通信，提供行车信息、行车安全等服务；V2I 通信能够通过接入互联网获得更丰富的信息与服务；V2P 通信的研究刚刚起步，目前主要通过智能手机中的特种芯片提供行人和交通状况，以后会有更多通信方式。

根据节点间通信是否需要借助路侧单元，可以将车载自组织网络的结构分为车间自组织型、无线局域网/蜂窝网络型和混合型。

(1) **车间自组织型** 车辆之间形成自组织网络，不需借助路侧单元；这种通信模式也称为 V2V 通信模式，也是传统移动自组织网络的通信模式。

(2) **无线局域网/蜂窝网络型** 在这种通信模式下，车辆节点间不能直接通信，必须通过接入路侧单元互相通信，这种通信模式称为 V2I 通信模式；相比车间自组织型，路侧单元建设成本较高。

(3) **混合型** 混合型是前两种通信模式的混合模式，车辆可以根据实际情况选择不同的通信方式。

3.3.3 车载自组织网络的路由协议类型

路由协议是一种指定数据包转送方式的网上协议。车载自组织网络路由协议有很多种，图 3-13 所示是一种车载自组织网络路由协议。

车载自组织网络路由协议根据接收数据包的节点数量可分为单播路由、广播路由和多播路由。

1) 单播路由。单播路由是指数据包源节点向网络中一个节点转发数据。

2) 广播路由。广播路由是指数据包源节点向网络中的所有其他节点转发数据。

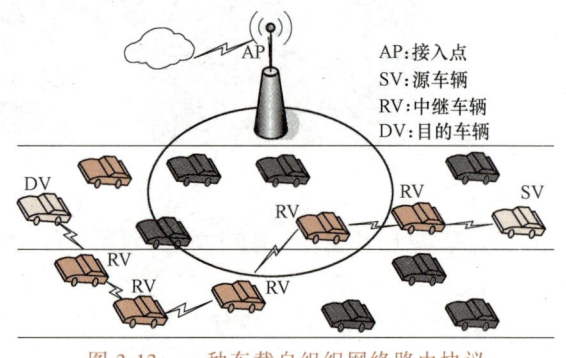

图 3-13 一种车载自组织网络路由协议

3) 多播路由。多播路由是指数据包源节点向网络中多个节点转发数据。

车载自组织网络路由协议还可以分为基于拓扑结构的路由、基于地理位置的路由、基于移动预测的路由、基于路侧单元的路由和基于概率的路由。

1) 基于拓扑结构的路由。初期的移动自组织网络的路由基本上都是基于拓扑结构的路由协议，网络中的节点通过周期性的广播路由信息得到其他节点的位置信息，从而选择下一跳进行数据包转发。

2) 基于地理位置的路由。基于地理位置的路由协议通过位置服务方式实时准确地获取自身车辆和目的车辆的位置信息，同时通过路由广播的方式获得广播范围内邻居节点的位置信息，并根据分组转发策略择优选择下一跳进行数据包转发。

3) 基于移动预测的路由。由于节点的移动性，通过节点速度、加速度、距离和时间等参数预测通信链路的生命周期，即可预测该路由路径的有效期。

4) 基于路侧单元的路由。借助于道路的路侧单元（RSU），可以解决车辆在稀疏情况下导致节点链路中断的问题。RSU为路边可靠的固定节点，具有高带宽、低误码率和低延迟传输特点，并作为主干链路，当车辆节点出现链路中断时，RSU将采用存储转发策略来发送数据包。

5）基于概率的路由。用概率描述车辆节点在某一段时间内该链路还未断开或存在的可能性。在该路由协议中，需要建立相关的模型，并且这些模型的建立是在某些网络特性的前提下，因此才能统计相关的变量的分布信息。

3.3.4 车载自组织网络的特点

车载自组织网络特点主要包括节点速度、运动模式、节点密度、节点异构性和可预测的运动性等。

1. 节点速度

在移动的车载自组织网络中，最重要的特征就是节点的速度。车辆和道路两侧的路侧单元都可能成为节点。节点的可能速度为0~200km/h。对于静态的路侧单元或车辆处于堵车路段时，其车速为零；在高速公路上，车辆的最高速度可能会达到200km/h左右。这两种极端情况对车载自组织网络中的通信系统造成了特殊的挑战，当节点速度非常高时，由于几百米的通信半径相对较小，会造成共同的无线通信窗口非常短暂。如两辆车以90km/h的速度朝相反的方向行驶，假定理论上无线通信范围为300m，通信只能持续12s。不过，当车辆同向行驶时，如果相对速度较小或中等，则这些同向车辆间的拓扑变化相对较少。如果车辆同向行驶的相对速度很大，收发机就得考虑诸如多普勒效应等物理现象。因为链路层难以预测连接的中断，容易导致频繁的链路故障；对于路由或多跳信息传播，车辆间短暂的相遇以及一般的车辆运动导致的拓扑高度不稳定，使得基于拓扑的路由在实际中毫无用处。节点速度很大时对应用程序的影响也很大，由于速度太快，导致即时环境变化太快，使得对环境感知的应用变得困难。在另外一种极端情况下，即节点几乎不移动时，网络拓扑相对稳定，但是车辆缓慢移动意味着车辆密度很大，会导致高干扰、介质接入等诸多问题。

2. 运动模式

车辆是在预定义的道路上行驶的，一般情况下有两个行驶方向。只有在十字路口时，车辆的行驶方向才具有不确定性。一般将道路分为高密度城市道路、高速公路和乡村道路三种类型。

（1）**高密度城市道路** 在城市中，道路密度相对较高，因为许多十字路口将道路分割成段且道路两边的建筑物也会影响无线通信，因此车辆的运动速度较慢。

（2）**高速公路** 高速公路一般是多车道的，路段通常较长并且存在出口和匝道。在高速公路上车辆的运动速度较快，行驶方向能够较长时间保持不变。

（3）**乡村道路** 乡村道路通常很长，十字路口比城市环境要少。这种环境下路面车辆过少，一般很难形成连通的网络。车辆在乡村道路上的方向变化频率明显高于高速公路。

这些运动场景提出了很多挑战，尤其是对路由问题。在城市场景下，交通流非常无序，而高速公路上的交通流却是另外一个极端，几乎整个运动都处于一维情况。

3. 节点密度

除了速度和运动模式外，节点密度是车载自组织网络节点移动性的第三个关键属性。在共同的无线通信范围内，可能存在零到几十、甚至上百的车辆。假设在某四车道的高速公路上遇到交通阻塞并且每 20m 就存在一辆装备车辆，通信半径假定为 300m，则在理论上其通信范围内有 120 辆车辆。当节点密度非常小时，几乎不可能完成瞬时消息转发。在这种情况下，需要更复杂的消息传播机制，这种传播机制可以先存储信息，然后在车辆相遇时转发信息。但这样又可能导致一些信息被同一车辆多次转发。当节点密度很大时，情况则不同，消息需要只能被选定的节点重复，否则会导致重载信道。

节点密度与时间也相关。在白天，高速公路和城市中节点密度较高，足以实现瞬时转发，有足够的时间使路由处理分段网络；但在夜间，无论哪种类型的道路，车辆都很少。

4. 节点异构性

在车载自组织网络中，节点有许多不同种类。首先是车辆和路侧单元的区别，车辆可以分为城市公交、私家车、出租车、救护车、道路建设和维修车辆等，但并不是每辆车都要安装所有的应用，如救护车需要安装能够在其行驶路线上发出警告的应用。对于路侧单元也类似，基于自身的能力，路侧单元节点可以简单地向网络发送数据，或拥有自组织网络的完整功能。此外，路侧单元节点可以提供对背景网络的访问，如向交通管理中心报告道路状况。路侧单元与车辆节点不同，其性能较强，对于各种应用，它们不像车辆节点拥有相同的传感器，也不处理传递给驾驶人的消息或对车辆采取措施。路侧单元节点是静态的，与个人或公司无关，不需要太多的信息保护。

5. 可预测的运动性

尽管车辆节点的运行规律比较复杂，但车辆的运动趋势在一定程度上仍然是可以预测的。在高速公路场景，根据车辆所处的车道、实时的道路状况以及汽车自身的速度和方向，就可以推测汽车在短时间内的运动趋势。在城市场景中，不同类型的车辆具有不同的运动趋势，如公交车的行驶平均速度缓慢且具有间隔性静止状态，因此根据公交节点的速度大小和道路特点就可以推测出短时间内的运动趋势。

3.4 V2X 通信技术

3.4.1 V2X 通信的定义

1. V2X 通信技术

V2X 是指车用无线通信技术，它是将车辆与一切事物相连接的新一代信息通信技术，其中 V 代表车辆，X 代表任何与车辆交互信息的对象，当前 X 主要包含车辆、行人、路侧基础设施和网络。

V2X 交互的信息模式包括车辆与车辆（V2V）、车辆与路侧基础设施（V2I）、车辆与行人（V2P）以及车辆与网络（V2N）之间的交互，如图 3-14 所示。

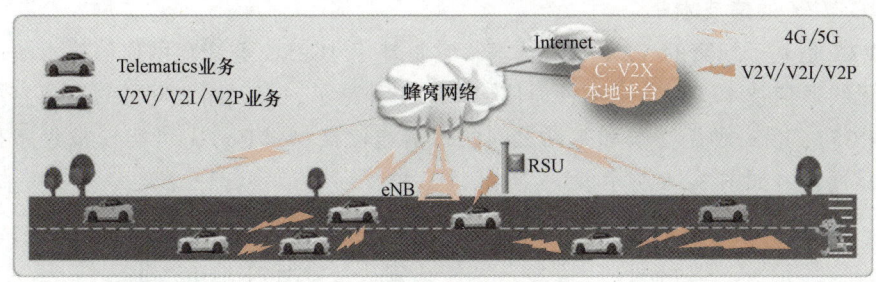

图 3-14　V2X 通信技术

（1）V2V　V2V 是指通过车载终端进行车辆间的通信。车载终端可以实时获取周围车辆的车速、位置和行车情况等信息，车辆间也可以构成一个互动的平台，实时交换文字、图片和视频等信息。V2V 通信主要应用于避免或减少交通事故、车辆监督管理等。

（2）V2I　V2I 是指车载设备与路侧基础设施（如交通信号灯、交通摄像头、路侧单元等）进行通信，路侧基础设施也可以获取附近区域车辆的信息并发布各种实时信息。V2I 通信主要应用于实时信息服务、车辆监控管理、不停车收费等。

（3）V2P　V2P 是指弱势交通参与者（包括行人、骑行者等）使用用户设备（如手机或穿戴设备等）与车载设备进行通信。V2P 通信主要应用于避免或减少交通事故、信息服务等。

（4）V2N　V2N 是指车载设备通过接入网/核心网与云平台连接，云平台与车辆之间进行数据交互，并对获取的数据进行存储和处理，提供车辆所需要的各类应用服务。V2N 通信主要应用于车辆导航、车辆远程监控、紧急救援以及信息娱乐服务等。

V2X 将"人、车、路、云"等交通参与要素有机地联系在一起，不仅可以支撑车辆获得比单车感知更多的信息，促进自动驾驶技术创新和应用；还有利于构建一个智慧的交通体系，促进汽车和交通服务的新模式新业态发展，对提高交通效率、节省资源、减少污染、降低事故发生率以及改善交通管理具有重要意义。

2. V2X 技术分类

V2X 技术分类如图 3-15 所示。

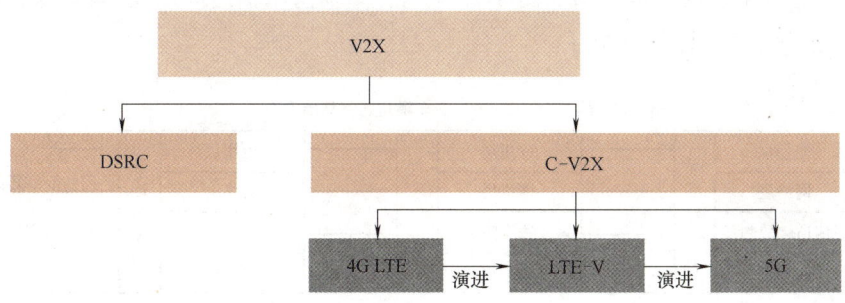

图 3-15　V2X 技术分类

3. C-V2X 通信技术

C-V2X 是基于蜂窝的 V2X 通信技术，它是基于 4G/5G 等蜂窝网通信技术演进形成的车用无线通信技术，包含了两种通信接口：一种是车、人、路之间的短距离直接通信接口（PC5），另一种是终端和基站之间的蜂窝通信接口（Uu），可实现长距离和大范围的可靠通信，如图 3-16 所示。

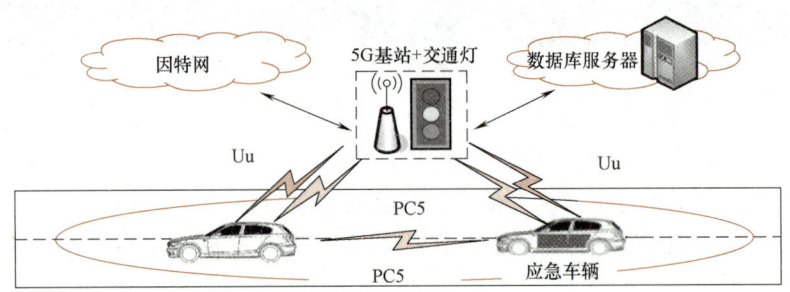

图 3-16　C-V2X 通信技术

C-V2X 是基于 3GPP 全球统一标准的通信技术，包含 LTE-V2X（LTE-V）和 5G-V2X，从技术演进角度讲，LTE-V 支持向 5G-V2X 平滑演进。

LTE-V 可支持 L1~L3 级别的智能网联业务，包含红绿灯车速引导、交通事故提醒、远程诊断以及紧急制动提醒等应用场景。

5G-V2X 相比 LTE-V 将在时延、可靠度、速率以及数据包大小等方面有大幅度提高，可支持 L4/L5 级别的自动驾驶业务，包含车辆编队行驶、自动驾驶、远程控制以及传感器信息共享等应用场景。

3.4.2　DSRC 通信技术

1. DSRC 通信技术的定义

DSRC（专用短程通信技术）是一种高效的短程无线通信技术，它可以实现在特定小区域内对高速运动下的移动目标的识别和双向通信，如车辆与车辆（V2V）、车辆与基础设施（V2I）间的双向通信，还可以实时传输图像、语音和数据信息，将车辆和道路有机连接。

DSRC 通信系统的参考架构如图 3-17 所示，车辆与车辆之间以及车辆与路侧基础设施之间通过 DSRC 进行信息交互。

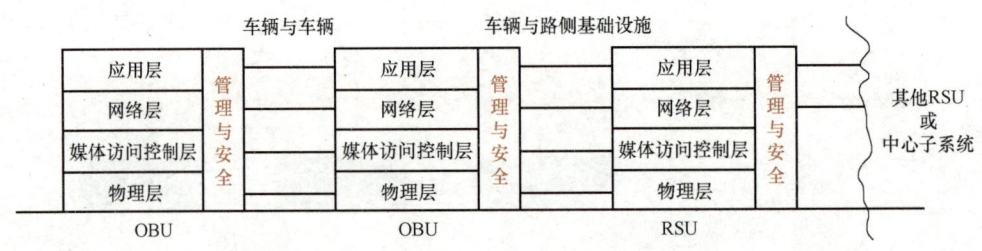

图 3-17　DSRC 通信系统的参考架构

DSRC 通信系统包含物理层、媒体访问控制层（MAC）、网络层和应用层。

（1）**物理层**　物理层是建立、保持和释放专用短程通信网络数据传输通路的物理连接的层，位于协议栈的最底层。

（2）**媒体访问控制层**　媒体访问控制层是提供短程通信网络节点寻址及接入共享通信媒体的控制方式的层，位于物理层之上。

（3）**网络层**　网络层是实现网络拓扑控制、数据路由以及设备的数据传送和应用的通信服务手段的层，位于媒体访问控制层之上。

（4）**应用层**　应用层是向用户提供各类应用及服务手段的层，位于网络层之上。

车载单元的媒体访问控制层和物理层负责处理车辆与车辆之间，车辆与路侧基础设施之间的专用短程无线通信连接的建立、维护和信息传输；应用层和网络层负责把各种服务和应用信息传递到路侧基础设施及车载单元上，并通过车载子系统与用户进行交互；管理和安全功能覆盖专用短程通信整个框架。

2. DSRC 通信系统的组成

DSRC 通信系统主要由车载单元（OBU）、路侧单元（RSU）以及 DSRC 协议 3 部分组成，如图 3-18 所示。路侧单元通过有线光纤的方式连入互联网。黑车代表 V2V/V2I 类安全业务，白车代表 Telematics（远程信息处理）广域业务。车辆与车辆之间的信息交换通过 RSU 和 OBU 之间通信实现，Telematics 业务通过 802.11p+RSU 回程的方式实现。可以看到 DSRC 架构中需要部署大量的 RSU 才能较好地满足业务需要，建设成本较高。

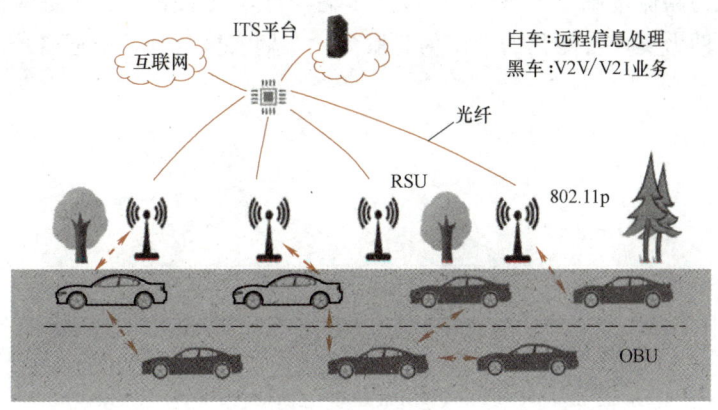

图 3-18　DSRC 系统

DSRC 技术在智能网联汽车上可实现 V2X 通信。DSRC 的有效通信距离为数百米，车辆通过 DSRC 以每秒十次的频率，向路上其他车辆发送位置、车速、方向等信息；当车辆接收到其他车辆所发出的信号，在必要时（如马路转角有其他车辆驶出或前方车辆紧急制动、变换车道）车内装置会以闪烁信号、语音提醒或座椅和转向盘振动等方式提醒驾驶人注意，如图 3-19 所示。

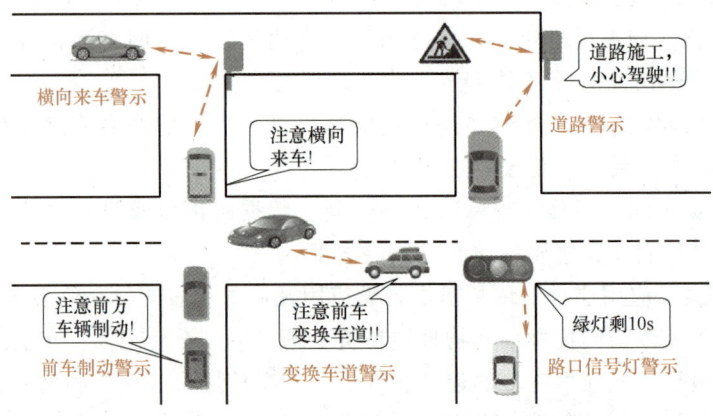

图 3-19 DSRC 通信技术应用于 V2X 通信

3.4.3 LTE-V 通信技术

1. LTE-V 通信技术的定义

LTE-V 是基于 LTE 的智能网联汽车协议，由 3GPP 主导制定的规范，主要参与厂商有华为、大唐电信、LG 等。

LTE 是指长期演进，LTE-V 是指基于 LTE 网络的 V2X 通信技术，是 C-V2X 现阶段主要的解决方案。

LTE-V 按照全球统一规定的体系架构及其通信协议和数据交互标准，在车辆与车辆（V2V）、车辆与路侧基础设施（V2I）以及车辆与行人（V2P）之间组网，构建数据共享交互桥梁，助力实现智能化的动态信息服务、车辆安全驾驶、交通管控等，如图 3-20 所示。

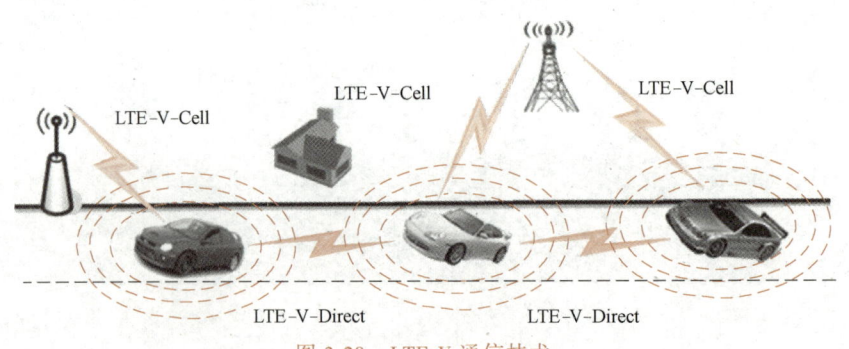

图 3-20 LTE-V 通信技术

2. LTE-V 通信系统的组成

LTE-V 系统由用户终端、路侧单元（RSU）和基站 3 部分组成，如图 3-21 所示。LTE-V 针对车辆应用定义了两种通信方式，即蜂窝链路式（LTE-V-Cell）和短程直通链路式（LTE-V-Direct），其中 LTE-V-Cell 通过 Uu 接口承载传统的车联网 Telematics 业务，操作于传统的移动宽带授权频段；LTE-V-Direct 通过 PC5 接口实现 V2V、V2I 直接通信，促进实现车辆安全行驶。在 LTE-V-Direct 通信模式下，车辆之间的信息交互基于广

播方式，可采用终端直通模式，也可经由 RSU 来进行交互，因此大大减少了 RSU 的需求数量。

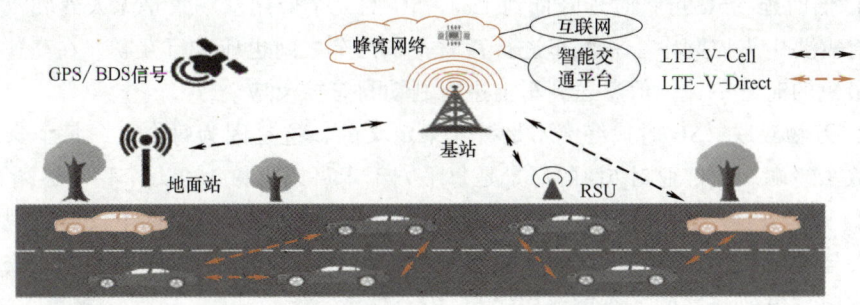

图 3-21 LTE-V 系统的组成

3.4.4 5G 通信技术

1. 5G 通信技术的定义

5G 是第 5 代移动通信系统，是 4G 的延伸，是对现有无线接入技术（包括 3G、4G 和 Wi-Fi）的技术演进，以及一些新增的补充性无线接入技术集成后的解决方案的总称。图 3-22 可以形象地描述 5G 的传输速率。

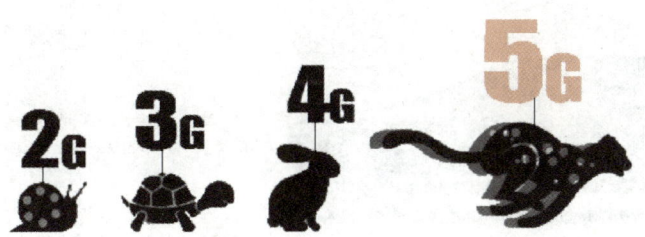

图 3-22 移动通信技术的演进

5G 网络将融合多类现有或未来将有的无线接入传输技术和功能网络，包括传统蜂窝网络、大规模多天线网络、认知无线网络、无线局域网、无线传感器网络、小型基站、可见光通信和设备直连通信等，并通过统一的核心网络进行管控，可提供超高速率和超低时延的用户体验及多场景的一致无缝服务。

2. 5G 网络的特点

5G 移动通信技术具有以下特点：

（1）**高速度** 对于 5G 的基站峰值要求不低于 20Gbit/s，因此用户可以 1 秒钟下载一部高清电影，也可以支持 VR 视频。高速度给未来对速度有很高要求的业务提供了机会和可能。

（2）**泛在网** 泛在网有两个层面的含义：一是广泛覆盖，二是纵深覆盖。

（3）**低功耗** 5G 要支持大规模物联网应用，就必须要有功耗的要求。如果能把功耗降低，让大部分物联网产品一周充一次电，甚至一个月充一次电，就能大大改善用户体验，促进物联网产品的快速普及。

（4）**低时延** 5G 可将时延降低到 1ms，5G 的一个应用新场景是无人驾驶汽车，无人驾驶时需要中央控制中心和汽车进行互联，车与车之间也应进行互联。在高速行驶时需要在最短的时延中，把信息送到车上进行制动与车控反应。

（5）**万物互联** 5G 时代终端不是按人来定义的，这是因为每个人、每个家庭都可能拥有数个终端。通信业对 5G 的愿景是每平方千米可以支撑 100 万个移动终端。

（6）**重构安全** 在 5G 基础上建立的是智能互联网，智能互联网不仅要实现信息传输，还要建立起一个社会和生活的新机制与新体系。智能互联网的基本要求是安全、易管理、高效、方便，这就需要重新构建 5G 安全体系。

3. 5G 在智能网联汽车上的应用

5G 网络本身具有的超大带宽、超低时延的特性，因此可以实时搜集传输更多更精确的环境信息，并使用云化的计算能力用以车辆本身自动驾驶的决策。5G 能够加速推进 C-V2X 在智能网联汽车上的应用，可以增强安全性、减少行车时间、提高能源效率以及加速网络效应，如图 3-23 所示。

图 3-23 5G 在智能网联汽车上的应用

（1）**增强安全性** 包括实时情境感知、全新类型传感器数据共享以及安全性提升至更高水平。5G 速率更快，可支持车辆与车辆之间传感器数据的分享。

（2）**减少行车时间，提高能源效率** 5G 引入协作式驾驶，不仅有 AI 支持的单车智能，还可以通过车联网以及车辆与车辆之间的协作式驾驶提高整体行驶效率。

（3）**加速网络效应** 5G 相比 4G 在网络容量、网络速率上有很大的提升，因此 5G 支持的 C-V2X 技术也在 4G 基础上有很大提升。传感器共享及路侧基础设施部署在 5G C-V2X 部署初期即可带来众多效益。

3.4.5 V2X 通信系统安全风险

V2X 通信系统安全风险主要来源于网络通信、业务应用、车载终端和路侧设备等。

1. 网络通信

（1）蜂窝通信接口 蜂窝通信接口场景下，V2X 通信系统面临的安全风险主要有假冒终端、伪基站、信令/数据窃听以及信令/数据篡改/重放等，这些风险均有可能危害 V2X 智能网联业务安全。

（2）直连通信接口 短距离直连通信场景下，V2X 通信系统面临着虚假信息、假冒终端、信息篡改/重放以及隐私泄露等安全风险，直接威胁着用户的安全。

2. 业务应用

V2X 业务应用包括基于云平台的业务应用以及基于 PC5/V5 接口的直连通信业务应用。基于云平台的应用以蜂窝通信为基础，在流程、机制等方面与移动互联网通信模式相同，存在假冒用户、假冒业务服务器、非授权访问以及数据安全等安全风险；直连通信应用以网络层 PC5 广播通道为基础，在应用层通过 V5 接口实现，该场景下主要面临着假冒用户、消息篡改/伪造/重放、隐私泄露以及消息风暴等安全风险。

3. 车载终端

车载终端除了传统的导航能力，未来更是会集成移动办公、车辆控制、辅助驾驶和自动驾驶等功能。功能的高度集成也使得车载终端更容易成为黑客攻击的目标，可能造成信息泄露、车辆失控等重大安全问题。因此车载终端面临着比传统终端更大的安全风险。

4. 路侧设备

路侧设备是 V2X 智能网联系统的核心单元，它的安全关系到车辆、行人和道路交通的整体安全。路侧设备面临非法接入、运行环境风险、设备漏洞、远程升级风险和部署维护风险等。

3.4.6 V2X 通信的应用场景

借助人、车、路、云平台之间的全方位连接和高效信息交互，V2X 正从信息服务类应用向交通安全和提高效率的应用方向发展，并将逐步向支持实现自动驾驶的协同服务类应用演进。

1. 辅助驾驶应用场景及技术需求

（1）辅助驾驶应用场景 辅助驾驶应用场景见表 3-1，这些应用场景基于 V2X 信息交互，可实现车辆、路侧基础设施和行人等交通参与者之间的实时状态共享，辅助驾驶人进行决策。

图 3-24 所示为基于 V2V 的交叉路口碰撞预警。交叉路口碰撞预警是指主车驶向交叉路口与侧向车辆在交叉路口存在碰撞危险时，应对主车驾驶人进行预警，避免或减轻侧向碰撞。其中交叉路口包括十字路口、丁字路口、环岛和高速匝道等交叉路口。

表 3-1 辅助驾驶应用场景

序号	类别	应用名称
1	安全	前向碰撞预警
2		交叉路口碰撞预警
3		左转辅助
4		盲区预警/变道辅助
5		逆向超车预警
6		紧急制动预警
7		异常车辆提醒
8		车辆失控预警
9		道路危险状况提示
10		限速预警
11		闯红灯预警
12		弱势交通参与者碰撞预警
13	效率	绿波车速引导
14		车内标牌
15		前方拥堵提醒
16		紧急车辆提醒
17	信息服务	汽车近场支付

图 3-24 基于 V2V 的交叉路口碰撞预警

图 3-25 所示为基于 V2P 的弱势交通参与者碰撞预警。弱势交通参与者碰撞预警是指汽车在行驶过程中，若发现与弱势交通参与者存在碰撞危险时则对驾驶人进行预警，避免或减轻碰撞危险。其中 P 可为行人、自行车等，P 具备短程无线通信能力；若 P 不具备通信能力，则路侧单元（RSU）可通过雷达、视觉传感器检测到周边 P，并广播 P 的相关信息。

（2）辅助驾驶应用场景技术要求　辅助驾驶应用场景对通信网络、数据处理和定位等提出了具体的要求：

1）在通信方面，时延要求小于 100ms，在特殊情况下小于 20ms，可靠性需满足

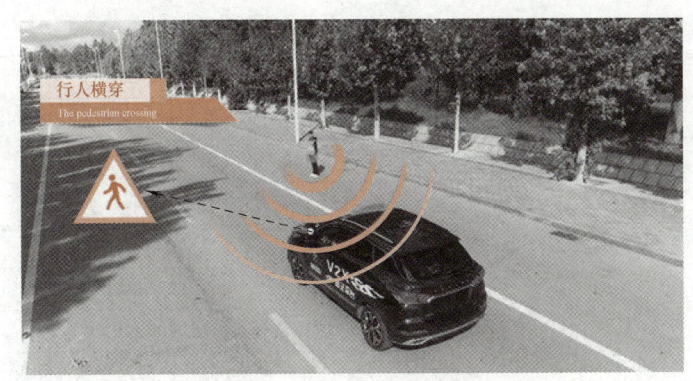

图 3-25 基于 V2P 的弱势交通参与者碰撞预警

90%~99%，典型数据包大小为 50~300B，最大为 1200B。

2）在数据处理方面，据统计单车产生的数据每天约为 GB 级，对大量车辆、道路、交通等数据的汇聚，需要满足海量数据储存的需求，同时还能实现这些数据实时共享、分析和开放。

3）在定位方面，定位精度满足车道级定位即米级定位，车辆可获取道路拓扑结构。

2. 自动驾驶应用场景及技术需求

（1）**自动驾驶应用场景**　5G 技术具有的更大数据吞吐量、更低延时、更高安全性和更海里连接等特性，这极大地促进了智能驾驶和智慧交通的发展。产业各方开始了面向自动驾驶的增强型应用场景的研究与制定，一方面从基础典型应用场景的实时状态共享过渡到车辆与车辆、车辆与路侧基础设施以及车辆与云端的协同控制，增强了信息交互复杂程度，实现了协同自动驾驶与智慧交通的应用；另一方面，基于通信与计算技术的提升，交通参与者之间可以实时传输高精度视觉传感器数据，甚至是局部动态高精度地图数据，提高了感知精度与数据丰富程度。

自动驾驶应用场景见表 3-2。

表 3-2　自动驾驶应用场景

序号	类别	应用名称
1	安全	协作式变道
2		协作式匝道汇入
3		协作式交叉口通行
4		感知数据共享/车路协同感知
5		道路障碍物提醒
6		慢行交通轨迹识别及行为分析
7	效率	车辆编队
8		协作式车队管理
9		特殊车辆信号优先
10		动态车道管理
11		车辆路径引导
12		场站进出服务

(续)

序号	类别	应用名称
13	效率	基于实时网联数据的交通信号配时动态优化
14		高速公路专用道柔性管理
15		智能停车引导
16	信息服务	浮动车数据采集
17		差分数据服务
18		基于车路协同的主被动电子收费
19		基于车路协同的远程软件升级

（2）自动驾驶应用场景技术要求　自动驾驶应用场景对通信网络、信息交互、数据处理以及定位等提出新的要求：

1）在通信方面，单车上下行数据速率需求大于 10Mbit/s，部分场景需求大于 50Mbit/s，时延需求为 3~50ms，可靠性需大于 99.999%。

2）在信息交互方面，需实时交互车辆、道路、行人的全量数据，利用多传感器融合技术获取实时动态交通高精度地图。

3）在数据处理方面，单车每天将产生上千 TB 级的数据，因此对数据的存储、分析等计算能力有更高的要求。

4）在定位方面，需达到亚米级甚至厘米级的定位精度。

3.5 车路协同控制技术

3.5.1 车路协同控制的定义

车路协同控制是指基于无线通信、传感探测等技术进行车路信息获取，通过 V2V、V2I 信息交互和共享实现车辆和基础设施之间智能协同与配合，达到优化利用系统资源、提高道路交通安全和缓解交通拥堵的目标，如图 3-26 所示。

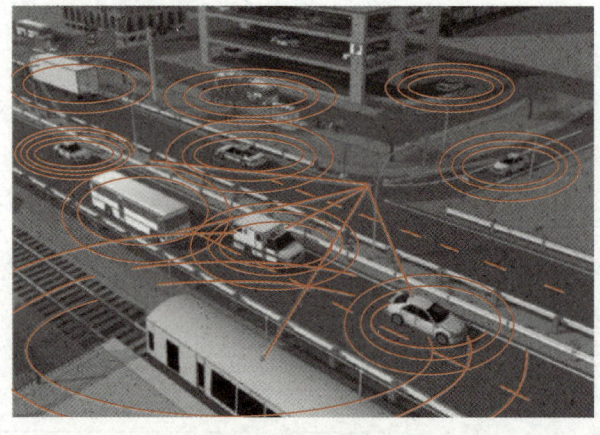

图 3-26　车路协同控制

车路协同控制已成为智能交通发展的新方向，而新一代的通信技术则是车路协同控制的关键，它能为智能交通提供 V2V、V2I 之间高速可靠的智能传输通道。

3.5.2 车路协同控制的架构

智慧交通车路协同控制的架构如图 3-27 所示。车路协同通过"端""管""云"三层架构实现环境感知、数据融合计算和决策控制，从而提供安全、高效、便捷的智慧交通服务。

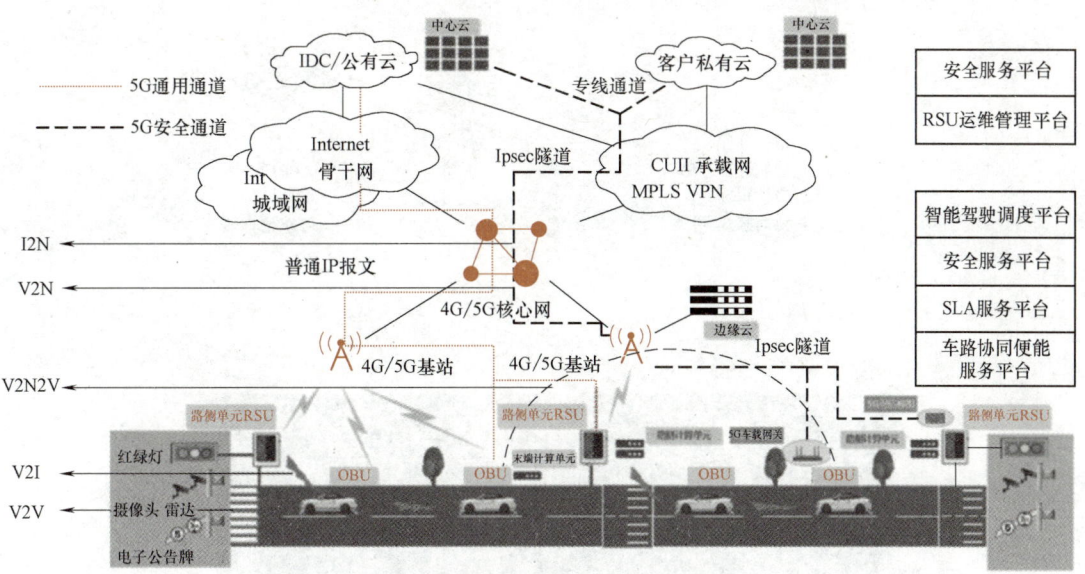

图 3-27 智慧交通车路协同控制的架构

（1）端　端是指交通服务中实际参与的实体元素，包括通信功能的车载单元（OBU）、路侧单元（RSU）等，感知功能的摄像头、雷达等，以及路侧交通设备包括红绿灯、电子公告牌等。

（2）管　管是指实现交通各实体元素互联互通的网络，包括 4G/5G、C-V2X，网络支持根据业务需求灵活配合，同时保障通信安全可靠。

（3）云　云是指实现数据汇集、计算、分析、决策以及基本运维管理功能的平台，根据业务需求可部署在边缘侧或中心云。

在"端-管-云"新型交通架构下，车端和路端将实现基础设施的全面信息化，形成底层和顶层的数字化映射；5G 与 C-V2X 联合组网可构建广覆盖蜂窝通信与直联通信协同的融合网络，可保障智慧交通业务的连续性；人工智能和大数据可实现海量数据分析与实时决策，建立起智慧交通的一体化管控平台。

3.5.3 车路协同控制应用实践

1. 自主泊车

自主泊车能够实现车位管理、自动寻位、精准导航以及盲区监测等功能，5G 和边缘计算是实现自主泊车不可或缺的技术手段。

智慧停车场系统架构由车端、场端和边缘云构成，如图 3-28 所示。车辆进入智慧停车场，启动自动驾驶泊车模式，接收到边缘云下发的指定空闲车位信息和准确的定位导航路径坐标信息集，车辆沿着规划路径行驶，并结合路侧高精度定位进行实时路径校正。同时场端感知单元可检测行人和障碍物，并通过网络控制车辆进行制动及避让，待障碍物消失，车辆恢复行驶状态，最终到达指定位置后自主停入停车位。在智慧停车场场景中，边缘云实现感知融合，导航和消息分发，实现障碍物超低时延的实时感知。另一方面，边缘云的超大算力，支撑车辆实现轨迹对比，实现自动循迹驾驶。

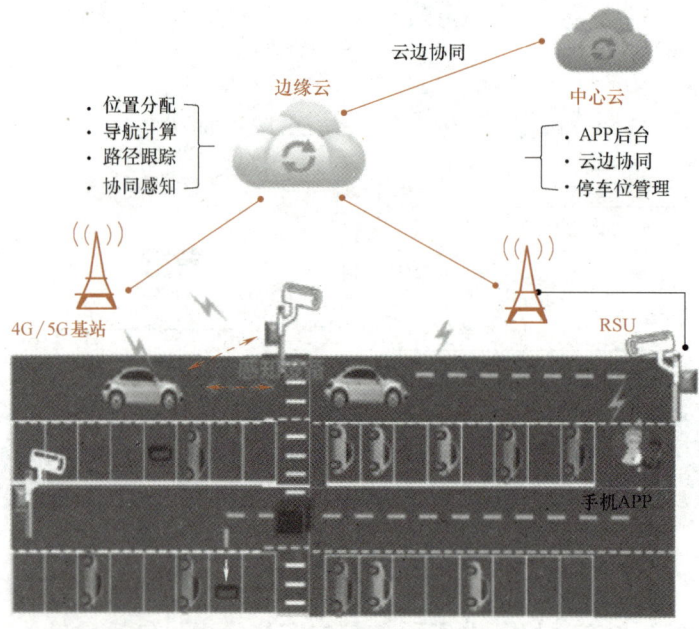

图 3-28　智慧停车场系统架构

2. 城市快速公交系统

快速公交系统（BRT）具有快速、高容、舒适以及经济等特点，得到了广泛应用。由于 BRT 拥有独一无二的高架专用道路和车站，因此是 5G 车路协同技术应用落地的最优示范场景之一。5G 车路协同是实现 BRT 智能化必不可少的路径，通过车和路侧交通基础设施、车和车以及车与智慧公交大数据平台等实时信息交互，可获取更广范围的交通信息、可实现感知信息的共享以及可辅助车辆进行决策和控制；智慧公交大数据平台通过乘客交通量分析、职住分析和车站人流监控，实现智能公交运行过程中海量实时数据的智能、高效、可靠交互，如图 3-29 所示。

3. 景区无人驾驶车辆

图 3-30 所示为景区无人驾驶车辆，它运用 5G、边缘计算、车路协同以及无人驾驶等前瞻技术，将无人驾驶与 5G 应用进行有机结合。依据车路协同控制系统，无人驾驶车辆能够及时感知周围环境并做出正确的驾驶判断，可以保证车辆自动、安全、稳定地运行。同时借助 5G 高速低时延网络，车辆运营监控系统可实时采集车内外高清视频和

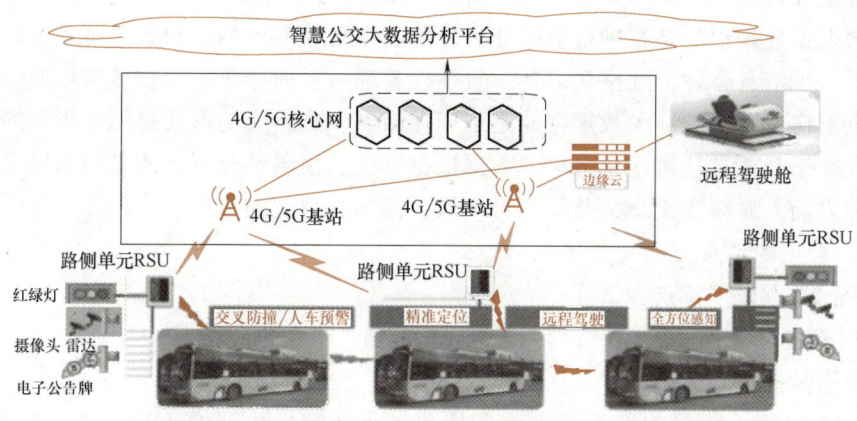

图 3-29　BRT 车路协同系统架构

车辆运营的状态信息数据，此举便于工作人员远程即时监控车辆并采取相应措施。

图 3-30　景区无人驾驶车辆

3.6　车路协同前瞻技术

3.6.1　大数据技术

1. 大数据的定义

大数据是指数据没有办法在可容忍的时间下使用常规软件方法完成存储、管理和处理任务的数据集合。大数据是需要新处理模式才能具有更强的决策力、洞察发现力和流程优化能力的海量、高增长率和多样化的信息资产。大数据是"未来的新石油"。

自动驾驶汽车每行驶 8h 将产生并消耗约 40TB 的数据，这意味着自动驾驶汽车像依赖石油或电力一样依赖数据。自动驾驶汽车可以通过大数据分析，做出明确、合理的决策，保障汽车安全行驶。随着自动驾驶程度的提高，为自动驾驶提供支持的技术将变得更加复杂，这就需要更多的数据。

从大数据的生命周期来看，大数据主要包括大数据采集、大数据预处理、大数据存储和大数据分析。大数据采集是对各种来源的结构化和非结构化海量数据所进行的采集,大数据预处理指的是在进行数据分析之前,先对采集到的原始数据所进行的诸如清洗、填补、平滑、合并、规格化以及一致性检验等一系列操作,旨在提高数据质量,为后期分析工作奠定基础;大数据存储是指用存储器以数据库的形式存储采集到的数据的过程;大数据分析是从可视化分析、数据挖掘算法、预测性分析、语义引擎以及数据质量管理等方面,对杂乱无章的数据进行萃取、提炼和分析的过程。

2. 大数据的特点

大数据具有以下特点:

(1) **规模性**　数量从 TB 级别跃升到 PB 级别,集中储存或集中计算已经无法处理巨大的数据量。

(2) **多样性**　数据的种类和来源多样化,非结构化数据增长远大于结构化数据,如互联网中有大量网络日志、视频、图片以及地理位置信息等。

(3) **高速性**　数据增长速度快,处理速度要求快;大数据往往需要在秒级时间范围从各种类型的数据中获得高价值的信息,这一点和传统的数据挖掘技术有着本质的不同。

(4) **价值性**　价值密度低,商业价值高;只要合理利用数据并对其进行准确的分析,将会带来很高的价值回报。

大数据特点可以归纳为 4 个 "V",即 Volume (规模性)、Variety (多样性)、Velocity (高速性) 和 Value (价值性)。

3. 大数据在自动驾驶中的应用

自动驾驶主要依靠智能传感器感知周围环境信息,并自行做出驾驶行为决策,控制车辆到达既定目的地。其核心在于深度的 AI 算法,算法又依靠海量大数据和高性能计算。

自动驾驶汽车使用各种内置传感器来收集数据,在自动驾驶汽车中,来自各种内置传感器的数据可以在毫秒内得到处理和分析。这保证了汽车不仅可以从 A 点到 B 点安全行驶,还可以将路况信息传递给云端,从而传递给其他车辆。最终,来自互联汽车的大数据将与其他智能汽车共享。

为了观察和感知自身周围的一切,自动驾驶汽车通常使用三种类型的传感器:摄像头、毫米波雷达和激光雷达。摄像头可帮助汽车获得周围环境的 360°全景。现代摄像头还可以提供逼真的 3D 图像用来识别物体和人,并能确定它们之间的距离。天气条件恶劣、交通标志损坏或对比度不足会影响摄像头的性能。毫米波雷达不受天气条件影响,它可以检测移动的物体,还可以实时测量距离和速度。激光雷达可以创建周围环境的 3D 图像并绘制地图,可以在汽车周围创建 360°视图。

在自动驾驶中,更为关键的组件是帮助分析自动驾驶汽车中数据的软件。连接到网络后,自动驾驶汽车通过该软件不仅可以将所有传感器的数据传递到云端,还能立即对情况做出响应。

自动驾驶汽车必须有传感器、人工智能软件和云服务器。自动驾驶汽车通过定位技术确定自己的世界坐标位置,并结合来自内部传感器的数据来确定自身的速度和方向;自动驾驶汽车还需要在地图中定位,同时将标志、标记、车道和各种障碍物都考虑在内。利用收集到的数据，自动驾驶汽车可以针对道路上的可能情况制定策略。自动驾驶汽车之间的数据共享有助于避免交通堵塞，还可考虑天气状况并应对紧急情况。

大数据对自动驾驶具有以下作用：

1) 环境感知。尽管自动驾驶汽车配有雷达和视觉传感器使它们能够感知周围的环境，但如果不能获得可靠的数据流以及周围的情况和未来的预判，自动驾驶汽车就会存在安全风险。未来的自动驾驶汽车可以依靠传感器和已有的大数据将不同数据有效融合起来，建立一个基于大数据的感知系统保障自动驾驶汽车的安全行驶。

2) 驾驶行为决策。自动驾驶汽车行驶过程中的驾驶行为决策在路况简单时，传统的方式是基于规则的判定。在未来复杂的环境情况下，基于数据驱动的驾驶行为的决策会变成未来的发展主流。大数据在交通行业已经实现商业化应用，这些数据采集了车速、安全带使用、车辆制动、车辆加速习惯及驾驶人用车习惯等相关信息。若该类数据可以共享并用于自动驾驶，使研发人员可将该类数据用于机器学习，便可获得更精确的定位车辆信号及道路情况，从而提升了自动驾驶的安全性，降低事故发生率。

将海量数据高效地传输到运营点和云集群中，如何将全部海量数据成体系地组织在一起实现快速搜索和灵活使用，可以为数据流水线和各业务应用如训练平台、仿真平台、汽车标定平台提供数据支撑，均涉及大数据技术。

3.6.2 云计算技术

1. 云计算的定义

在我国云计算没有统一的定义，简单来说，云计算就是将很多计算机资源和服务集中起来，人们只要接入互联网，将能很轻易、方便地访问各种基于云的应用信息，省去了安装和维护的烦琐操作。

美国国家标准与技术研究院对云计算的定义为云计算是一种按使用量付费的模式，这种模式提供可用的、便捷的、按需的网络访问，进入可配置的计算资源共享池（资源包括网络、服务器、存储、应用软件以及服务），这些资源能够被快速提供，并且只需投入很少的管理工作或与服务供应商进行很少的交互。

2. 云计算的特点

云计算具有以下特点：

（1）支持异构基础资源　云计算可以构建在不同的基础平台之上，即可以有效兼容各种不同种类的硬件和软件基础资源。硬件基础资源主要包括网络环境下的计算（服务器）、存储（存储设备）和网络（交换机、路由器等设备），软件基础资源则包括单机操作系统、中间件和数据库等。

（2）支持资源动态扩展　支持资源动态伸缩，实现基础资源的网络冗余，这些意味着添加、删除和修改云计算环境的任一资源节点都不会导致云环境中的各类业务的中断，也不会导致用户数据的丢失。资源动态流转则意味着在云计算平台下实现资源调度机制，资源可以流转到需要的地方。如在系统业务整体升高情况下，可以启动闲置资源将其纳入系统中，可以提高整个云平台的承载能力。在整个系统业务负载低的情况下，可以将业务集中起来，将其他闲置的资源转入节能模式，在提高部分资源利用率的情况

下达到其他资源绿色、低碳的应用效果。

（3）**支持异构多业务体系** 在云计算平台上可以同时运行多个不同类型的业务。异构表示该业务不是同一的，不是已有的或事先定义好的，而是用户可以自己创建并定义的服务。

（4）**支持海量信息处理** 云计算在底层需要面对各类众多的基础软硬件资源，在上层需要能够同时支持各类众多的异构的业务；而具体到某一业务，往往也需要面对大量的用户。因此，云计算必然需要面对海量信息交互，需要有高效、稳定的海量数据通信/存储系统作支撑。

（5）**按需分配，按量计费** 按需分配是云计算平台支持资源动态流转的外部特征表现。云计算平台通过虚拟分拆技术可以实现计算资源的同构化和可度量化，可以提供少到一台计算机多到千台计算机的计算能力。按量计费起源于效用计算，在云计算平台实现按需分配后，按量计费也成为云计算平台向外提供服务时的有效收费形式。

因此，云计算甚至可以体验每秒 10 万亿次的运算能力，如此强大的计算能力可以模拟核爆炸、预测气候变化和市场发展趋势。用户可以通过计算机或手机等多种方式接入数据中心，按自己的需求进行运算。

3. 云计算在自动驾驶中的应用

云计算在自动驾驶中具有以下作用：

（1）**海量数据存储备份** 自动驾驶汽车实际运行中产生的各类数据对远程故障诊断、定期检测来说是必不可少的。但海量的数据存储、备份和分析则带来成本上的压力。云端存储和大数据分析能力极大地降低了这方面的成本，也降低了因数据丢失导致的风险。其中云端实时地处理自动驾驶汽车传来的道路数据，识别哪些可以被以后数据处理，并更新数据；哪些需要实时处理，并把对应的处理数据传给自动驾驶汽车等过程均涉及云计算技术。

（2）**自动驾驶汽车的快速开发测试** 自动驾驶汽车的功能设计、开发和测试环境的维护成本都是极其昂贵的，并且使用效率不高。使用云计算技术，可以快速地在云端搭建起虚拟开发测试环境，一旦新的功能和服务开发测试完成也可以直接通过云端推送给用户。自动驾驶算法的研发流程（开发、训练、验证以及调试）在云端实现，可以大幅提升算法迭代效率，由此可见云计算技术对于自动驾驶是非常重要的。

因此，大数据让自动驾驶汽车具备老驾驶人的经验；云计算不但让自动驾驶汽车学习这些老驾驶人的经验成为可能，更让自动驾驶汽车在行驶中具有整个交通全局的信息视野和决策能力。

3.6.3　多接入边缘计算技术

多接入边缘计算（MEC）是一种网络架构，是为网络运营商和服务提供商提供云计算能力以及网络边缘的 IT 服务环境。

MEC 与 C-V2X 融合是将 C-V2X 业务部署在 MEC 平台上，借助 Uu 接口或 PC5 接口支持实现"人-车-路-云"协同交互，可以降低端到端数据传输时延、缓解终端或路侧智能设施的计算与存储压力、减少海量数据回传造成的网络负荷以及提供具备本地特色的高质量服务。MEC 与 C-V2X 融合的场景如图 3-31 所示。

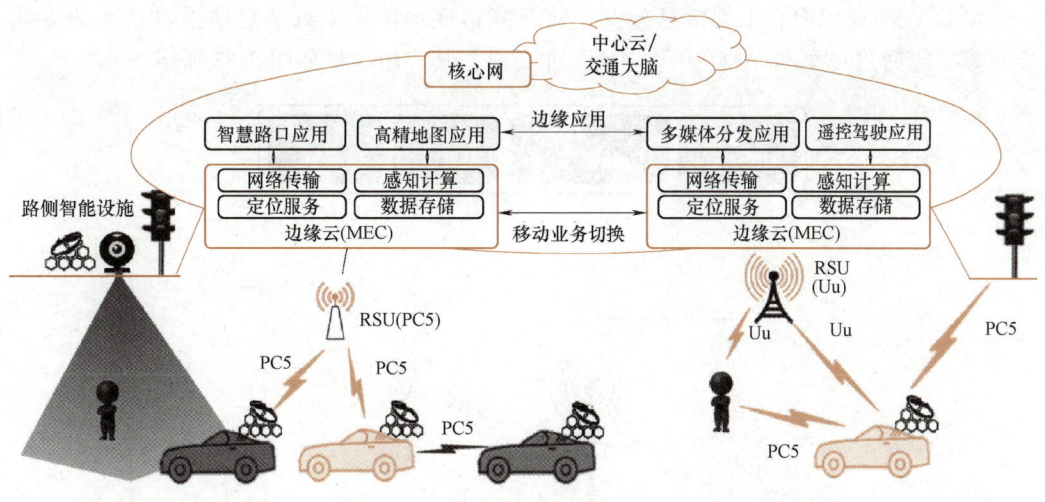

图 3-31　MEC 与 C-V2X 融合场景

MEC 与 C-V2X 融合场景可按照"路侧协同"与"车辆协同"的程度进行分类。无须路侧协同的 C-V2X 应用可以直接通过 MEC 平台为车辆或行人提供低时延、高性能服务，当路侧部署了能接入 MEC 平台的路侧雷达、摄像头、智能红绿灯或智能化标志标识等智能设施时，相应的 C-V2X 应用可以借助路侧感知或采集的数据为车辆或行人提供更全面的信息服务。在没有车辆协同时，单个车辆可以直接从 MEC 平台上部署的相应 C-V2X 应用获取服务；在多个车辆同时接入 MEC 平台时，相应的 C-V2X 应用可以基于多个车辆的状态信息，提供智能协同的信息服务。

依据是否需要路侧协同以及车辆协同，将 MEC 与 C-V2X 融合场景分为"单车与 MEC 交互""单车与 MEC 及路侧智能设施交互""多车与 MEC 协同交互""多车与 MEC 及路侧智能设施协同交互"，如图 3-32 所示。

图 3-32　MEC 与 C-V2X 融合场景分类

1. 单车与 MEC 交互场景

在 C-V2X 应用中，本地信息分发、动态高精度地图、车载信息增强以及车辆在线诊断等功能通过单车与 MEC 进行交互即可实现，其应用场景如图 3-33 所示。

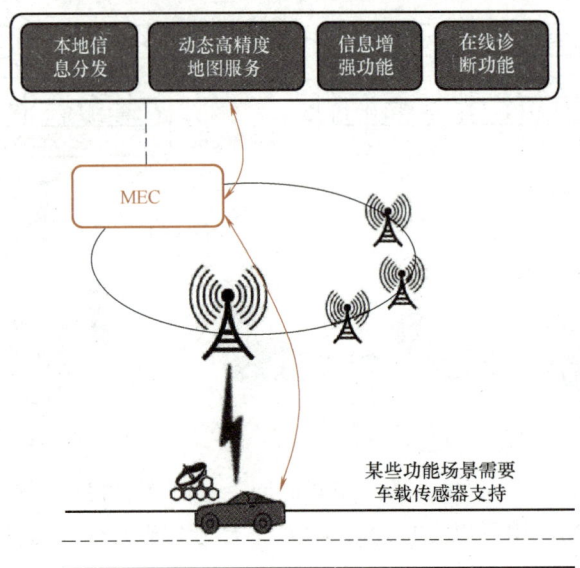

图 3-33　单车与 MEC 交互场景示意图

（1）**本地信息分发**　MEC 作为内容分发的边缘节点，可实现在线分发和流量卸载的功能；可为车辆提供音视频等多媒体休闲娱乐信息服务、区域性商旅餐饮等信息服务，或提供软件/固件升级等服务。

（2）**动态高精度地图服务**　MEC 可以存储动态高精度地图和分发高精度地图信息，减少时延并降低对核心网传输带宽的压力。在应用中，车辆向 MEC 发送自身具体位置以及目标地理区域信息，部署在 MEC 的地图服务提取相应区域的高精度地图信息并将其发送给车辆。当车辆传感器检测到现实路况与高精度地图存在偏差时，可将自身传感信息上传至 MEC 用于对地图进行更新，随后 MEC 的地图服务可选择将更新后的高精度地图回传至中心云平台。

（3）**信息增强功能**　MEC 提供车载信息增强功能，车辆可将车载传感器感知的视频/雷达信号等上传至 MEC，MEC 通过车载信息增强功能提供的视频分析、感知融合与 AR 合成等多种应用实现信息增强，并将结果下发至车辆进行直观显示。

（4）**在线诊断功能**　MEC 可支持自动驾驶在线诊断功能。车辆可将其状态、决策等信息上传至 MEC，利用在线诊断功能对实时数据样本进行监控分析，可用于试验、测试、评估或应对紧急情况处理；同时 MEC 可定期将样本及诊断结果汇总压缩后回传中心云平台。在单车与 MEC 交互场景中，车辆与部署在 MEC 上的服务进行交互，无须路侧智能设施及其他车辆参与。

2. 单车与 MEC 及路侧智能设施交互场景

在 C-V2X 应用中，危险驾驶提醒、车辆违章提醒等功能可通过单车、路侧智能设施及 MEC 进行交互实现，其应用场景如图 3-34 所示。

（1）危险驾驶提醒　MEC 部署危险驾驶提醒功能后，可结合路侧智能设施，通过车牌识别等功能分析车辆进入高速的时间，定期为车辆提供疲劳驾驶提醒；在夜间通过视频分析，提醒车辆正确使用灯光；在感知到突发车辆事故时，提醒附近车辆谨慎驾驶；在天气传感器感知到高温"镜面效应"、雨雪大雾等恶劣天气时，提醒车辆安全驾驶。此外，MEC 可阶段性地将危险驾驶信息汇总后上传中心云平台。

（2）车辆违章预警　MEC 部署车辆违章预警功能后，可结合路侧智能设施，通过视频识别、雷达信号分析等应用实现车牌识别，并对超速、逆行或长期占据应急车道等违章行为进行判定，并将违章预警信息下发对应车辆，提醒车辆遵守交通规则行驶。此外，MEC 可阶段性将违章信息汇总后上传中心云平台。

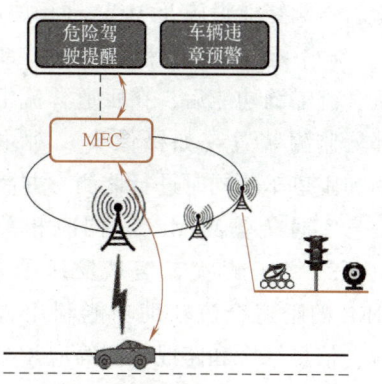

图 3-34　单车与 MEC 及路侧智能设施交互场景示意图

在单车与 MEC 及路侧智能设施交互的场景中，车辆、路侧智能设施与部署在 MEC 上的服务进行交互，无须其他车辆参与。

3. 多车与 MEC 协同交互场景

在 C-V2X 应用中，V2V 信息转发、车辆感知共享等功能可通过多车与 MEC 协同交互实现，其应用场景如图 3-35 所示。

（1）V2V 信息转发　MEC 部署 V2X 信息转发功能后，可作为桥接节点以 V2N2V 的方式实现车与车之间的通信，实时交流车辆位置、速度、方向及制动、开启双闪等车辆状态信息，提升道路安全。

（2）车辆感知共享　MEC 部署车辆感知共享功能后，可将具备环境感知车辆的感知结果转发至周围其他车辆，用于扩展其他车辆的感知范围；也可以用于"穿透"场景，即当前车遮挡后车视野时，前车对前方路况进行视频监控并将视频实时传输至 MEC，MEC 的车辆感知共享功能对收到的视频进行实时转发至后方车辆，便于后方车辆利用视频扩展视野，可以有效解决汽车行驶中的盲区问题，提高车辆的驾驶安全。

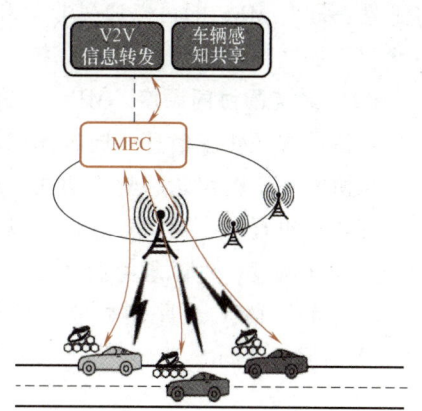

图 3-35　多车与 MEC 协同交互场景示意图

在多车与 MEC 协同交互场景中，多个车辆与部署在 MEC 上的服务进行交互，无须路侧智能设施参与。

4. 多车与 MEC 及路侧智能设施协同交互场景

C-V2X 应用中，匝道合流辅助、智慧交叉路口、大范围协同调度等功能可通过多车、路侧智能设施及 MEC 进行协同交互实现，其应用场景如图 3-36 所示。

（1）**匝道合流辅助** MEC 部署匝道合流辅助功能后，在匝道合流汇入点部署监测装置（如摄像头）对主路车辆和匝道车辆同时进行监测，并将监测信息实时传输到 MEC，同时相关车辆也可以将车辆状态信息发送至 MEC，MEC 的匝道合流辅助功能利用视频分析、信息综合和路况预测等应用功能对车、人、障碍物等的位置、速度及方向角等进行分析和预测，并将合流点动态环境分析结果实时发送相关车辆，提升车辆对于周边环境的感知能力，可以减少交通事故，提升交通效率。

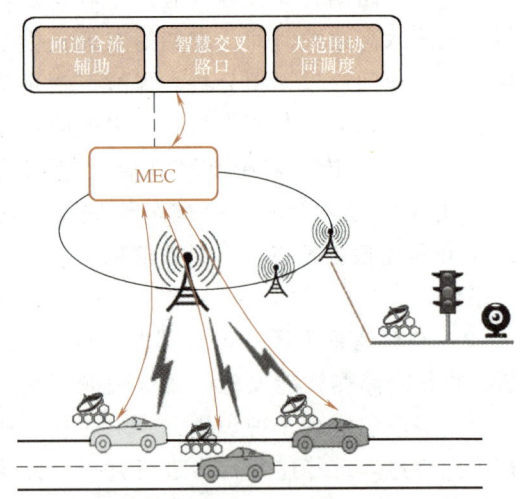

图 3-36 多车与 MEC 及路侧智能设施协同交互场景示意图

（2）**智慧交叉路口** MEC 部署智慧交叉路口功能后，交叉路口处的路侧智能传感器（如摄像头、雷达等）将路口处探测的信息发送至 MEC，同时相关车辆也可以将车辆状态信息发送至 MEC。MEC 的智慧交叉路口功能通过信号处理、视频识别、信息综合等应用功能对交叉路口周边内的车辆、行人等位置、速度和方向角等进行分析和预测，并将分析结果实时发送至相关车辆，可综合提升车辆通过交叉路口的安全性和舒适性；同时 MEC 的可以通过收集和分析相关信息，对交通信号灯各相位配时参数进行优化，提高交叉路口的通行效率。

（3）**大范围协同调度** MEC 部署大范围协同调度功能后，可在重点路段、大型收费口处借助视频传感信息，通过 MEC 进行路况分析和统一调度，实现一定范围内大规模车辆协同、车辆编队行驶等功能；或在城市级导航场景中，MEC 根据区域车辆密度、道路拥堵严重程度、拥堵节点位置以及车辆目标位置等信息，利用路径优化的算法对车辆开展导航调度，可以避免拥堵进一步恶化。

在多车与 MEC 及路侧智能设施交互场景中，多个车辆、路侧智能设施与部署在 MEC 上的服务进行交互。

练 习 题

一、名词解释

1. V2X 通信技术　　　2. C-V2X 通信技术　　　3. DSRC 通信技术
4. LTE-V 通信技术　　5. 车载网络　　　　　　6. 车载自组织网络
7. 大数据　　　　　　8. 云计算　　　　　　　9. 多接入边缘计算

二、简答题

1. 车载网络有哪些类型？

2. 以太网有哪些特点？
3. DSRC 通信系统由哪几部分组成？
4. LTE-V 通信系统由哪几部分组成？
5. 5G 技术有哪些特点？
6. 举例说明 V2X 的主要应用场景有哪些？
7. 举例说明车路协同控制技术的应用有哪些？
8. 举例说明云计算在智能网联汽车中的应用有哪些？

第4章

智能网联汽车导航定位技术

【教学目标】

通过对本章的学习，学生能够掌握导航定位的定义与方法，了解全球卫星定位技术、北斗卫星导航定位系统、惯性导航系统、通信基站定位、即时定位与地图创建（SLAM）技术、电子地图技术及路径规划技术；能够使用 MATLAB 程序对车辆定位和路径规划进行仿真。

【教学要求】

知识要点	能力要求	参考学时
导航定位简介	1）掌握导航定位的定义和方法 2）了解导航定位的精度要求	0.5
卫星定位技术	1）了解全球卫星定位系统、差分全球卫星定位系统、北斗卫星导航系统组成、原理及特点 2）了解 BDS 的服务功能和北斗地基增强系统的应用前景 3）能够利用 MATLAB 程序对 GPS 进行定位仿真	1
惯性导航与航位推算技术	1）掌握惯性导航系统的定义、作用和特点 2）了解航位推算技术 3）能够利用 MATLAB 程序对 GPS/IMU 进行车辆定位仿真	1
通信基站定位技术	了解通信基站定位的 AOA 定位法、TOA 定位法和 TDOA 定位法	0.5
即时定位与地图构建（SLAM）技术	1）了解视觉 SLAM 技术、激光 SLAM 技术以及二者的区别 2）能够分析市场上智能网联汽车的定位方法	1
电子地图技术	了解导航电子地图和高精度地图的定义、特点和用途等	1
路径规划技术	1）了解路径规划的环境模型建立方法，以及路径规划的经典算法和智能算法 2）能够利用 MATLAB 程序对停车场的车辆进行路径规划仿真	1

4.1 导航定位简介

4.1.1 导航定位的定义

导航定位是利用电、磁、光、力学等科学原理与方法,通过测量与运动物体每时每刻位置有关的参数,从而实现对运动物体的定位,并正确地将其从出发点沿着预定的路线,安全、准确、经济地引导到目的地。

定位是导航的第一步,导航是定位的一个连续过程,导航涉及路径规划和决策引导。所以,定位是导航的关键,其核心指标就是定位精度。

智能网联汽车的导航定位技术是指通过全球导航卫星系统(GNSS)、惯性导航以及激光 SLAM、视觉 SLAM 等,获取智能网联汽车的位置和航向信息,如图 4-1 所示。

图 4-1 智能网联汽车的导航定位

全球导航卫星系统(GNSS)包括美国的全球定位系统(GPS)、中国的北斗卫星导航定位系统(BDS)、俄罗斯的格洛纳斯(GLONASS)卫星定位系统以及欧洲空间局的伽利略(GALILEO)卫星定位系统,如图 4-2 所示。

图 4-2 全球四大卫星导航系统

定位分为绝对定位、相对定位和组合定位。绝对定位是指通过全球导航卫星系统实现，采用双天线，通过卫星获得车辆在地球上的绝对位置和航向信息；相对定位是指根据车辆的初始位姿，通过惯性导航获得车辆的加速度和角加速度信息，将其对时间进行积分，得到相对初始位姿的当前位姿信息；组合定位是将绝对定位和相对定位进行结合，以弥补单一定位方式的不足，甚至与高精度地图相结合，实现高精度定位。

按照定位精度，分为导航级精度和车道级精度。L1 和 L2 级别的智能网联汽车，主要实现 ADAS 功能，定位的精度只需要导航级精度即可；L3 级别以上的智能网联汽车，就要求在高速公路、停车场泊车等特殊场景实现全自动驾驶，这需要高精度定位技术实现厘米级的定位，才能真正做到在高速公路上变道超车、上下匝道以及定点泊车等功能。无人驾驶汽车的导航定位精度应控制在 10cm 以内，才能保障无人驾驶汽车的行驶安全。

4.1.2　导航定位的方法

导航定位的方法主要有全球定位系统（GPS）、差分全球定位系统（DGPS）、北斗卫星导航系统（BDS）、惯性导航系统（INS）、航迹推算（DR）技术、视觉传感器定位、激光雷达定位以及组合定位等。

1. 全球定位系统

全球定位系统（GPS）是一种以空中卫星为基础的高精度无线电导航的定位系统，是一种绝对位姿估算方法。该方法通过 GPS 来进行车辆定位。基于 GPS 的定位方法优点在于可全天候连续定位，且适用于全局定位；缺点是受环境影响较大，高楼、树木、隧道等都会屏蔽 GPS 信号，而且 GPS 定位精度低、更新周期长，远远不能满足自动驾驶的需求。

2. 差分全球定位系统

差分全球定位系统（DGPS）是在 GPS 的基础上利用差分技术使用户能够从 GPS 系统中获得更高的精度。其基本原理就是车辆在行驶过程中用 GPS 作为基准，在 GPS 更新的时候，通过差分辅助完成车辆厘米级的精确定位。

3. 北斗卫星导航系统

北斗卫星导航系统（BDS）是我国自行研制的全球卫星导航系统，目前在汽车领域还没有大面积推广应用，但在国家制定的智能汽车发展规划中，已明确提出要大力推广北斗卫星导航系统在智能网联汽车和无人驾驶汽车中的应用。

4. 惯性导航系统

惯性导航系统（INS）由陀螺仪、加速度传感器及软件构成，通过测量运动载体的角速度和加速度数据，并将这些数据对时间进行积分运算，从而得到运动载体的速度、位置和姿态。汽车在驶入深山隧道时，汽车上安装的惯性导航系统的定位导航作用会非常显著。

5. 航迹推算技术

航迹推算（DR）技术是利用载体上一时刻的位置，结合无人驾驶汽车的航向、速度等信息，推算出当前时刻的位置。DR 导航是一种自主式导航，一般不会受到外界环境的干扰，但其定位误差会随着时间增长而累计，因此不能长时间独立工作，一般用来辅助其他导航。

6. 视觉传感器定位

视觉传感器提供了丰富的颜色和图像信息，处理这些信息正是深度学习技术的强项。通过深度学习模型识别车道线、道路上文字、停止线等固定的标识，并与高精度地图数据进行对比，从而获取车辆的当前位置。它的优势在于成本低，缺点在于精度低、误差大，并且在强光、逆光、黑夜场景下的效果不好。

7. 激光雷达定位

事先通过采集车采取道路的 3D 点云地图数据，在智能网联汽车行驶过程中实时利用激光雷达采集点云数据，并与事先采集的点云数据进行比较，从而获取当前的车辆位置。它的优势在于探测精度高、探测距离远且对 GPS 的初值依赖度低，在没有 GPS 信号的场景下也能实现精准的车辆定位。缺点在于基于点云的地图数据时效性差，维护成本高。

8. 组合定位

高精度定位是无人驾驶汽车的核心关键技术。所谓高精度是指定位精度要达到厘米级，上述任何一种定位方法都很难达到要求，因此，无人驾驶汽车必须使用组合定位。

百度 Apollo 系统使用了 GNSS、激光雷达、IMU（惯性测量单元）等多种传感器融合加上一个误差状态卡尔曼滤波器，使定位精度可以达到 5~10cm，具备高可靠性和鲁棒性，在市区允许最高时速超过 60km/h。

德国博世公司发布了一套自动驾驶精准定位解决方案，如图 4-3 所示，这套系统将采用厘米级定位技术，让自动驾驶更加安全。博世现已开发用于自动驾驶车辆精确定位的卫星定位智能传感器，这款新型传感器内置一个高性能的 GNSS 信号接收器，来自 GNSS 的信号能够帮助车辆确定自己的绝对位置。

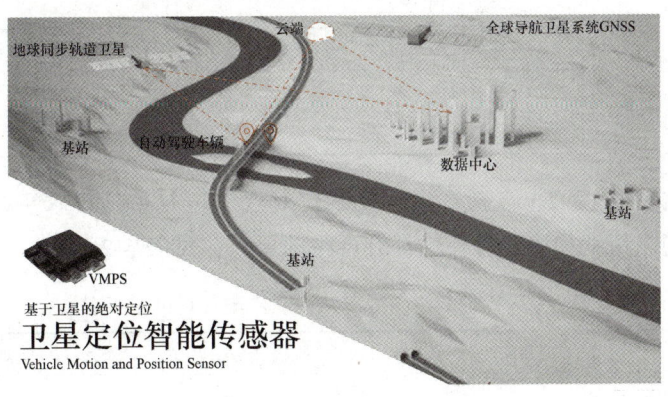

图 4-3　德国博世公司的自动驾驶精准定位解决方案

精确定位和导航是无人驾驶车辆在未知或已知环境中能够正常行驶的最基本要求，是实现在宏观层面上引导无人驾驶车辆按照设定路线或者自主选择路线到达目的地的关键技术。

4.1.3 导航定位的精度要求

智能网联汽车的定位精度与自动驾驶级别和驾驶场景密切相关，如图4-4所示。

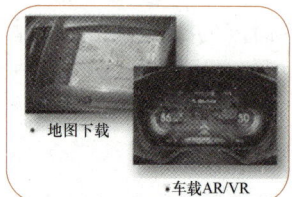

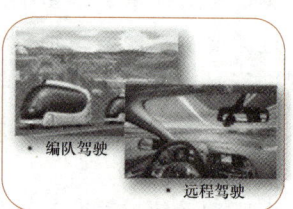

导航/娱乐：十米级　　　　高效/安全：米级　　　　高级驾驶：厘米级

动态地图下载	10	主动防碰撞	2	远程驾驶	0.1
紧急救援	10	交叉路口	1.5	自动驾驶	0.1
限速提醒	15	泊车定位	2	编队行驶	0.5

图4-4　智能网联汽车定位精度与自动驾驶级别和驾驶场景的关系

智能网联汽车L1~L3级以先进驾驶辅助为主，对定位精度要求见表4-1。

表4-1　智能网联汽车应用场景对定位精度的要求

应用场景	典型场景	通信方式	定位精度/m
交通安全	前向碰撞预警	V2V	≤1.5
	交叉路口碰撞预警	V2V	≤5
	路面异常预警	V2I	≤5
交通效率	车速引导	V2I	≤5
	前方拥堵预警	V2V, V2I	≤5
	紧急车辆让行	V2V	≤5
信息服务	汽车近场支付	V2I, V2V	≤3
	动态地图下载	V2N	≤10
	泊车引导	V2V, V2P, V2I	≤2

智能网联汽车的L4/L5级别自动驾驶不仅对汽车位置精度要求更高，而且对位置鲁棒性、车辆姿态精度和姿态鲁棒性都有严格的要求，见表4-2。

表4-2　L4/L5级别的智能网联汽车对定位的要求

项目	指标	理想值
位置精度	误差均值	<10cm
位置鲁棒性	最大误差	<30cm
姿态精度	误差均值	<0.5°
姿态鲁棒性	最大误差	<2.0°
场景	覆盖场景	全天候

4.2 卫星定位技术

4.2.1 全球卫星定位系统

全球卫星定位系统（GPS）是由美国国防部建设的基于卫星的无线电导航定位系统。它能连续为世界各地的陆海空用户提供精确的位置、速度和时间信息，最大的优势是覆盖全球且全天候工作，可以为高动态、高精度平台服务，目前应用普遍。

1. 全球卫星定位系统的组成

GPS 是由导航卫星、地面监控设备和 GPS 用户组成的，如图 4-5 所示。

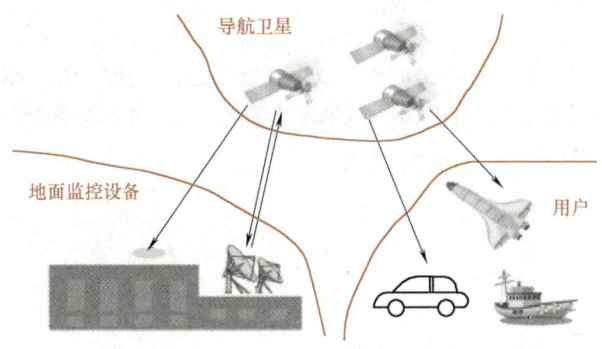

图 4-5 GPS 的组成

（1）**导航卫星** 导航卫星由分布在 6 个地球椭圆轨道平面上的 21 颗工作卫星和 3 颗在轨备用卫星组成，相邻轨道之间的卫星彼此呈 30°，每个轨道面上都有 4 颗卫星，在距离地球约 20000km 的高空上进行监测。这些卫星每 12h 环绕地球一圈，在地球上的任何地方、任何时间都可以观测到 4 颗以上的 GPS 卫星，保持定位的精度，从而提供连续的全球导航能力。导航卫星的任务是接收和存储来自地面监控设备发送来的导航定位控制指令，通过微处理器进行数据处理，以原子钟产生的基准信号和精确的以时间为基准向用户连续发送导航定位信息。

（2）**地面监控设备** 地面监控设备由 1 个主控站、4 个注入站和 6 个监测站组成，它们的任务是实现对导航卫星的控制。

（3）**GPS 用户** GPS 用户主要由 GPS 接收机和 GPS 数据处理软件组成。GPS 接收机的主要功能是接收、追踪和放大卫星发射的信号，获取定位的观测值，提取导航电文中的广播星历以及卫星时钟改正参数等。GPS 数据处理软件的主要功能是对 GPS 接收机获取的卫星测量记录数据进行预处理，并对处理的结果进行平差计算、坐标旋转和分析综合处理，计算出用户所在位置的三维坐标、速度、方向和精确时刻等。

2. GPS 的工作原理

GPS 卫星不断地传送轨道信息和卫星上的原子钟产生的精确时间信息，GPS 接收机上有一个专门接收无线电信号的接收器，同时也有自己的时钟。当接收机收到一颗卫星传来的信号时，接收机可以测定该卫星离用户的空间距离，用户就位于以观测卫星为球心、以观测距离为半径的球面与地球表面相交的圆弧的某一点；当 GPS 接收机观测到第二颗卫星的信号时，以第二颗卫星为球心、以第二个观测距离为半径的球面也与地球表面相交于一个圆弧，上述两个圆弧在地球表面会有两个交会点，但是还不能确定出用户唯一的位置；当 GPS 接收机观测到第三颗卫星的信号时，以第三颗卫星为球心、以第三个观测距离为半径的球面也与地球表面相交于一个圆弧，上述三个圆弧在地球表面相交于一点，该点即为 GPS 用户所在的位置。如果没有时钟误差，用户接收机只要利用接收观测到的 3 颗卫星的距离观测值，就可以唯一确定出用户所在的位置。但由于 GPS 接收机的时钟有误差，从而会使测得的距离含有误差，所以定位时要求接收机至少观测到 4 颗卫星的距离观测值才能同时确定出用户所在空间位置及接收机时钟差。当 GPS 接收机观测到 4 颗以上的卫星信号时，就可以得到更为精确和可靠的位置、速度和时间信息。

GPS 定位的基本原理是三球交汇原理，用户位置在 A 点，用户到卫星 O_1 的距离是 R_1，到卫星 O_2 的距离是 R_2，到卫星 O_3 的距离是 R_3，如图 4-6 所示。

以卫星为球心，用户到卫星的距离可以表示为

$$R=\sqrt{(x_1-x)^2+(y_1-y)^2+(z_1-z)^2} \tag{4-1}$$

式中，R 表示卫星与接收机的距离，R 是已知量；(x_1, y_1, z_1) 为卫星坐标，也是已知量；(x, y, z) 表示接收机位置是未知量。

如果有 3 颗卫星，则可以解出方程，然而实际上用户接收机的时钟不是十分准确，不与卫星同步，所以卫星与用户之间的距离 R 不是真实距离，称为伪距。设接收机和 GPS 的时钟差为 d_t，则公式改为

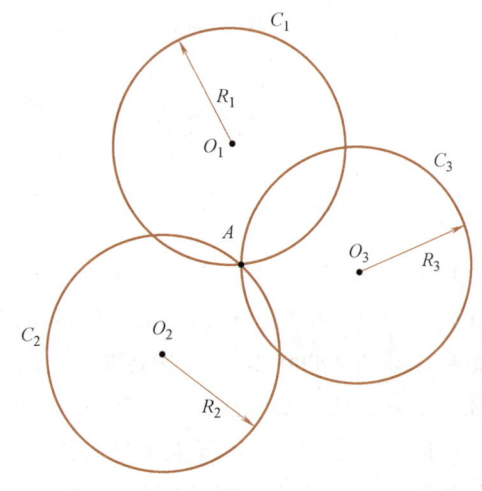

图 4-6　GPS 定位原理几何示意如图

$$R=\sqrt{(x_1-x)^2+(y_1-y)^2+(z_1-z)^2}+c_0 d_t \tag{4-2}$$

式中，c_0 为光速。

式子中含有 4 个未知量，所以接收机需要接收到 4 个以上的卫星才能解算方程得到接收机的位置，如图 4-7 所示。

GPS 定位可以分为绝对定位和相对定位两种，绝对定位又称为单点定位，是直接得到接收机相对于地心的位置的定位方法，这种方式只需要一个 GPS 接收机，但是其精度受卫星轨道误差、时钟差和信号传播误差等影响，一般为米级。伪距差分定位作为相对定位中的一种，精度可达厘米级，现在广泛用于精密导航、大地测量等。差分定位基本原理是利用两个或多个位置相近的 GPS 接收机各自与 GPS 卫星信道相关的特性，

使用差分定位算法减少信道误差的影响，从而提高定位精度。

3. GPS 的特点

GPS 具有以下特点：

1）能够全球全天候定位。因为 GPS 卫星的数目较多，且分布均匀，保证了地球上任何地方、任何时间至少可以同时观测到 4 颗 GPS 卫星，确保实现全球、全天候连续的导航定位服务。

2）覆盖范围广。能够覆盖全球 98% 的范围，可满足位于全球各地或近地空间的军事用户连续精确地确定三维位置、三维运动状态和时间的需要。

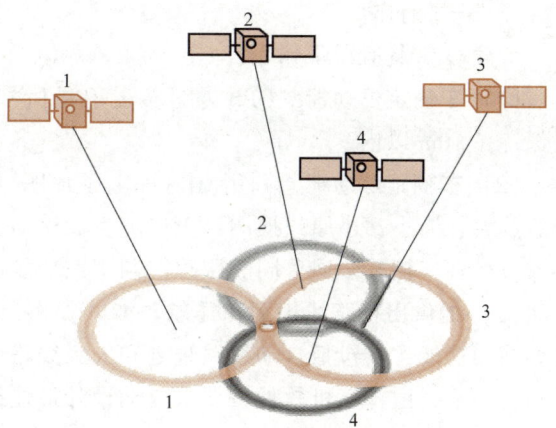

图 4-7 4 颗卫星定位原理

3）定位精度高。GPS 相对定位精度在 50km 以内可达 6~10m，100~500km 以内可达 7~10m，1000km 以内可达 9~10m。

4）观测时间短。20km 以内的相对静态定位仅需 15~20min，快速静态相对定位测量时，当每个流动站与基准站相距 15km 以内时，流动站观测时间只需 1~2min；采取实时动态定位模式时，每站观测仅需几秒钟。

5）可提供全球统一的三维地心坐标。可同时精确测定测站平面位置和大地高程。

6）测站之间无须通信。只要求测站上空开阔，这既可大大减少了测量工作所需的经费和时间，也使选点工作更灵活，省去了经典测量中的传算点、过渡点等的测量工作。

GPS 作为最常用的一种定位传感器，如果用于智能网联汽车的定位也存在以下不足：

1）GPS 开放的民用精度。不能满足 L4 和 L5 级别智能网联汽车定位的要求，误差通常在 10m 左右。

2）更新频率较低。更新频率通常只有 10Hz，当车辆在快速行驶时，不能提供实时的准确位置信息。

3）受建筑物、树木的遮挡。如在天桥、隧道、地下车库等场景下，GPS 定位精度严重降低，甚至无法提供定位信息。

为解决 GPS 定位存在的问题，在实际应用中，常采用以下方案提高定位精度。

1）采用差分 GPS，利用基站的准确定位信息校正 GPS 的误差，其精度可提高到厘米级。

2）结合惯性测量单元（IMU）、里程计（Odometry）及航迹推算（DR）定位等技术，提高定位更新频率和精度。即使在 GPS 信号受建筑物遮挡时，仍能短时间内提供相对准确的定位信息。

3）在地下车库等无法接收到 GPS 信号的场景下，利用视觉 SLAM、激光 SLAM 等定位手段，提供相对准确的定位信息。

4. GPS 的作用

车载 GPS 具有以下作用：

（1）**车辆定位功能**　GPS 通过接受卫星信号，能够准确定位车辆所在的位置，误差保持在 10m 以内。

（2）**车辆跟踪功能**　利用 GPS 和电子地图可以实时显示出车辆的实际位置，并可任意放大、缩小、还原或换图；可以随目标移动，使目标始终保持在屏幕上；还可实现多窗口、多车辆及多屏幕同时跟踪。利用该功能还可对重要车辆和货物进行跟踪运输。

（3）**提供出行路线规划和导航功能**　提供出行路线规划是汽车导航系统的一项重要的辅助功能，它包括自动线路规划和人工线路设计。自动线路规划是由驾驶人确定起点和目的地，由计算机软件按要求自动设计最佳行驶路线，包括最快的路线、最简单的路线和通过高速公路路段次数最少的路线的计算。人工线路设计是由驾驶人根据自己的目的地设计起点、终点和途经点等，自动建立路线库。线路规划完毕后，显示器能够在电子地图上显示设计路线，并同时显示汽车运行路径和运行方法。

（4）**信息查询功能**　为用户提供主要物标（如旅游景点、宾馆或医院等）数据库，用户能够在电子地图上显示其位置。同时，监测中心可以利用监测控制台对区域内的任意目标所在位置进行查询，车辆信息将以数字形式在控制中心的电子地图上显示出来。

（5）**话务指挥功能**　指挥中心可以监测区域内车辆运行状况，对被监控车辆进行合理调度。指挥中心也可随时与被跟踪目标通话，实行管理。

（6）**紧急援助功能**　通过 GPS 定位和监控管理系统可以对遇有险情或发生事故的车辆进行紧急援助。监控台的电子地图显示求助信息和报警目标，规划最优援助方案，并以报警声光提醒值班人员进行应急处理。

GPS 工作过程如图 4-8 所示。

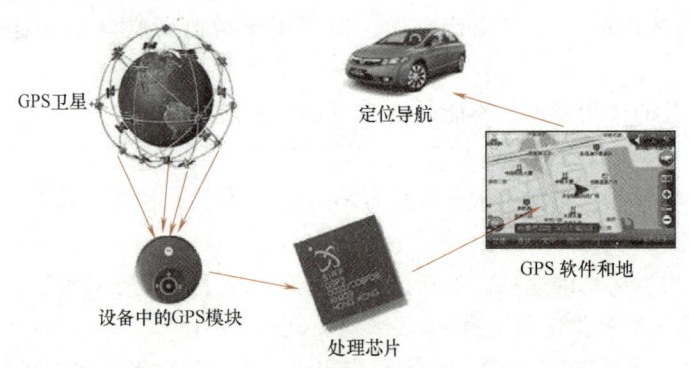

图 4-8　GPS 的工作过程

1）GPS 模块接收 GPS 卫星数据，获得经纬度信息。
2）导航定位软件通过 GPS 模块得到的位置信息，不停地刷新电子地图。
3）导航软件计算、规划路径，然后引导车辆前往目的地。

> 【例 4-1】　从固定输入产生 GPS 位置测量，假设所在位置为：纬度 37.52°，经度 122.12°，高程（海拔高度）为 55.13m。

解:在 MATLAB 命令行窗口输入以下程序。

```
1   fs = 1;                                                  %采样频率
2   duration = 1000;                                         %设置模拟时间
3   numSamples = duration * fs;                              %样本数
4   refLoc = [37.52,122.12,55.13];                           %参考位置
5   truePosition = zeros(numSamples,3);                      %真实位置赋初值
6   trueVelocity = zeros(numSamples,3);                      %真实速度赋初值
7   reset(gps);                                              %重置 GPS
8   gps.DecayFactor = 0.5;                                   %设置衰减因子
9   position = gps(truePosition,trueVelocity);               %调用 GPS
10  t = (0:(numSamples-1))/fs;                               %时间
11  subplot(3,1,1)                                           %设置图形位置
12  plot(t,position(:,1),t,ones(numSamples) * refLoc(1))    %绘制纬度曲线
13  ylabel('纬度(°)')                                        %y 轴标注
14  subplot(3,1,2)                                           %设置图形位置
15  plot(t,position(:,2),t,ones(numSamples) * refLoc(2))    %绘制经度曲线
16  ylabel('经度(°)')                                        %y 轴标注
17  subplot(3,1,3)                                           %设置图形位置
18  plot(t,position(:,3),t,ones(numSamples) * refLoc(3))    %绘制高程曲线
19  ylabel('高程(m)')                                        %y 轴标注
20  xlabel('时间(s)')                                        %x 轴标注
```

GPS 测量结果如图 4-9 所示。

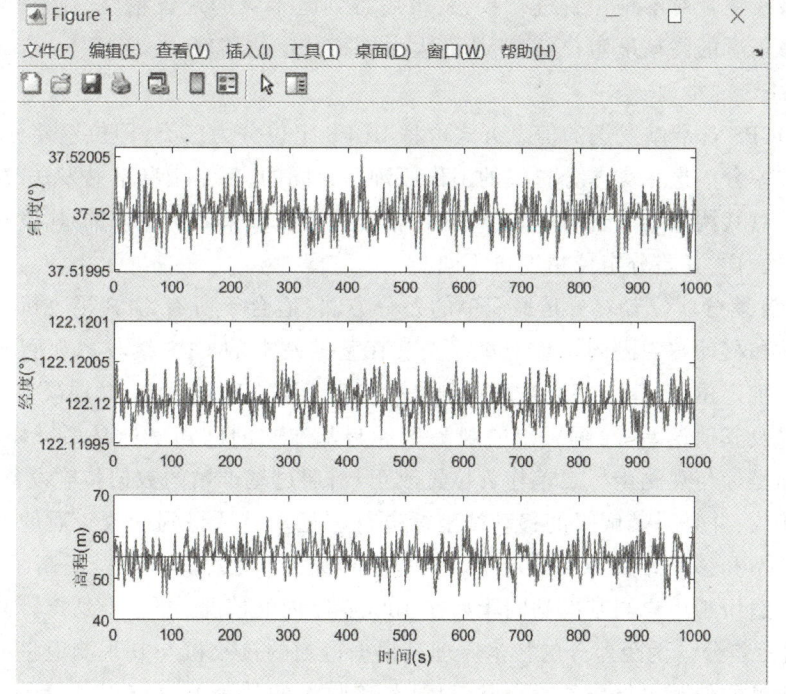

图 4-9 GPS 仿真测量结果

4.2.2 差分全球卫星定位系统

1. DGPS 的定义

卫星距离测量存在着卫星钟与传播延迟导致的误差等问题。为了提高 GPS 定位精度，可以采用差分全球定位系统进行车辆的定位。差分全球定位系统（DGPS）是在 GPS 的基础上利用差分技术使用户能够从 GPS 系统中获得更高的精度。DGPS 系统由基准站、数据传输设备和移动站组成，如图 4-10 所示。

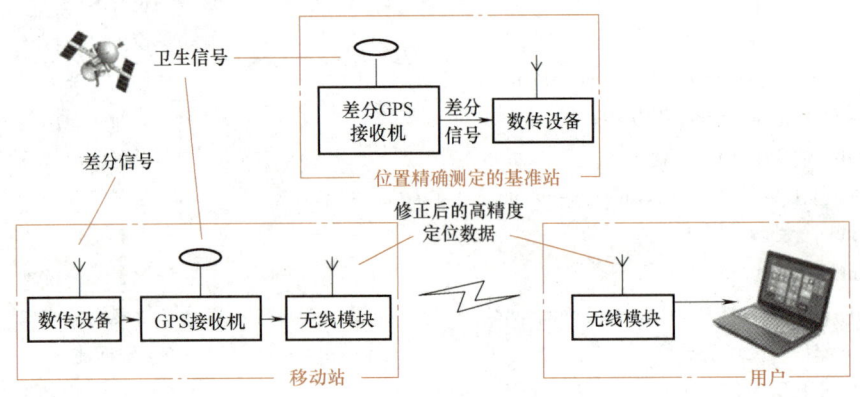

图 4-10 DGPS 系统的组成

DGPS 实际上是把一台 GPS 接收机放在位置已精确测定的点上，并组成基准站。基准站接收机通过接收 GPS 卫星信号，将测得的位置与该固定位置的真实位置的差值作为公共误差校正量，通过无线数据传输设备将该校正量传送给移动站的接收机。移动站的接收机用该校正量对本地位置进行校正，最后得到厘米级的定位精度。附近的 DGPS 用户接收到修正后的高精度定位信息，从而大大提高其定位精度。

2. DGPS 的类型

根据 DGPS 基准站发送的信息方式可将 DGPS 定位分为三类，即位置差分、伪距差分和载波相位差分。这三类差分方式的工作原理是相同的，都是由基准站发送改正数，由移动站接收并对其测量结果进行改正，以获得精确的定位结果。所不同的是，发送改正数的具体内容不一样，其差分定位精度也不同。

（1）位置差分　位置差分是最简单的差分方法，适合于所有 GPS 接收机。位置差分要求基准站和移动站观测同一组卫星。安装在基准站上的 GPS 接收机观测 4 颗卫星后便可进行三维定位，解算出基准站的观测坐标。由于存在轨道误差、时钟误差、大气影响、多径效应以及其他误差等，解算出的观测坐标与基准站的已知坐标是不一样的，存在误差。将已知坐标与观测坐标之差作为位置改正数，通过基准站的数据传输设备发送出去，由移动站接收，并且对其解算的移动站坐标进行改正。最后得到的改正后的移动坐标已消去了基准站和移动站的共同误差（如卫星轨道误差、大气影响等），提高了定位精度。位置差分法适用于用户与基准站间距离在 100km 以内的情况。

（2）伪距差分　伪距差分的技术原理是根据得到的接收机与其观测卫星的几何距离与接收机测量的伪距进行作差，得到该卫星与接收机的伪距差分修正量。参考基准站接收机的实际空间坐标是已知的,卫星的位置可以通过星历参数推算出来,故可以得到上述的真实几何距离。参考基站得到伪距差分修正量之后可通过通信链路将其播发给附近的流动站接收机,此时用户就可以利用此修正量来矫正测量的伪距观测值,得到更为精确的距离值,如图 4-11 所示。

伪距差分是目前用途最广的一种技术。与位置差分相似,伪距差分能将两站公共误差抵消,但随着用户到参考基准站距离的增加,又会出现系统误差,这种误差用任何差分法都是不能消除的。因此,用户和参考基准站之间的距离对精度有决定性影响。

（3）载波相位差分　针对定位精度要求达到厘米级和毫米级别的高精度定位,伪距差分技术远远达不到要求。载波相位差分（RTK）是几种差分技术中定位精度最高的。由于所有的卫星信号载波频率都在 1500MHz 以上,且载波一周的长度为分米级,因而载波相位差分定位在理论上可以达到厘米级甚至更高的定位精度。

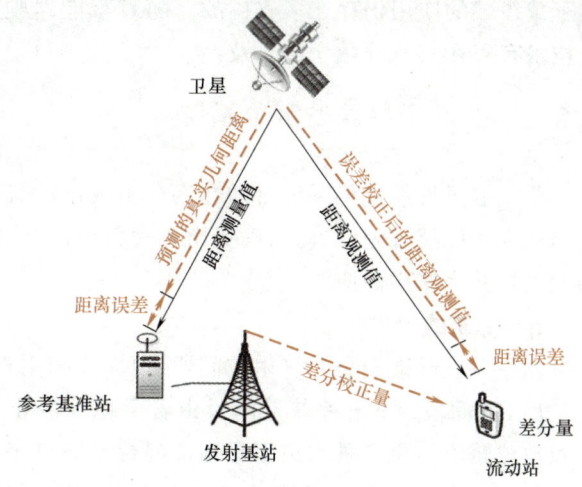

图 4-11　伪距差分定位原理

载波相位差分定位原理如图 4-12 所示。它是利用两台接收机分别安置在基准站和移动站两个测站上,同步观测相同的一组 GNSS 卫星,基准站接收到卫星信号后,由观测到的卫星数据和测站已知坐标计算出测站改正值,并由基准站通过无线电台或移动网络将基准站校正值和载波相位测量数据发送给移动站;移动站结合两个站的观测数据进行解算实现差分定位。若实现 RTK 定位,需要至少两个接收机分别作为基准站和移动站来接收卫星信号,此外还需数据通信链路和数据解算方法或软件来完成定位解算。

与伪距差分原理相同,由基准站通过数据传输设备实时将其载波观测量及站坐标信息一同传送给移动站。移动站接收 GPS 卫星的载波相位与来自基准站的载波相位,并组成相位差分观测值进行实时处理,能实时给出厘米级的定位结果。

实现载波相位差分 GPS 的方法有修正法和差分法。前者与伪距差分相同,基准站将载波相位修正量发送给移动站,以改正其载波相位,然后求解坐标;后者将基准站采集的载波相位发送给移动站,进行求差解算坐标。前者为准

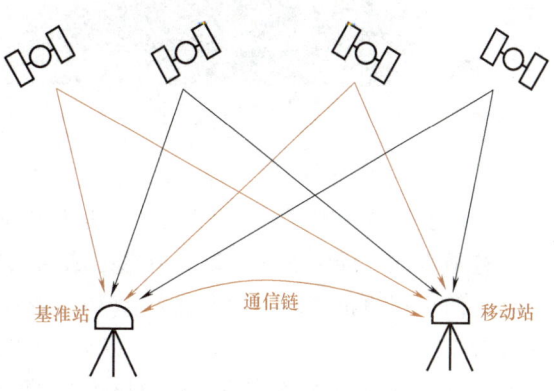

图 4-12　载波相位差分定位原理

载波相位差分技术,后者为真正的载波相位差分技术。

随着智能网联汽车自动驾驶级别的提高,以 RTK 为代表的高精度定位技术的价值已日渐体现出来,但受制于成本、量产能力以及其他技术的发展进度,RTK 高精度定位技术在车载领域的应用仍存在多方挑战。随着智能驾驶向 L3 级别迈进,未来 RTK 高精度定位技术有望在汽车领域全面普及。

4.2.3 北斗卫星导航定位系统

北斗卫星导航定位系统目前在汽车领域还没有大面积推广应用,但在国家制定的智能网联汽车发展规划中,已明确提出要大力推广北斗卫星导航定位系统在智能网联汽车和无人驾驶汽车中的应用。

1. BDS 的组成

北斗卫星导航定位系统由空间段、地面段和用户段三部分组成,如图 4-13 所示。

(1) **空间段**　北斗系统空间段由若干地球静止轨道卫星、倾斜地球同步轨道卫星和中圆地球轨道卫星三种轨道卫星组成混合导航星座。

(2) **地面段**　北斗系统地面段包括主控站、时间同步/注入站和监测站等若干地面站。

(3) **用户段**　北斗系统用户段包括北斗兼容其他卫星导航系统的芯片、模块、天线等基础产品,以及终端产品、应用系统与应用服务等。

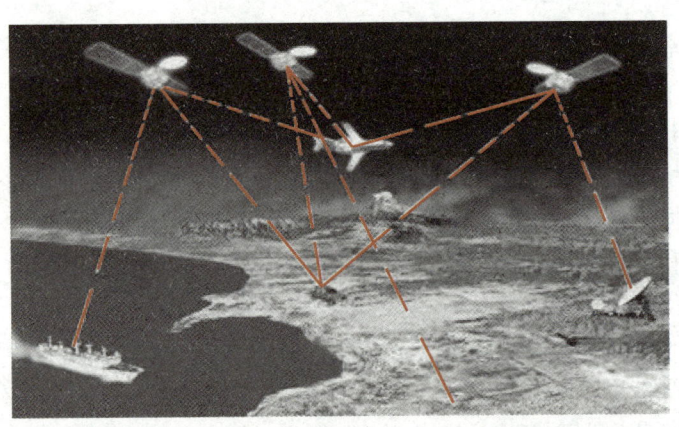

图 4-13　BDS 的组成

BDS 与 GPS 具有以下差别:

1) BDS 是一个有源系统,用户在定位过程中必须发射信号,具备通信能力,这是它与 GPS 系统最大的不同。北斗系统具有低速通信功能,可以在中心站与任意一个用户机之间或任意两个用户机之间一次发送包含 36 个汉字字符的信息,经过授权的用户一次可以发送包含 120 个汉字字符的信息,这个功能是 GPS 所无法实现的。

2) BDS 每次定位作业都是由用户机发出请求,经过中心站解算出坐标,然后发给用户机。这种工作方式使得 BDS 存在用户容量限制,凡是未经授权的用户都无法利用 BDS 进行定位作业,因此具备极好的保密性。

3) BDS 一次定位需要测距信号经中心站—卫星—用户机往返两次,费时较长,从用户机发出定位请求到收到定位数据大约需要 1s,因此它不适合飞机、导弹等高速运动的物体,而更适合船舰、车辆、人员等低速运动目标的定位。

2. BDS 的定位原理

BDS 的定位原理与 GPS 的定位原理基本相同。BDS 在进行定位时,所采用的原理是通过对卫星信号站点之间的传播时间进行推算,进而确立相应的卫星站点距离,这样就能够对接收机进行较为准确的定位。一般采用载波相位测量法进行定位,其原理大致如下:首先用 a 来表示卫星所发射的载波信号相位数值,用 b 来表示地面基站所接受的载波信号相位数值,卫星站点之间的距离 $X=n(a+b)$,其中 n 指的是载波信号的波长。在实际操作中 a 值是无法进行测算的,往往是采用接收机所产生的基准信号来代替,由于该基准信号的频率与卫星所发射的载波信号相位是一致的,所以并不会影响到后续定位的精准程度。

通过载波相位测量法进行定位,在整个定位过程中会受到多种误差因素的影响,进而降低定位精度。在相同时间点,不同观测站在观测同一卫星时,在进行信号接收时所受到的误差影响具有较强的关联性,通过不同方式对同步观测量进行差值计算,就能够最大化地减少误差。

3. BDS 的特点

BDS 具有以下特点:

1) 空间段采用三种轨道卫星组成的混合星座,与其他卫星导航系统相比,高轨卫星更多,抗遮挡能力强,尤其在低纬度地区性能优势更为明显。

2) 提供多个频点的导航信号,能够通过多频信号组合使用等方式提高服务精度。

3) 创新融合了导航与通信功能,具备定位导航授时、星基增强、地基增强、精密单点定位、短报文通信和国际搜救等多种服务能力。

4. BDS 的服务功能

(1) BDS 的服务类型　北斗系统具备导航定位和通信数传两大功能,提供以下 7 种服务:

1) 定位导航授时。
2) 全球短报文通信。
3) 国际搜救。
4) 星基增强。
5) 地基增强。
6) 精密单点定位。
7) 区域短报文通信。

其中 1)~3) 是面向全球范围,4)~7) 是面向中国及周边地区。

(2) 性能指标

1) 定位导航授时服务性能指标。北斗系统利用 3 颗高轨道(GEO)卫星、3 颗倾斜地球同步轨道(IGSO)卫星、24 颗中轨道(MEO)卫星,向位于地表及其以上 1000km 空间的全球用户提供定位导航授时免费服务,主要性能见表 4-3。

表 4-3　定位导航授时服务性能指标

性能特征		性能指标
服务精度（95%）	定位精度	水平≤10m，高程≤10m
	授时精度	≤20nm
	测速精度	≤0.2m/s
服务可用性		≥99%

2）全球短报文通信服务性能指标。北斗系统利用 MEO 卫星，向位于地表及其以上 1000km 空间的特许用户提供全球短报文通信服务，主要性能见表 4-4。

表 4-4　全球短报文通信服务性能指标

性能特征		性能指标
服务成功率		≥95%
响应时延		一般少于 1min
终端发射功率		≤10W
服务容量	上行	30 万次/h
	下行	20 万次/h
单次报文最大长度		560bit（约相对于 40 个汉字）
使用约束及说明		用户需进行自适应多普勒补偿，且补偿后上行信号到达卫星频偏需小于 1000Hz

3）国际搜救服务性能指标。北斗系统利用 MEO 卫星，按照国际搜救卫星组织标准，与其他搜救卫星系统联合向全球航海、航空和陆地用户提供免费遇险报警服务，并具备返向链路确认服务能力，主要性能见表 4-5。

表 4-5　国际搜救服务性能指标

性能特征	性能指标
检测概率	≥99%
独立定位概率	≥98%
独立定位精度（95%）	≤5km
地面接收误码率	≤5×10^{-5}
可用性	≥99.5%

4）星基增强服务性能指标。北斗系统利用 GEO 卫星，向中国及周边地区用户提供符合国际民航组织标准的单频增强和双频多星座增强免费服务，旨在实现一类垂直引导进近指标和一类精密进近指标。

5）地基增强服务性能指标。北斗系统利用移动通信网络或互联网络，向北斗基准站网覆盖区内的用户提供米级、分米级、厘米级以及毫米级高精度定位服务，主要性能详见表 4-6。

6）精密单点定位服务性能指标。北斗系统利用 GEO 卫星向中国及周边地区用户提供高精度定位免费服务，主要性能见表 4-7。

7）区域短报文通信服务性能指标。北斗系统利用 GEO 卫星，向中国及周边地区用户提供区域短报文通信服务，主要性能见表 4-8。

表 4-6 地基增强服务性能指标

性能特征	性能指标				
	单频伪距增强服务	单频载波相位增强服务	双频载波相位增强服务	单频载波相位增强服务（网络 RTK）	后处理毫米级相对基线测量
支持系统	BDS	BDS	BDS	BDS/GNSS	BDS/GNSS
定位精度	水平≤2m 高程≤3m（95%）	水平≤1.2m 高程≤2m（95%）	水平≤0.5m 高程≤1m（95%）	水平≤5cm 高程≤10cm（RMS）[①]	水平≤5mm+$10^{-6}D$ 高程≤10mm+$2\times10^{-6}D$（RMS）
初始化时间	秒级	≤20min	≤40min	≤60s	—

① RMS 是 GPS 的定位准确定（俗称精度）单位，是误差概率单位。

表 4-7 精密单点定位服务性能指标

性能特征	性能指标	
	第一阶段（2020 年）	第二阶段（2020 年后）
播发速率	500bit/s	扩展为增强多个全球卫星导航系统，提升播发速率及视情拓展服务区域，提高定位精度、缩短收敛时间
定位精度（95%）	水平≤0.3m，高程≤0.6m	
收敛时间	≤30min	

表 4-8 区域短报文通信服务性能指标

性能特征		性能指标
服务成功率		≥95%
服务频度		一般 1 次/30s，最高 1 次/s
响应时延		≤1s
终端发射功率		≤3W
服务容量	上行	1200 万次/h
	下行	600 万次/h
单次报文最大长度		14000bit（约相当于 1000 个汉字）
定位精度（95%）	RDSS	水平 20m，高程 20m
	广义 RDSS	水平 10m，高程 10m
双向授时精度（95%）		10ns
使用约束及说明		若用户相对卫星径向速度大于 1000km/h，需进行自适应多普勒补偿

5. 北斗地基增强系统

自动驾驶的发展将推动高精度定位技术在汽车领域的应用，L3 级自动驾驶需要达到分米级精度，L4 级以上则需要达到厘米级精度。除了依靠车辆自身传感器进行精准定位之外，车外的高精度定位系统也是不可或缺。地面道路正形成 5G+北斗（或 GPS）卫星+地基增强系统为主的高精度定位系统，停车场则有可能形成 V2X（或 UWB）为主的高精度定位支持系统。

北斗地基增强系统是按照"统一规划、统一标准、共建共享"的原则建设的国家级地基增强系统。北斗地基增强系统主要包括基准站、通信网络系统、国家数据综合处理系统、行业数据处理系统、数据播发系统以及应用终端六个分系统。该系统具备在全国陆地范围内，提供实时米级、分米级、厘米级以及后处理毫米级高精度定位基本服务能力。

（1）**北斗高精度位置服务平台** 着眼于把北斗高精度定位能力变成公共服务，致力于打造物联网时代的新时空基础设施，基于国家北斗地基增强系统，采用市场化运作，建设北斗高精度位置服务平台，构建北斗高精度位置服务生态圈，如图4-14所示。

北斗高精度位置服务平台是连接北斗/GNSS与互联网的重要桥梁。该平台是以"互联网+位置（北斗）"为基础，基于云计算和大数据技术构建的空天一体高精度北斗位置开放服务系统，以满足国家、行业和大众市场对精准位置服务的需求并致力于将北斗/GNSS高精度服务推向全球。平台突破了新一代网络RTK高精度多模组合定位算法、星基增强关键技术、多模多频卫星导航组合定位算法、多传感器融合定位算法、"北斗/GNSS+人工智能"融合定位技术以及AGNSS加速定位技术等多项关键技术，并相继攻克了情景感知智能化判别、海量数据接入和存储、大规模分布式计算、高并发实时处理以及安全服务策略及机制等一系列核心技术。

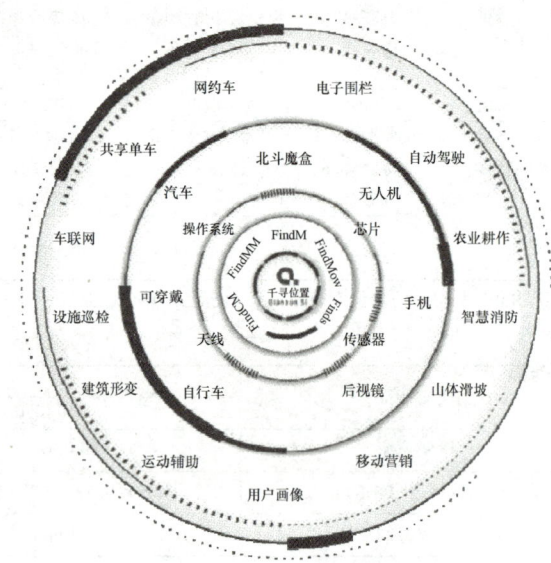

图4-14 北斗高精度位置服务生态圈示意图

平台开展北斗高精度增值服务商业运营，面向全国提供千寻跬步（米级）、知寸（厘米级）、见微（毫米级）、云踪、优航以及A-北斗等高精度位置服务产品，已在危房监测、铁路应用、精准农业、共享单车、自动驾驶、智能手机以及物流监控等领域得到了应用，推动了北斗高精度服务能力向公共服务产品的转化，促进形成北斗产业自主创新生态圈。

依托北斗地基增强系统及高精度位置服务平台，我国自主研发了全球首个"A-北斗"快速辅助定位系统，大幅提高了北斗卫星导航首次定位时间和定位精度。

（2）北斗地基增强系统高精度应用 北斗地基增强系统可用于交通行业和智能驾驶等。

1）交通行业应用。开发了交通行业应用软件和服务测试评估子系统，采集和制作了30km公路高精度车道级导航数据，车道线特征点坐标精度误差小于20cm，该应用具有监视非法连续并线违章等行为的能力，如图4-15所示。

通过对车载终端改造升级，可利用北斗地基增强系统提供的高精度定位服务，支持车道级导

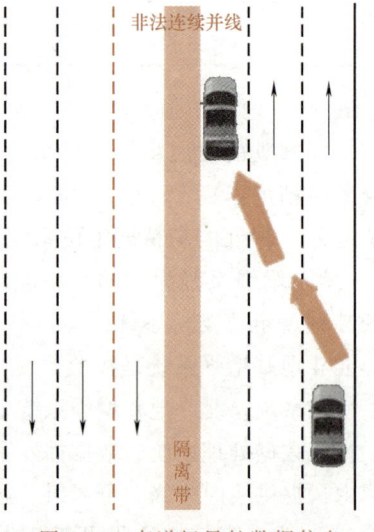

图4-15 车道级导航数据信息

航应用。车载终端设备如图 4-16 所示。

2) 智能驾驶应用。基于北斗星地融合一张网的智能汽车高精度位置感知方案，能以网络 RTK 形式播发数据至车载 ECU 端，为自动驾驶汽车客户提供覆盖全国的实时高精度位置解算服务。同时，星基增强系统方案可进一步实现双链路数据的播发，可满足未来自动驾驶的冗余度要求。

图 4-16 车载终端设备

4.3 惯性导航与航位推算技术

4.3.1 惯性导航技术

1. 惯性导航的定义

GPS 可以为车辆提供精度为米级的绝对定位，差分 GPS 或 RTK GPS 可以为车辆提供精度为厘米级的绝对定位，但并非所有的路段在所有时间都可以得到良好的 GPS 信号。因此，在自动驾驶领域，RTK GPS 的输出一般都要与 IMU、汽车自身的传感器（如轮速计、转向盘转角传感器等）进行融合。

惯性导航系统（INS）是一种利用惯性传感器测量载体的角速度信息，并结合给定的初始条件实时推算速度、位置、姿态等参数的自主式导航系统。具体来说，惯性导航系统属于一种推算导航方式，即从一已知点的位置根据连续测得的运动载体航向角和速度推算出其下一点的位置，因而可连续测出运动体的当前位置。

惯性导航系统主要采用加速度传感器和陀螺仪传感器来测量载体参数，其原理如图 4-17 所示。

加速度传感器和陀螺仪结合就是惯性测量单元（IMU），二者一个测量速度，一个测量方向。IMU 的一个重要特征在于它以高频率更新，其频率可达到 1000Hz，所以 IMU 可以提供接近实时的位置信息。

惯性导航系统可以看成是 IMU 与软件的结合。图 4-18 所示为 IMU 产品，通过内置的微处理器，能够以最高 200Hz 的频率输出实时的高精度三维位置、速度和姿态信息。

基于 GPS 或 BDS 和惯性传感器的融合是无人驾驶汽车一种重要的定位技术。

2. 惯性导航系统的作用

惯性导航系统主要有两个作用，一个是在 GPS 信号丢失或很弱的情况下暂时替代 GPS，用 IMU 进行定位；另一个作用是配合激光雷达进行精准定位，如图 4-19 所示。

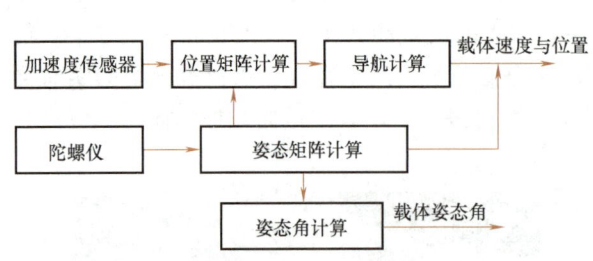

图 4-17 惯性导航系统的原理　　图 4-18 IMU 产品

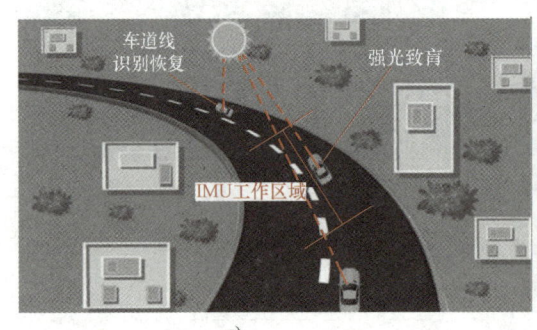
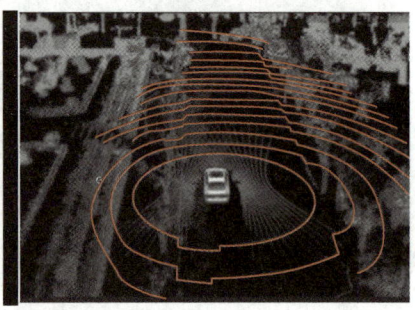

图 4-19 惯性导航系统的作用

a) 替代 GPS 定位　b) 与激光雷达组合定位

3. 惯性导航系统的特点

惯性导航系统具有以下主要优点：

1）它是不依赖于任何外部信息，也不向外部辐射能量的自主式导航系统，隐蔽性好，也不受外界电磁干扰的影响。

2）可全天候在全球任何地点工作。

3）能提供位置、速度、航向和姿态角数据，所产生的导航信息连续性好而且噪声低。

4）数据更新率高，短期精度和稳定性好。

惯性导航系统具有以下主要缺点。

1）导航信息经过积分产生，定位误差随时间而增大，长期精度差。

2）每次使用之前需要较长的初始对准时间。

3）不能给出时间信息。

【例 4-2】 利用 GPS/IMU 测量地面车辆的位置和运动参数，假设车辆位置为：纬度 36.2°，经度 120.5°，高程 50.1m。车辆在半径 10m 的圆周上，以 3m/s 的速度行驶 2 圈。假设 GPS 的采样频率设为 10Hz，IMU 的采样频率设为 100Hz。

解： 在 MATLAB 命令行窗口输入以下程序。

```
1  gpsFs = 10;                              %GPS 采样频率
2  imuFs = 100;                             %IMU 采样频率
3  localOrigin = [36.2,120.5,50.1];         %车辆位置
4  imuSamplesPerGPS = (imuFs/gpsFs);        %采样比值
```

5	gndFusion = insfilterNonholonomic('ReferenceFrame','ENU',...	%创建融合滤波器
	'IMUSampleRate',imuFs,'ReferenceLocation',localOrigin,...	
	'DecimationFactor',2);	
	r = 10;	%轨迹半径
6	speed = 3;	%车辆速度
7	center = [0,0];	%中心坐标
8	initialYaw = 90;	%初始偏航角
9	numRevs = 2;	%行驶圈数
10	revTime = 2 * pi * r/speed;	%行驶时间
11	theta = (0:pi/2:2 * pi * numRevs).';	%转角
12	t = linspace(0,revTime * numRevs,numel(theta))';	%到达时间
13	x = r. * cos(theta)+center(1);	%x 坐标
14	y = r. * sin(theta)+center(2);	%y 坐标
15	z = zeros(size(x));	%z 坐标
16	position = [x,y,z];	%车辆位置
17	yaw = theta+deg2rad(initialYaw);	%初始偏航角
18	yaw = mod(yaw,2 * pi);	%取模运算
19	pitch = zeros(size(yaw));	%俯仰角赋初值
20	roll = zeros(size(yaw));	%横滚角赋初值
21	orientation = quaternion([yaw,pitch,roll],'euler','ZYX','frame');	%定义方向
22	groundTruth = waypointTrajectory('SampleRate',imuFs,...	%生成车辆轨迹
23	'Waypoints',position,'TimeOfArrival',t,...	
	'Orientation',orientation);	
24	gps = gpsSensor('UpdateRate',gpsFs,'ReferenceFrame','ENU');	%GPS 函数
25	gps.ReferenceLocation = localOrigin;	%GPS 参考位置
26	gps.DecayFactor = 0.5;	%GPS 衰减因子
27	gps.HorizontalPositionAccuracy = 1.0;	%GPS 水平位置精度
27	gps.VerticalPositionAccuracy = 1.0;	%GPS 垂直位置精度
28	gp8s.VelocityAccuracy = 0.1;	%GPS 速度精度
29	imu = imuSensor('accel-gyro','ReferenceFrame','ENU',...	%IMU 传感器函数
	'SampleRate',imuFs);	
30	imu.Accelerometer.MeasurementRange = 19.6133;	%加速度计最大测量值
31	imu.Accelerometer.Resolution = 0.0023928;	%加速度计分辨率
32	imu.Accelerometer.NoiseDensity = 0.0012356;	%加速度计噪声密度
33	imu.Gyroscope.MeasurementRange = deg2rad(250);	%陀螺仪最大测量值
34	imu.Gyroscope.Resolution = deg2rad(0.0625);	%陀螺仪计分辨率
35	imu.Gyroscope.NoiseDensity = deg2rad(0.025);	%陀螺仪噪声密度

36	[initialPos,initialAtt,initialVel] = groundTruth();	%设置地面真值
37	reset(groundTruth);	%重置初始状态
38	gndFusion.State(1:4) = compact(initialAtt).';	%融合状态-方向
39	gndFusion.State(5:7) = imu.Gyroscope.ConstantBias;	%融合状态-陀螺偏压
40	gndFusion.State(8:10) = initialPos.';	%融合状态-位置
41	gndFusion.State(11:13) = initialVel.';	%融合状态-速度
42	gndFusion.State(14:16) = imu.Accelerometer.ConstantBias;	%融合状态-加速度计偏压
43	Rvel = gps.VelocityAccuracy.^2;	%GPS 速度精度
44	Rpos = gps.HorizontalPositionAccuracy.^2;	%GPS 水平定位精度
45	gndFusion.ZeroVelocityConstraintNoise = 1e-2;	%测量噪声
46	gndFusion.GyroscopeNoise = 4e-6;	%陀螺仪噪声
47	gndFusion.GyroscopeBiasNoise = 4e-14;	%陀螺仪偏压噪声
48	gndFusion.AccelerometerNoise = 4.8e-2;	%加速度计噪声
49	gndFusion.AccelerometerBiasNoise = 4e-14;	%加速度计偏压噪声
50	gndFusion.StateCovariance = 1e-9 * ones(16);	%初始误差协方差
51	useErrScope = true;	%设绘图为真
52	if useErrScope	%如果绘图为真

53	errscope = HelperScrollingPlotter('NumInputs',4,'TimeSpan',10,...
	    'SampleRate',imuFs,'YLabel',{'方向(°)','X 位置误差(m)',...
	    'Y 位置误差(m)','Z 位置误差(m)'},...
	    'Title',{'','','',''},'YLimits',[-3,3;-3,3;-3,3;-3,3]);
		%绘制方向和位置误差曲线

54	end	%结束
55	totalSimTime = 30;	%仿真时间
56	numsamples = floor(min(t(end),totalSimTime) * gpsFs);	%取整数
57	truePosition = zeros(numsamples,3);	%真实位置赋初值
58	trueOrientation = quaternion.zeros(numsamples,1);	%真实方向赋初值
59	estPosition = zeros(numsamples,3);	%测试位置赋初值
60	estOrientation = quaternion.zeros(numsamples,1);	%测试方向赋初值
61	idx = 0;	%设 idx 为 0
62	for sampleIdx = 1:numsamples	%循环开始
63	for i = 1:imuSamplesPerGPS	%循环开始
64	if ~isDone(groundTruth)	%如果地面真值是真
65	idx = idx+1;	%计数加 1
66	[truePosition(idx,:),trueOrientation(idx,:),... trueVel,trueAcc,trueAngVel] = groundTruth();	%地面真值
67	[accelData,gyroData] = imu(trueAcc,trueAngVel,... trueOrientation(idx,:));	%IMU 测量
68	predict(gndFusion,accelData,gyroData);	%估计传感器数据
69	[estPosition(idx,:),estOrientation(idx,:)] = pose(gndFusion);	%记录估计的位置和方向
70	if useErrScope	

```
71        orientErr = rad2deg(...                                    %方向误差
              dist(estOrientation(idx,:),trueOrientation(idx,:)));
72        posErr = estPosition(idx,:) - truePosition(idx,:);         %位置误差
73        errscope(orientErr,posErr(1),posErr(2),posErr(3));         %误差范围
74      end                                                          %结束
75    end                                                            %结束
76  end                                                              %结束
77  if ~isDone(groundTruth)                                          %如果是地面真值
78      [lla,gpsVel] = gps(truePosition(idx,:),trueVel);             %GPS 输出
79      fusegps(gndFusion,lla,Rpos,gpsVel,Rvel);                     %更新滤波器
80  end                                                              %结束
81 end                                                               %结束
```

测试结果可在工作区查询，测试误差如图 4-20 所示。

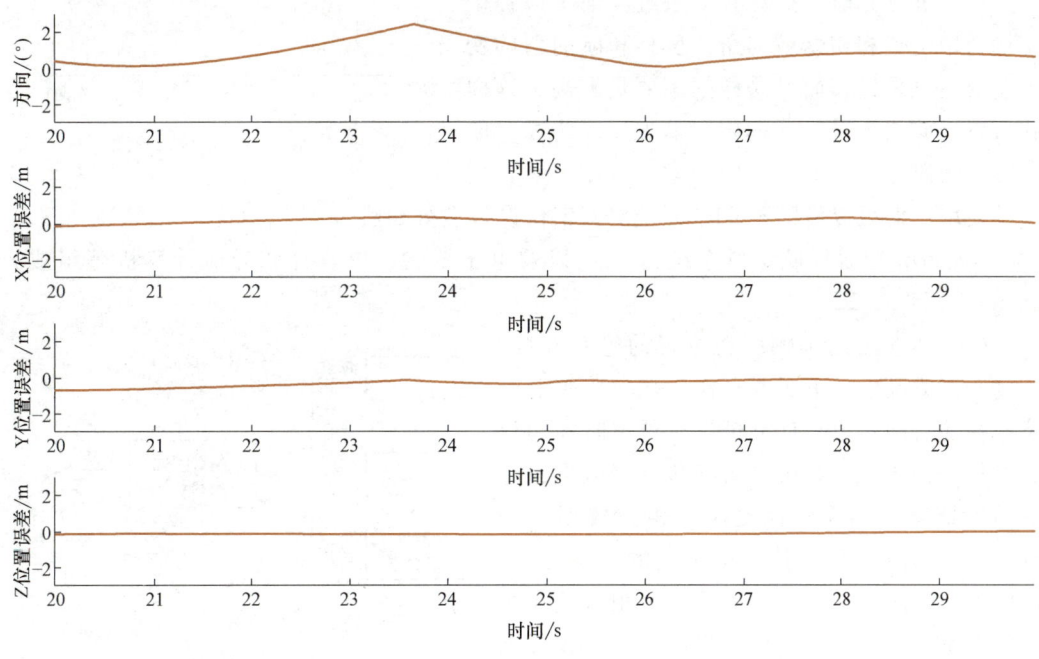

图 4-20　GPS/IMU 测量误差

4.3.2　航位推算技术

车辆航位推算（DR）方法是一种常用的自主式车辆定位技术。相对于 GPS 系统，它不用发射接收信号、不受电磁波影响且机动灵活，只要车辆能到达的地方都能定位。由于这种定位方法的误差随时间推移而发散，所以只能在短时间内获得较高的精度，因此不宜长时间单独使用。

DR 是利用载体上某一时刻的位置，根据航向和速度信息，推算得到当前时刻

的位置,即根据实测的汽车行驶距离和航向计算其位置和行驶轨迹。它一般不受外界环境影响,但因其本身误差是随时间积累的,所以单独工作时不能长时间保持高精度。

DR 的主要原理是利用 DR 传感器测量位移矢量,从而推算出车辆的位置。航位推算原理如图 4-21 所示。其中,(x_i, y_i) $(i=0, 1, 2\cdots)$ 是车辆在 t_i 时刻的初始位置,航向角 θ_i 和行驶距离 s_i 分别是车辆从 t_i 时刻到 t_{i+1} 时刻的绝对航向和位移矢量长度。

由图 4-21 可推得

$$x_k = x_0 + \sum_{i=0}^{k-1} s_i \sin\theta_i \qquad (4-3)$$

$$y_k = y_0 + \sum_{i=0}^{k-1} s_i \cos\theta_i \qquad (4-4)$$

式中,x_k,y_k ($k=1, 2, \cdots$) 是车辆在 t_k 时刻的位置。

由此可见,航位推算必须通过其他手段提供车辆初始位置和初始航向角,位移和航向角的变化量要实时采样,而且采样频率要足够高,这样就可以近似认为采样周期内车辆加速度为零。航位推算的误差随距离和时间积累,因此不能长期单独使用;但可以借助于 GPS 系统对其定位误差进行补偿。

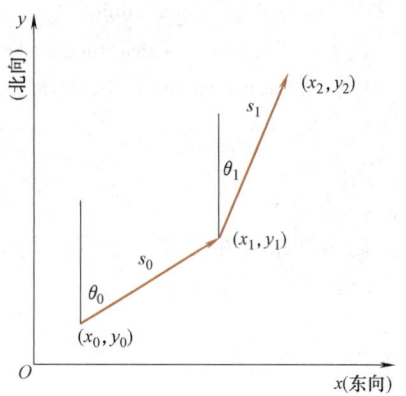

图 4-21 航位推算原理图

GPS/DR 组合导航定位系统由 GPS 以及电子罗盘、里程计和导航计算机等组成,如图 4-22 所示。

GPS 独立给出车辆所在位置的绝对经度、纬度和海拔高度;电子罗盘作为航向传感器测量车辆的航向;里程计测量汽车单位时间内行驶的里程;导航计算机采集各传感器数据,并做航位推算、GPS 坐标变换及相关数据预处理,最终由融合算法估算出车辆的动态位置。GPS/DR 组合导航定位系统是一种相对低成本的导航系统,在这个系统上进行 GPS/DR 数据融合可以实现较高精度的导航定位。

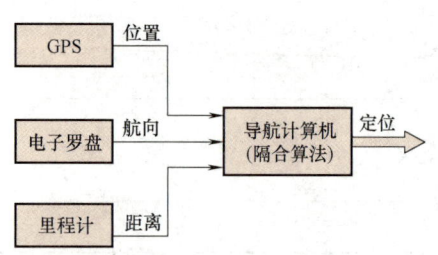

图 4-22 GPS/DR 组合导航定位系统的组成

实现 GPS/DR 组合定位的关键在于如何将两者的数据融合,以达到最优的定位效果。目前,关于 GPS/DR 组合的数据融合方法很多,最常见也是使用最广泛的就是卡尔曼滤波方法。将卡尔曼滤波应用于 GPS/DR 组合导航定位系统当中,就是将 GPS 和 DR 的定位信息综合用于定位求解,通过卡尔曼滤波来补偿修正 DR 系统的状态,同时滤波之后的输出又能够为 DR 系统提供较为准确的初始位置和航向角,从而能够获得比单独使用任意一种定位方法都更高的定位精度和稳定性,其结构图如图 4-23 所示。

第4章 智能网联汽车导航定位技术

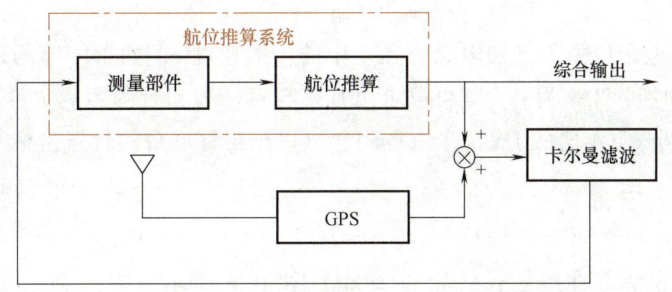

图 4-23 基于卡尔曼滤波的 GPS/DR 组合导航定位系统

4.4 通信基站定位技术

基站作为移动通信网络不可缺少的网元，是移动终端与移动网络之间交互的重要组成部分。随着移动通信网络的迅速发展，更多的移动终端接入到移动通信网络中，越来越多的基站被建立起来，几乎遍布世界的每一个角落，为终端用户提供通信服务。所以移动通信网络中最基本的定位技术就是基于基站的定位技术。

常用的无线定位技术包括到达角（AOA）定位法、到达时间（TOA）定位法、到达时间差（TDOA）定位法等。

4.4.1 AOA 定位法

AOA 定位方法也称方位测量定位方法，是由两个或多个基站接收到移动台的角度信息，然后对其计算移动台的位置，如图 4-24 所示。

假设有两个基站 BS_1 和 BS_2，α_1 和 α_2 分别是移动台 MS 到达两个基站 BS_1 和 BS_2 的角度，则

$$\tan\alpha_i = \frac{x - x_i}{y - y_i} \quad (4\text{-}5)$$

求解式（4-5），可估算出移动台的位置 (x, y)。

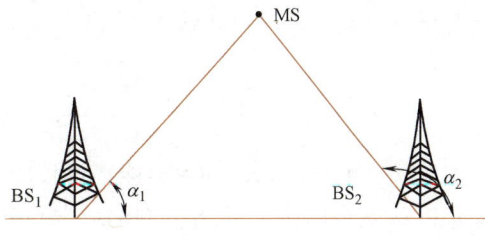

图 4-24 AOA 定位

4.4.2 TOA 定位法

TOA 是基于时间的定位方法，称为圆周定位。它通过测量两点间电波传播时间来计算移动台的位置。如果能够获取三个以上基站到移动台的传播时间，那么移动台在以 (x_i, y_i) 为圆心、以 $c \times t_i$ 为半径的圆上就能得出移动台的位置，如图 4-25 所示。

BS_1、BS_2、BS_3 是三个基站，R_i 表示基站 i 与移动台 MS 之间的直线距离，则移动台应该位于半径为 R_i、圆心在基站 i 所在位置的圆周上。记移动台的位置坐标为 (x_0, y_0)，基站的位置坐标为 (x_i, y_i)，则两者之间满足如下关系

$$(x_i-x_0)^2+(y_i-y_0)^2=R_i^2 \tag{4-6}$$

在实际无线电定位中,已知电磁波在空中的传播速度 c,如果能够测得电磁波从移动台到达基站 i 的时间 TOA 为 t_i,则可以求出基站与目标移动台的距离 $R_i=ct_i$,取 $i=1$、2、3,代入相关值到式(4-6)构成三个方程组,可以求得移动台的位置坐标 (x_0, y_0)。

4.4.3 TDOA 定位法

TDOA 定位也称双曲线定位,定位原理如图 4-26 所示。它是利用移动台到达不同基站的时间不同,获取到达各个基站的时间差,然后建立方程组并求解移动台位置,这种定位要求各个基站时间必须同步。移动台位于以两个基站为交点的双曲线上,通过建立两个以上双曲线方程,求解双曲线交点即可得到移动台的二维坐标位置。

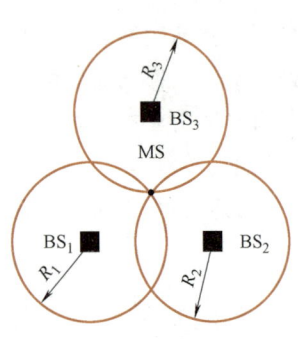

图 4-25 TOA 定位

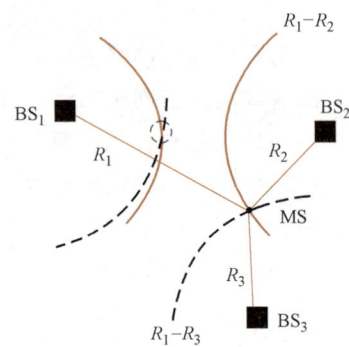

图 4-26 TDOA 定位

基站与移动台之间的距离差,通过测量信号从两个基站同时出发到达移动台或从移动台出发到达两基站的时间差 t_{21} 和 t_{31} 来确定,即 $R_{21}=R_2-R_1=ct_{21}$,$R_{31}=R_3-R_1=ct_{31}$。移动台坐标 (x_0, y_0) 和基站坐标 (x_i, y_i)($i=1$、2、3)之间的关系为

$$(\sqrt{(x_0-x_2)^2+(y_0-y_2)^2}-\sqrt{(x_0-x_1)^2+(y_0-y_1)^2})^2=R_{21}^2 \tag{4-7}$$

$$(\sqrt{(x_0-x_3)^2+(y_0-y_3)^2}-\sqrt{(x_0-x_1)^2+(y_0-y_1)^2})^2=R_{31}^2 \tag{4-8}$$

求解式(4-7)和式(4-8)能获得移动台坐标,然后根据先验信息消除位置的模糊性,求得移动台的真实位置。TDOA 定位法是目前各种蜂窝网络中主要采用的定位方法。

另外还有混合定位法,混合定位技术就是把各种不同的测量信息和特征值进行融合对移动台进行定位的技术。常见的混合定位技术有 TDOA/AOA、TDOA/TOA、TOA/AOA 以及 TDOA/场强定位等。

4.5 即时定位与地图构建(SLAM)技术

SLAM 是指搭载特定传感器的主体在没有环境先验信息的情况下,于运动过程中建立环境的模型,同时估算自己的运动。如果这里的传感器为相机,则为"视觉 SLAM";如果传感器为激光雷达,则为"激光 SLAM"。

4.5.1 视觉 SLAM 技术

1. 视觉 SLAM 的分类与特点

目前，视觉 SLAM 可分为单目、双目、深度相机（RGB-D）[一]三个大类，如图 4-27 所示。另外还有鱼眼、全景等特殊相机，但目前应用较少。此外，结合惯性测量元件（IMU）的视觉 SLAM 也是现在研究热点之一。

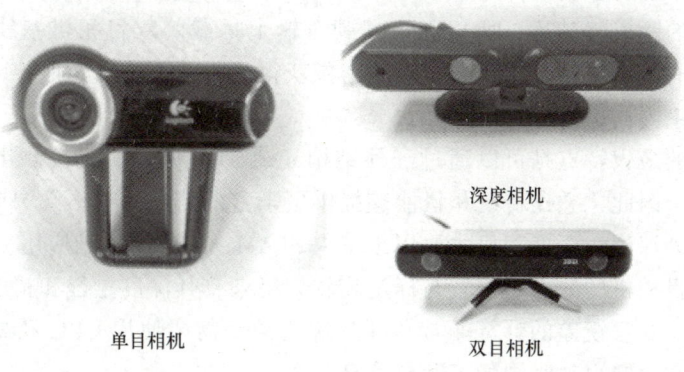

图 4-27 视觉 SLAM 的相机

视觉 SLAM 的特点如图 4-28 所示。

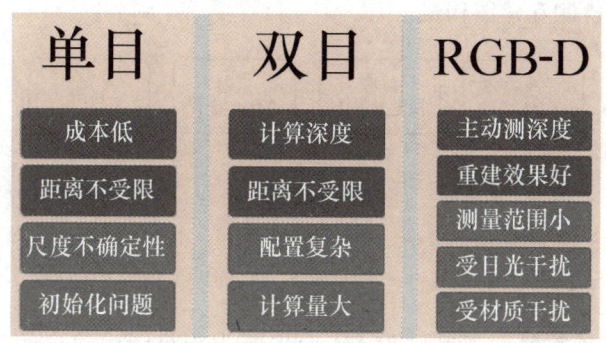

图 4-28 视觉 SLAM 的特点

单目相机 SLAM 仅用一个摄像头就能完成 SLAM。最大的优点是传感器简单且成本低廉，但一个大问题是不能确切地得到深度。一方面是绝对深度不可知，单目 SLAM 不能得到目标的运动轨迹及地图的真实大小，如果把轨迹和地图同时放大两倍，单目看到的像是一样的，因此，单目 SLAM 只能估算一个相对深度。另一方面，单目相机无法依靠一张图像获得图像中物体离自己的相对距离。为了估计这个相对深度，单目 SLAM 要靠运动中的三角测量来求解相机运动并估算像素的空间位置。也就是说，它的轨迹和地图只有在相机运动之后才能收敛，如果相机不进行运动时，就无法得知像素的位置。单目 SLAM 不受空间大小的影响，因此既可以用于室内，又可以用于室外。

[一] R、G、B 分别是 Red、Green、Blue，D 指 Depth Map。

双目相机和深度相机的目的在于通过某种手段测量物体的距离，克服单目无法知道距离的缺点。如果知道了距离，场景的三维结构就可以通过单个图像恢复出来，也就消除了尺度不确定性。尽管都是为测量距离，但双目相机与深度相机测量深度的原理是不一样的。

双目相机由两个单目相机组成，但这两个相机之间的距离（基线）是已知的。可通过这个基线来估计每个像素的空间位置。但是计算机上的双目相机需要大量的计算才能估算每一个像素点的深度，并且双目相机测量到的深度范围与基线相关，基线距离越大，能够测量的距离就越远，所以无人驾驶车辆上搭载的双目相机基线距离通常会较大。双目相机的距离估算是比较左右眼的图像获得的，并不依赖其他传感设备，所以它既可以应用于室内，也可应用于室外。

深度相机的最大特点是可以通过红外结构光或 TOF 原理，直接测出图像中各像素与相机的距离。因此，它比传统相机能够提供更丰富的信息，也不必像单目或双目那样费时费力地计算深度。深度相机主要用于室内 SLAM，室外则较难应用。

双目或多目相机的缺点是配置与标定均较为复杂，其深度量程和精度受双目的基线与分辨率限制，并且视差的计算非常消耗计算资源，需要使用 GPU 和高速数据采集系统加速后才能实时输出整张图像的距离信息。

2. 视觉 SLAM 的框架

视觉 SLAM 的框架如图 4-29 所示，它由视觉传感器数据、前端视觉里程计、后端非线性优化、回环检测和建图构成。

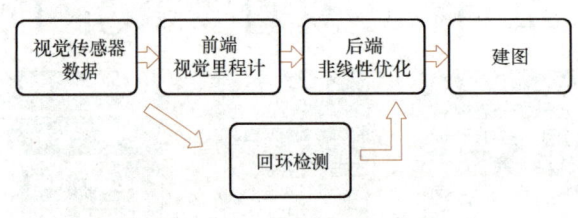

图 4-29　视觉 SLAM 的框架

（1）视觉传感器数据　在视觉 SLAM 中主要为相机图像信息的读取和预处理。如果在机器人中，还可能有码盘、惯性传感器等信息的读取和同步。

（2）前端视觉里程计　视觉里程计的任务是估算相邻图像间相机的运动以及局部地图的样子，最简单的是两张图像之间的运动关系。在图像上，只能看到一个个的像素，知道它们是某些空间点在相机的成像平面投影的结果。因此，要了解计算机是如何通过图像确定相机运动的，必须先了解相机与空间点的几何关系。

前端视觉里程计能够通过相邻帧间的图像估算相机运动，并恢复场景的空间结构。被称为里程计是因为它只计算相邻时刻的运动，而和过去信息没有关联。把相邻时刻的运动串联起来，就构成了无人车的运动轨迹，从而解决了定位问题。另一方面，根据每一时刻的相机位置计算出各像素对应的空间点的位置，就得到了地图。

（3）后端非线性优化　后端非线性优化主要是处理 SLAM 过程中噪声的问题。任何传感器都有噪声，所以除了要处理"如何从图像中估算出相机运动"这个问题，还要关心这个估算带有多大的噪声。

前端给后端提供待优化的数据以及这些数据的初始值,而后端负责整体的优化过程并得到与全局一致的轨迹和地图。后端往往面对的只有数据,而且不必关心这些数据来自哪里。在视觉 SLAM 中,前端和计算机视觉研究领域更为相关,比如图像的特征提取与匹配等,后端则主要是滤波和非线性优化算法。

(4)回环检测　回环检测也可以称为闭环检测,是指无人车识别曾到达场景的能力。如果检测到回环,它会把信息提供给后端进行处理。回环检测实质上是一种检测观测数据相似性的算法。对于视觉 SLAM,多数系统采用目前较为成熟的词袋模型(BoW)。词袋模型把图像中的视觉特征聚类,然后建立词典,进而寻找每个图中含有哪些"单词"。也有研究者使用传统模式识别的方法,把回环检测建构成一个分类问题,训练分类器进行分类。

(5)建图　建图主要是根据估算的轨迹,建立与任务要求对应的地图。地图是对环境的描述,但这个描述并不是固定的,而是需要视 SLAM 的应用而定的。地图的表示主要有 2D 栅格地图、2D 拓扑地图、3D 点云地图和 3D 网格地图,如图 4-30 所示。

2D栅格地图

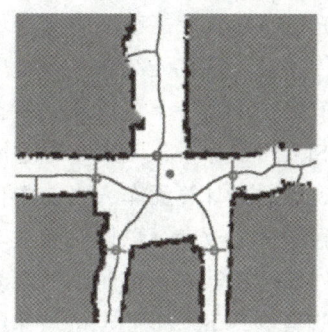
2D拓扑地图

3D点云地图

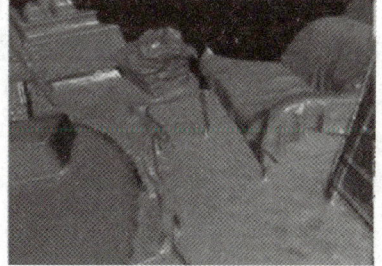
3D网格地图

图 4-30　构建地图的种类

3. 视觉 SLAM 的工作原理

大多数视觉 SLAM 系统的工作方式是通过连续的相机帧,跟踪设置关键点,以三角算法定位其 3D 位置,同时使用此信息来逼近推测相机自己的姿态。简单来说,这些系统的目标是绘制与自身位置相关的环境地图。这个地图可以用于无人车在该环境中导航过程。与其他形式的 SLAM 技术不同,视觉 SLAM 只需一个 3D 视觉摄像头就可以做到这一点。

通过跟踪摄像头视频帧中足够数量的关键点，可以快速了解传感器的方向和周围物理环境的结构。所有视觉 SLAM 系统都在不断地工作，以使重新投影误差或投影点与实际点之间的差异最小化，通常通过一种称为光束法平差（BA）的算法解决。视觉 SLAM 系统需要实时操作，这涉及大量的运算，因此位置数据和映射数据经常分别进行 BA，但同时进行 BA 便于在最终合并之前加快处理速度。

视觉 SLAM 主要用于 GPS 缺失场景下的长时间定位，如室内、楼房中；也可用于补偿行驶过程中 GPS 信号不稳定造成的定位跳跃，如山洞、高楼群或野外山区等。

4.5.2 激光 SLAM 技术

激光 SLAM 就是根据一帧帧连续运动的点云数据，从中推断出激光雷达自身的运动以及周围环境的情况。激光 SLAM 根据其所用的激光雷达的线束不同可细分为 2D 激光 SLAM 和 3D 激光 SLAM。

1. 激光 SLAM 的特点

激光 SLAM 具有能够准确测量环境中目标点的角度与距离、无须预先布置场景、可融合多传感器、能在光线较差环境中工作以及能够生成便于导航的环境地图等特点，成为了目前定位方案中不可或缺的新技术。

在 SLAM 过程中，无人车通过激光雷达感知周围环境，并对周围环境进行重建，然后通过观测数据计算无车人当前的位姿，并融合无人车内部里程计、加速度计等传感器推算得到的位姿改变，以此对无人车进行精准的定位。与此同时，通过无人车的定位信息以及外部传感器在当前时刻的观测信息对地图进行增量式更新，再通过建好的地图作为先验信息进行下一步的定位与建图，此过程周而复始。

激光 SLAM 主要分为定位与建图两个部分，主要要解决三个基本问题：一是特征值提取问题，环境中信息量非常大，不可能全部拿来用，则需要解决如何从周围环境中提取出有用信息的问题；二是数据关联问题，即不同时刻观测到的环境信息之间的关系问题；三是地图表示问题，即如何来描述周围的环境问题。

2. 激光 SLAM 的框架

激光 SLAM 的框架如图 4-31 所示。

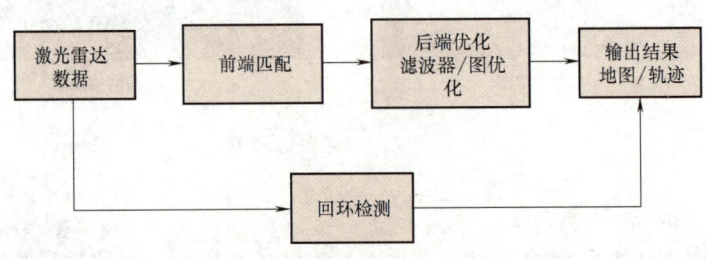

图 4-31　激光 SLAM 的框架

（1）激光雷达数据　激光雷达通过发射激光束来测量周围环境中障碍物的对应的角度和距离信息，再通过一定的算法转换为以激光雷达为坐标系的三维坐标点，并构成点云数据。

（2）**前端匹配** 前端匹配实际上就是寻找前后两帧点云的对应关系，在给定无人车移动前后的两组激光测量点数据的条件下，可以从点云数据中提取出有用的信息，并通过迭代运算求得激光雷达的旋转平移参数，可使得前后两帧数据尽可能地对准。

（3）**后端优化** 由于数据会受到噪声的影响，所以前端匹配一定会存在一定的误差。在这些噪声的影响下，希望通过带噪声的数据推断出位姿和地图，这构成了一个状态估算问题。过去主要使用滤波器，尤其是扩展卡尔曼滤波器求解这个问题，但是卡尔曼滤波器只关心当前时刻的状态估算，而对之前的状态则没有太多考虑。近年来普遍使用的非线性优化方法，因其使用所有时刻采集到的数据进行状态估算，被认为优于传统的滤波器，成为目前的主流方法。

（4）**回环检测** 虽然后端能够估算最大后验误差，但是只有相邻关键帧数据时，能做的事情并不多，也无法消除累积误差。回环检测模块却能够给出除了相邻帧之外的一些时隔更加久远的约束。当察觉激光雷达经过同一个地方时，会采集到相似的数据。而回环检测的关键就是如何有效地检测出激光雷达经过同一个地方这件事。如果能够成功地检测这件事，就可以为后端的位姿优化提供更多的有效数据，使之得到更好的估算。

（5）**输出结果** 上述过程中得到了每帧点云数据以及其对应的位姿，就可以将这帧点云拼接到全局地图中完成地图的更新，输出六自由度位姿和所需格式的地图。

激光 SLAM 的基本原理就是点云拼接。

3. 激光 SLAM 的应用实例

利用激光 SLAM 对无人车进行即时定位与建图，无人车如图 4-32 所示。

图 4-32 搭载激光雷达的无人车

无人车上搭载的传感器是速腾聚创的 16 线激光雷达，通过 16 个激光发射组件快速旋转的同时发射高频率激光束对外界环境进行持续性的扫描，经过测距算法提供三维空间点云数据及物体反射率，可以让无人车看到周围的世界。激光雷达垂直方向上视场角为 ±15°，角分辨率为 2°；水平方向上视场角为 360°，角分辨率为 0.2°；测距为 0.2～

150m，工作电压为 12V，功耗为 9W，探测结果通过百兆以太网输出。

激光 SLAM 的建图效果如图 4-33 所示。

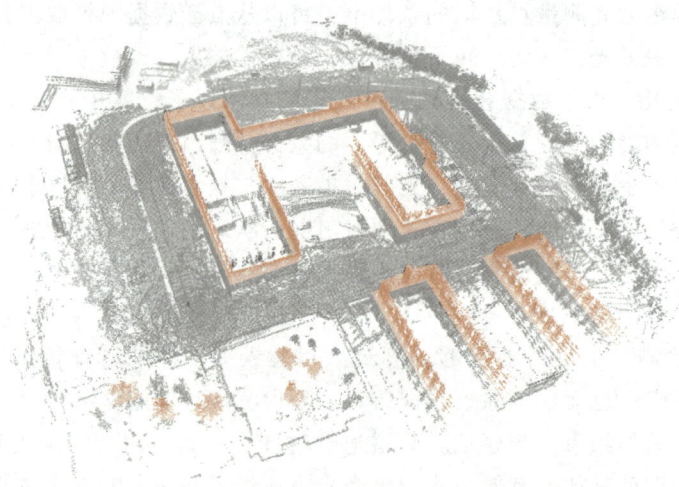

图 4-33　激光 SLAM 的建图

4.5.3　视觉 SLAM 与激光 SLAM 的区别

从成本、应用场景、地图精度和易用性对视觉 SLAM 与激光 SLAM 进行比较。

1. 成本

激光雷达普遍价格较高，但目前国内也有低成本的激光雷达解决方案。视觉 SLAM 主要通过摄像头来采集数据信息，跟激光雷达比，摄像头的成本低很多；但激光雷达能更高精度的测出障碍点的角度和距离，方便定位导航。

2. 应用场景

视觉 SLAM 的应用场景比激光 SLAM 的应用场景要丰富很多。视觉 SLAM 虽然在室内外环境下均能开展工作，但是对光的依赖程度高，在暗处或者一些无纹理区域无法进行工作。而激光 SLAM 目前主要应用于室内，用来进行地图构建和导航工作。

3. 地图精度

激光 SLAM 在构建地图的时候精度较高，构建的地图精度可达到 2cm 左右；视觉 SLAM，如深度摄像头的测距范围在 3~12m 之间，地图构建精度约 3cm；所以激光 SLAM 构建的地图精度一般比视觉 SLAM 高且能直接用于定位导航。

4. 易用性

激光 SLAM 和基于深度相机的视觉 SLAM 均是通过直接获取环境中的点云数据，再根据生成的点云数据测算障碍物的位置及其距离。但是基于单目、双目和鱼眼摄像头的视觉 SLAM 方案则不能直接获得环境中的点云，而是形成灰色或彩色图像，然后通过不断移动自身的位置，再通过提取和匹配特征点，最后利用三角测距的方法测算出障碍物的距离。

总体来说，激光 SLAM 相对更为成熟，也是目前最为可靠的定位导航方案；而视觉 SLAM 仍是今后研究的一个主流方向，但未来将两者融合是必然趋势。

4.6 电子地图技术

4.6.1 导航电子地图

1. 导航电子地图的定义

导航电子地图以 GPS 导航设备为依托，融入计算机技术、地理信息系统（GIS）技术和三维（3D）技术，以数字方式存储和查阅，可进行地理信息定位显示、索引、计算和引导，主要用于路径规划和导航，如图 4-34 所示。

2. 导航电子地图的作用

导航电子地图具有定位显示、路径规划、路线索引以及信息查询的作用。

3. 导航电子地图的数据

导航电子地图的数据由道路数据、背景数据（点、线、面）、注记数据（注记类型、可见级别）以及索引数据［POI、邮编、地点以及交叉口］4 部分组成。

图 4-34 导航电子地图

为了数据组织的便利性和数据内容的扩展性，不同的图商和产品还要附加一些新的数据内容，如行政区划、要素名称词典和语音文件等。

4. 导航电子地图的特点

导航电子地图具有以下特点：

1) 支持导航区域的相对无限性，覆盖范围足够广。
2) 高精度，多尺寸。
3) 以路网为主，能合理准确地表达空间关系。
4) 支持实时、动态的快速显示。
5) 现实性好，更新周期短。

4.6.2 高精度地图

1. 高精度地图的定义

高精度地图就是精度更高、数据维度更多的电子地图。精度更高体现在精确到厘米级别，数据维度更多体现在其包括了除道路信息之外的与交通相关的周围静态信息。

高精度地图将大量的行车辅助信息存储为结构化数据，这些信息可以分为以下两类：

1) 道路数据，如车道线的位置、类型、宽度、坡度和曲率等车道信息。

2）车道周边的固定对象信息，如交通标志、交通信号灯等信息、车道限高、下水道口、障碍物及其他道路细节、高架物体、防护栏、道路边缘类型以及路边地标等基础设施信息。

图 4-35 所示为一高精度地图。

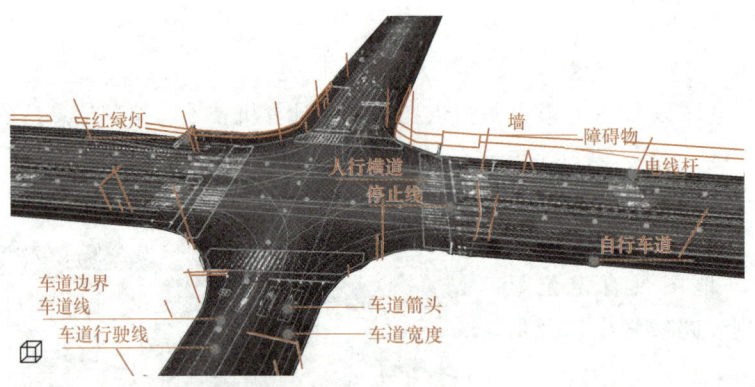

图 4-35　高精度地图

高精度地图里的信息都有地理编码，导航系统可以准确定位地形、物体和道路轮廓，从而引导车辆行驶。其中最重要的是对路网精确的三维表征（厘米级精度），如路面的几何结构、道路标示线的位置、周边道路环境的点云模型等。有了这些高精度的三维表征，自动驾驶系统可以通过比对车载的 GPS、IMU、激光雷达或视觉传感器的数据精确确认自己当前的位置。另外，高精度地图中包含有丰富的语义信息，如交通信号灯的位置和类型、道路标示线的类型以及可通行路面信息等。

2. 高精度地图与导航电子地图的区别

高精度地图与导航电子地图有以下区别：

（1）**使用对象**　导航电子地图的使用者是驾驶人，有显示；高精度地图的使用者是自动驾驶系统，无显示。

（2）**精度**　导航电子地图的精度在米级别，商用 GPS 精度为 5m；高精度地图的精度在厘米级别，误差在 10~20cm 之间。

（3）**数据维度**　导航电子地图数据只记录道路级别的数据：道路形状、坡度、曲率、铺设以及方向等，高精度地图不仅增加了车道属性相关（车道线类型、车道宽度等）数据，更有诸如高架物体、防护栏、树、道路边缘类型以及路边地标等大量目标数据，能够明确区分车道线类型、路边地标等细节。

（4）**功能**　导航电子地图起的是辅助驾驶的导航功能，高精度地图通过"高精度高动态多维度"数据，起的是为自动驾驶提供自变量和目标函数的功能。

（5）**数据的实时性**　无人驾驶时代所需的局部动态地图根据更新频率划分可将所有数据划分为 4 类：永久静态数据，更新频率约为 1 个月；半永久静态数据，更新频率为 1 小时；半动态数据，更新频率为 1 分钟；动态数据，更新频率为 1 秒。导航电子地图可能只需要前两者，高精度地图为了应对各类突发状况，保证自动驾驶的安全实现，需要更多的半动态数据以及动态数据，这大大提升了对数据实时性的要求。

（6）**所属系统** 导航电子地图属于信息娱乐系统，高精度地图属于车载安全系统。

3. 高精度地图的作用

与驾驶人的驾驶过程一样，自动驾驶也需要经过感知、高精定位、决策和控制四个步骤。驾驶人的感知通过眼睛、耳朵，自动驾驶则通过激光雷达、毫米波雷达、摄像头以及惯导系统等传感器。对于高精定位而言，人通过将看到听到的环境信息与记忆中的信息对比，判断出自己的位置和方向；自动驾驶则需要将传感器搜集的信息与储存的高精度地图对比，判断出位置和方向。最后驾驶人思考判断后操控汽车开向目的地，自动驾驶则通过人工智能算法决策做出车道及路径规划，给制动、转向和加速等控制器下达指令，控制车辆开往目的地。

在自动驾驶过程中，高精度地图起到了高精度定位、辅助环境感知和路径规划等功能，如图 4-36 所示。

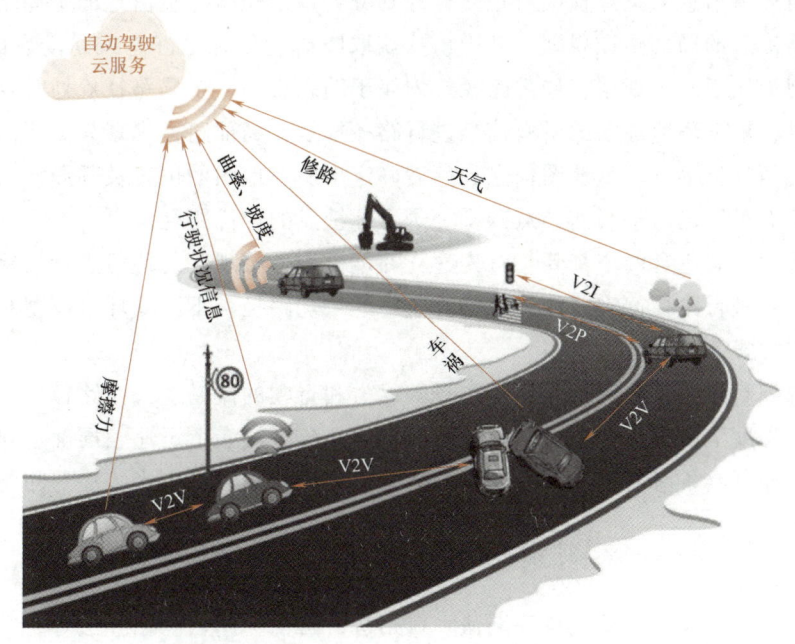

图 4-36　自动驾驶过程中高精度地图的作用

（1）**高精度定位** 导航电子地图的匹配依赖于 GPS 定位，定位准确性取决于 GPS 的精度、信号强弱以及定位传感器的误差；高精度地图相对于导航电子地图有着更多维度的数据，如道路形状、坡度、曲率、航向以及横坡角等，通过更高维数的数据结合高效率的匹配算法，高精度地图能够实现更高尺度的定位与匹配。利用高精度地图匹配可以将车辆位置精准的定位在车道上，从而提高车辆定位的精度。

（2）**辅助环境感知** 高精度地图可以看作无人驾驶汽车的传感器，可对车载传感器无法探测的部分进行补充，也可进行实时状况的监测及外部信息的反馈；车载传感器有其局限性，如易受恶劣天气的影响，此时可以使用高精度地图来获取当前位置精准的交通状况。

(3) 路径规划　对于提前规划好的最优路径，由于实时更新的交通信息，最优路径可能也在随时会发生变化。此时高精度地图在云计算的辅助下，能有效地为无人驾驶汽车提供最新的路况，帮助无人驾驶汽车重新制定最优路径。

总之，高精度地图可以解决环境感知中传感器在雨雪、大雾天气里不适用的问题，在规划和决策中可以对地理数据进行修正，能提高准确度，可以大量减少车载传感器的数目，降低整车成本并加快无人驾驶的商用化。

4.7　路径规划技术

路径规划是指在一定环境模型基础上，给定汽车起始点和目标点后，按照性能指标规划出一条无碰撞、能安全达到目标点的有效路径。

根据对环境信息的把握程度可把路径规划分为基于先验完全信息的全局路径规划和基于传感器信息的局部路径规划。其中，从获取障碍物信息是静态或是动态的角度看，全局路径规划属于静态规划，局部路径规划属于动态规划。全局路径规划需要掌握所有的环境信息，根据环境地图的所有信息进行路径规划；局部路径规划只需要由传感器实时采集环境信息，了解环境地图信息，然后确定出所在地图的位置及其局部的障碍物分布情况，从而可以选出从当前结点到某一子目标结点的最优路径。

路径规划主要包含两个步骤：首先建立环境模型，将现实的环境进行抽象后建立相关模型；然后进行路径搜索，即寻找符合条件的最优路径。不同的环境模型对路径搜索方法具有非常显著的影响。

路径规划直接关系车辆行驶路径选择的优劣和行驶的流畅度，而路径规划算法的性能优劣很大程度上取决于规划算法的优劣，如何在各种场景下迅速、准确地规划出一条高效路径且使其具备应对场景动态变化的能力是路径规划算法应当解决的问题。

4.7.1　环境模型建立方法

环境模型建立方法主要有可视图法、栅格法、自由空间法和拓扑法等。

1. 可视图法

在 C 空间（configuration space，位姿空间）中，运动物体缩小为一点，障碍物边界相应地向外扩展为 C 空间障碍。在二维的情况下，扩展的障碍物边界可由多个多边形表示，用直线将物体运动的起点 S 和所有 C 空间障碍物的顶点以及目标点 C 连接，并保证这些直线段不与 C 空间障碍物相交，就形成一张图，称之为可视图。由于任意两直线的顶点都是可见的，因此，从起点 S 沿着这些直线到达目标点的所有路径均是运动物体的无碰撞路径。对图搜索就可以找到最短无碰撞安全运动路径。搜索最优路径的问题就转化为从起点到目标点经过这些可视直线的最短距离问题。

可视图法的优点是概念直观，实现简单；缺点是缺乏灵活性，一旦车辆的起始点和目标点发生改变，就要重新构造可视图，而且算法的复杂性和障碍物的数量成正比，且不是任何时候都可以获得最优路径。

2. 栅格法

栅格法是用栅格单元表示整个的工作环境,将主车的连续工作环境离散化分解成一系列的网格单元。一般情况下,栅格大小与主车的尺寸相同,尽量把主车的工作环境划分为尺寸大小相同的栅格;有时也有尺寸大小不同的情况,这主要还是根据实际情况来定。主车的整个工作环境划分后的栅格分为两种,即自由栅格和障碍栅格。自由栅格指的是某一栅格范围内不含有任何障碍物;障碍栅格指的是这个栅格范围内存在障碍物,有的时候可能整个栅格内都布满障碍物,有的时候可能只有栅格的一部分是障碍物,但是只要有障碍物的存在就被称为障碍栅格。

栅格的标识方法有两种:直角坐标法和序号法。直角坐标法以栅格左上角第一个栅格为坐标原点,水平向右为 x 轴正方向,竖直向下为 y 轴正方向,每一个栅格区间对应于坐标轴上一个单位长度。序号法就是从栅格阵左上第一个栅格开始,按照从左至右、从上至下的顺序给每一个栅格一个编号。

栅格法常用于均匀分解法中,均匀分解法中栅格大小均匀分布,占据栅格用数值表示。均匀分解法能够快速直观地融合传感器信息,但是它采用相同大小的栅格会导致存储空间巨大,大规模环境下路径规划计算复杂度增高。

为了克服均匀分解法中存储空间巨大的问题,递阶分解法把环境空间分解为大小不同的矩形区域,从而可以减少环境模型所占空间。递阶分解法的典型代表为四叉树分解法和八叉树分解法。八叉树分解法是 2D 四叉树结构在 3D 空间的扩展,用层次式的 3D 空间子区域划分来代替大小相等、规则排列的 3D 栅格,能够较好地表示三维空间。

栅格法对环境空间的划分方法和操作都比较简单,有一致的规则,较容易实现。但由于连续的工作空间被划分为离散的栅格空间,没有考虑环境本身固有的一些特点,使得栅格属性代表的信息具有片面性,并且栅格法对栅格大小的划分有很大的依赖性,当栅格划分较小且当环境很复杂时,搜索空间会急剧增大,算法的效率就会很低。

3. 自由空间法

自由空间法是采用预先定义的如广义锥形和凸多边形等基本形状构造自由空间,并将自由空间表示为连通图,然后通过搜索连通图来进行路径规划。

自由空间法比较灵活,起始点和目标点的改变不会造成连通图的重构,但算法的复杂程度与障碍物的多少成正比,且不是任何情况下都能获得最短路径。

4. 拓扑法

拓扑法基本思想是降维法,即将在高维几何空间中求路径的问题转化为低维拓扑空间中判别连通性的问题。将规划空间分割成具有拓扑特征一致的子空间,根据彼此连通性建立拓扑网络,在网络上寻找起始点到目标点的拓扑路径,最终由拓扑路径求出几何路径。

拓扑法中主车所处的环境用图形来表示,不同的地点用点来表示,不同点的相邻可达性用弧来表示。拓扑法的优点是不管环境多么复杂,都能找到无碰撞路径;缺点是建立拓扑网络的过程相当复杂,其计算量十分庞大。在障碍物数量增多或障碍物位置改变的时候，修改原来的拓扑网络是很棘手的问题。

总之，环境模型建立方法很多，可以根据具体情况选择，也可以把几种方法结合起来。

4.7.2 路径规划的经典算法

路径规划的经典算法主要有 Dijkstra 算法、A* 算法和 D* 算法等。

1. Dijkstra 算法

Dijkstra 算法是最经典的路径搜索算法，寻找解的质量稳定、计算速度快。Dijkstra 算法使用全局搜索，不但能够保证在一个区域当中找到两个坐标之间的最短路径，而且能够找到区域中某一点到其他点中的最短路径。

Dijkstra 算法的基本思想是：若每个点设都有一个坐标 (d_j, p_j)，其中 d_j 是原点 O 到某一点 j 的一条长度是最短的路径；p_j 则是 d_j 的前一个点。求解从原点 O 到某一点 j 的路径中最短的一条路径，其算法步骤如下：

1）判断路径规划的可行性，即起始点和终点的选择是否可行和存储结点的容器是否正确，将存放节点的容器初始化，然后把所有结点粘贴到临时缓存。

2）首先查找离第一个节点最近的相关节点和两者之间的道路信息，并把它们都存储起来，然后通过查找与之距离最短的一个节点是不是终点，假如是终点，那么将节点存储起来并返回；若不是，则从暂时缓存中删除第一个节点，执行下一步操作。

3）寻找离目前中间点最近的一个节点，将此节点存储起来。

4）再次判断目前节点是不是线路规划的终点，假如是则返回节点；若不是则可以删除临时缓存中的已分析节点，重新回到步骤3）。

Dijkstra 算法的核心方法就是对当前网络中存在的所有节点开始查找，找到第一个节点到任意一个节点的最短线路，这种方法并没有考虑到任何节点是否存在方向性，因此 Dijkstra 算法具有比较好的计算可靠性、稳定性，但同时也存在着缺点，在范围较大的路径规划中，Dijkstra 算法计算效果较差。

2. A* 算法

在静态路径下的规划算法中常用的算法为 A* 算法，它是一种启发式搜索策略，能根据求解问题的具体特征，控制搜索往最可能达到目的地方向前进。这种搜索策略针对问题本身特点进行，因而比完全搜索的方法效率要高很多，它往往只需要搜索一部分状态空间就可以达到目的地。

A* 算法是目前最为流行的最短路径启发式搜索算法，它充分运用问题域状态空间的启发信息，对问题求解选取比较适宜的估价函数，再利用估价函数的反馈结果对它的搜索战略进行动态的调节，最终得到问题的最优解。A* 算法给出的估价函数为

$$f(j) = g(j) + h(j) \tag{4-9}$$

式中，$f(j)$ 为估价函数；$g(j)$ 为从原点到当前节点 j 的代价；$h(j)$ 为从当前节点 j 到目标节点之间的最小代价的估算函数。

当 $h(j) = 0$ 时，即 $h(j)$ 没有用到任何启发式信息，此种情况下 A* 算法会演变衰退

为一般的 Dijkstra 算法。因此，在一般情况下，$h(j)$ 到底为何种样式应该按照待求问题的实际情况而定，但是它务必需要使估价函数中的 $h(j)$ 项小于等于点 j 到目标节点的实际最小代价，根据这样的搜索策略就肯定可以找到最优解。

在最短路径问题中，$h(j)$ 可选择为当前顶点到目标顶点的直线距离 $d(j)$，而 $g(j)$ 则选择为原点到当前节点的实际距离 $d^*(j)$，则估价函数为

$$f(j) = d^*(j) + d(j) \tag{4-10}$$

A^* 算法步骤如下：

1）赋给初始值，初始化所有节点、临时缓存和关联容器。

2）计算初始节点和各个相关节点的权值 $f(j)$，然后保存起来，从中获得权值最小的节点，并保存该节点，最后把它从节点存储器中去掉。

3）计算该节点是不是终点，假如是终点就返回节点，若不是终点就接着计算下一步。

4）获得所有的中间节点与相关节点的权值 $f(j)$，然后开始判断，假如这个节点没有保存，那么把这个节点存储起来；假如这个节点已经保存，比较这个节点的权值和已保存节点的权值大小，如果不大于已保存权值，则开始更新替换。

5）查找中间点的关联节点中权值最小的一个节点，将该节点保存，然后将其从节点缓存中去掉，并转到步骤 3）。

A^* 算法的独特之处在于使用估价模型函数，这种算法会自动地使运算结果趋向于目的地，因此，它查找的节点越少，存储空间被占用的越少。与其他算法相比，如果它们的时间复杂度是一样的，A^* 算法在实际应用中效果会更优越。

3. D^* 算法

A^* 算法主要是在静态的环境下进行最短路径规划，但在实际环境下可能由于交通环境复杂，路面的行人、路障、非机动车辆、机动车辆以及其他各种动态障碍物影响车辆的行进，所以有必要进行路径的动态规划。典型的动态规划算法为 D^* 算法。

D^* 算法步骤如下：

1）利用 A^* 算法对地图上给定的起始点和目标点进行路径规划，建立 OPEN 表和 CLOSED 表，存储规划路径上的每一路点到目标路点的最短路径信息。

2）在车辆对规划出的路径进行跟踪时，当下一个路点没有障碍能够通行时，则对上面规划出的路径从起始路点向后追溯到目标路点，直至车辆到达目的地。当在跟踪到某一路点 Y 时，检测到在下一路点处有障碍发生时，则在当前路点处重新建立对后续路点的规划，保存障碍物之前的路点在 OPEN 表和 CLOSED 表里的信息和指针，删除障碍物之后路点在 OPEN 表和 CLOSED 表里的信息和后继指针。

3）利用 A^* 算法从当前路点 Y 开始向目标路点进行规划，重新规划得到最短路径，并回到步骤 2）。

4.7.3 路径规划的智能算法

路径规划的智能算法主要有遗传算法、模拟退火算法和蚁群算法等。

1. 遗传算法

遗传算法是目前主车路径规划中常用的一种算法，它是利用达尔文的生物自然遗传选择和生物自然淘汰的进化来实现的数学模型。遗传算法源于自然进化规律和遗传基因学，并且拥有"生成"与"检测"这种叠加顺序的查询算法。遗传算法把整个蚁群当中每个成员作为研究对象，而且通过随机化方法去控制当前被编码的参数空间进行查询。遗传算法的主要流程是选择、交叉和变异。遗传算法是直接可以对蚁群对象操作，没有必要考虑函数导数与连续性的限制。遗传算法内部存在良好的并行处理能力和优秀的全局查询特色。遗传算法通过概率化的方法能自动获得查询空间，自动地改变查询方向，而不需要有明确的规定。遗传算法目前已成为较新颖的查询方法，它的计算方法不复杂、高效、实用，并且有较好的鲁棒性，适用于并行处理领域。

遗传算法步骤如下：

(1) **初始化** 设定起始群体 $P(0)$，生成 N 个个体，设定进化代数变量 $t=0$，设定 T 最大进化代数。

(2) **个体评价** 获得群体 $P(t)$ 中每个样本的适应度。

(3) **选择计算** 选择是为了把优秀的个体或通过交配产生新的个体传到下一代。

(4) **交叉计算** 将最核心的交叉算子作用于群体。

(5) **变异计算** 把总群中的每个个体的一些基因座上的基因值改动。种群 $P(t_1)$ 是种群 $P(t)$ 产生，历经选择、交叉和变异。

(6) **结束判断** 当 $t=T$ 时，停止计算，输出具有最大适应度的个体。

2. 模拟退火算法

模拟退火算法是求解规划问题中的最优值，方法是利用热力学中经典粒子系统的降温过程。当孤立的粒子系统的温度缓慢降低时，粒子系统会保持在热力学平衡稳定的状态，最终体系将处于能量最低的情况简称基态。基态是能量函数的最小点。模拟退火算法能够有效地解决复杂的系统优化问题，并且限制性约束较小。

模拟退火算法步骤如下：

1）设定初始值，包括温度 T_0 及函数值 $f(x)$。

2）计算函数差值 $\Delta f = f(x) - f(x')$。

3）若 $\Delta f > 0$，可把新点作为下一次计算的初始值。

4）若 $\Delta f < 0$，则计算新接受概率 $p(\Delta f) = \exp\left(-\dfrac{\Delta f}{KT}\right)$，产生 [0, 1] 区间上均匀分布的伪随机数 r，r 属于 [0, 1]，根据 $p(\Delta f)$ 与 r 值的大小来判断下一次值的选取。

如果根据退火方案把温度一步降低，循环执行上述步骤，这样就形成了模拟退火算法。假如此时系统的温度降到足够低，就会视为目前就是全局最优的状态。

3. 蚁群算法

蚁群算法寻找最优解是效仿了真实蚂蚁的寻径行为，利用蚂蚁之间的相互通信与相互合作。蚁群算法类似于其他进化算法，首先都是一种随机查找算法；其次，都是利用候选解群体的进化来寻找最优解，具有完善的全局优化能力，不依赖于特定的数学问题。

通过蚁群算法求解某些比较复杂的优化问题时，能体现出该算法的优越性，但是蚁群算法自身也具有不少缺点。蚁群算法的优点有：

1）蚁群算法在优化问题领域具有很强的搜索较优解的能力，因为它能够把一些常用的分布式计算、贪婪式搜索等特点综合起来，并且是一种正反馈机制的算法。想要快速地发现较优解，可利用正反馈机制得到；想要快速发现过早收敛现象，可由分布式计算排除；这样在查找过程的前期，就能找到可实施的方法。若要减少查找过程消耗的时间，可通过贪婪式搜索来实现。

2）蚁群算法具有很强的并行性。

3）蚁群中蚂蚁之间通过信息素展开协同合作，系统具有较好的可扩展性。

蚁群算法也具有一些缺点：

1）蚁群算法需要消耗比较多的时间来查找，尤其是在群体规模较大时，由于蚁群中的蚂蚁活动是任意的，即使利用信息交换可以找到最优路径，但在不经过很长时间的查找，很难发现一条比较好的线路。在刚开始寻找路径时，各线路上的信息浓度大小几乎是相同的，这样查找就存在一定困难。虽然利用正反馈方法反馈信息能够让好线路上的信息量越来越多，但是需要消耗很长的时间间隔，才能使较多的信息量出现在较好的路径上，伴随正反馈的不断进行，才会产生明显的差别，从而得到最好的路径。这一过程需要较长时间。

2）当查找过程进行到一定阶段时，蚁群中蚂蚁查找到的解相同，很难再深层次去查找得到更好的解，使算法出现停滞现象。

除了上述算法之外，还有其他很多算法，如基于广度优先搜索、深度优先搜索、最小生成树、神经网络以及层次空间推理等。

【例4-3】 使用最优快速探索随机树（Rapidly exploring Randorn Trees，RRT）算法规划穿过停车场的车辆路径，并检查路径是否有效，沿路径绘制车辆过渡姿势。

解：在 MATLAB 命令行窗口输入以下程序。

```
1   data = load('parkingLotCostmap.mat');                              %加载一停车场文件
2   costmap = data.parkingLotCostmap;                                  %卜载车辆成本图
3   plot(costmap)                                                       %绘制车辆成本图
4   startPose = [4,4,90];                                              %设置初始姿态
5   goalPose = [70,35,0];                                              %设置目标姿态
6   planner = pathPlannerRRT(costmap);                                 %路径规划器
7   refPath = plan(planner,startPose,goalPose);                        %路径规划
8   isPathValid = checkPathValidity(refPath,costmap)                   %检查路径规划有效性
9   transitionPoses = interpolate(refPath);                            %插入车辆姿态
10  hold on                                                             %保存图形
11  plot(refPath,'DisplayName','Planned Path')                         %绘制路径规划
12  scatter(transitionPoses(:,1),transitionPoses(:,2),[],'filled',...  %绘制过渡姿态
        'DisplayName','过渡姿态')
```

输出结果为

isPathValid =

  logical

    1

说明路径规划有效。

路径规划如图 4-37 所示。

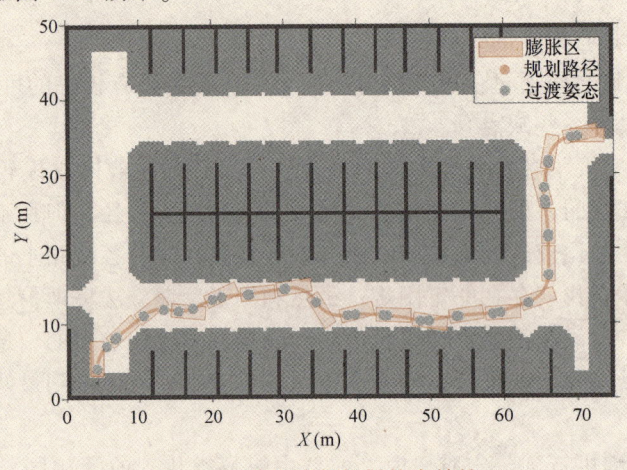

图 4-37　检查路径规划的有效性

练 习 题

一、名词解释
1. 全球卫星定位系统　　2. 差分全球卫星定位系统　　3. 载波相位差分
4. 车辆航位推算　　　　5. 惯性导航系统　　　　　　6. 惯性测量单元
7. SLAM 技术　　　　　 8. 导航电子地图　　　　　　9. 高精度地图

二、简答题
1. 全球卫星定位系统有哪些特点？
2. 北斗卫星导航定位系统有哪些特点？
3. 惯性导航系统有哪些作用？
4. 惯性导航系统有哪些特点？
5. 通信基站定位方法有哪些？
6. SLAM 技术的作用是什么？
7. 导航电子地图有哪些作用？
8. 高精度地图有哪些作用？

三、仿真题
1. 设置车辆位置，利用 GPS 进行位置测量。
2. 设置车辆位置和运动参数，利用 GPS/IMU 测量车辆位置的误差。
3. 设置车辆初始姿态和目标姿态，使用最优快速探索随机树（RRT）算法规划穿过停车场的车辆路径，并检查路径是否有效，沿路径绘制车辆过渡姿势。

第5章

智能网联汽车运动控制技术

【教学目标】

通过对本章的学习,学生能够掌握汽车线控转向技术、线控制动技术和线控节气门技术的定义、特点、组成与原理,以及汽车纵向和横向运动控制仿真技术。

【教学要求】

知识要点	能力要求	参考学时
汽车线控转向技术	1)掌握汽车线控转向技术的定义、特点、组成与原理 2)了解汽车线控转向技术的应用	0.5
汽车线控制动技术	1)掌握汽车线控制动技术的定义、特点、组成与原理 2)了解汽车线控制动的产品及应用	1
汽车线控节气门技术	1)掌握汽车线控节气门技术的定义、特点、组成与原理 2)了解汽车线控节气门技术的应用	0.5
汽车运动控制技术	1)掌握汽车运动学模型和动力学模型的建立 2)了解汽车运动控制模块 3)熟悉汽车运动控制仿真方法 4)能够对汽车纵向运动和横向运动进行仿真	2

5.1 汽车线控转向技术

5.1.1 汽车线控转向系统的定义

线控技术就是将传统的汽车机械操纵系统变成通过高速容错通信总线与高性能 CPU 相连的电气系统。目前的线控技术包括线控换档系统、线控制动系统、线控悬架系统、线控增压系统、线控节气门系统及线控转向系统。在自动驾驶汽车上,智能感知单元通过线束将指令传递给转向或制动系统来实现车辆的操控,因此,线控转向和线控制动是最为关键的技术。无论是哪类线控技术，目标都很明确，都是为了使汽车结构更简单、质量更轻、制造更方便并且运行更高效。对于自动驾驶汽车，线控将是一种标配性技术。

汽车转向系统可以根据驾驶人的指令，保持或者改变汽车的行驶方向，其转向特性的好坏是影响汽车操纵稳定性的主要因素。随着科学技术的不断进步，传统转向系统已经由纯机械式转向系统、传统液压助力转向系统、电控液压助力转向系统向当下普遍应用的电动助力转向系统方向发展。传统的转向系统受制于自身设计形式和机械连接，传动比固定或者可变范围很小，使其不能兼顾不同转向盘转角和不同车速下的转向性能，增加了驾驶人的操作负担。随着汽车技术和电子控制技术的发展，线控技术开始应用在智能网联汽车上，线控转向系统应运而生。

线控转向就是把依靠转向管柱连接转向机构来实现转向的传统方式转换成为通过传感器检测转向盘角度信号，并通过控制单元控制伺服电动机来实现驱动转向的转向系统。驾驶人对转向盘的操作仅仅只是在驱动一个转角传感器，并由转向盘电机提供转动阻尼和回馈，转向盘与前轴转向机构之间没有任何刚性连接，如图5-1所示。

线控转向系统取消了转向盘与转向执行机构之间的机械部分，采用电控技术来完成驾驶人转向指令的传递和路感反馈。由于其不受机械连接的约束，理论上可以自由设计传动比，使角传递特性和力传递特性随着转向盘转角和车速的变化而变化，保证转向灵敏度与车速成线性关系，降低了驾驶人掌握汽车转向特性的难度，能够很大程度上避免因不同车速下汽车转向特性的变化而导致的驾驶人操作不当的

图 5-1 汽车线控转向系统

问题。线控转向系统根据当前检测到的汽车状态参数，可以主动对前轮转角进行补偿和调整实现主动转向控制，提高汽车的操纵稳定性。同时，线控转向系统由路感电机模拟产生路感，可以过滤掉干扰信号，优化驾驶人的驾驶体验。此外，由于线控转向系统中机械结构的减少，转向系统强度降低，使其在碰撞中容易发生变形，减少了转向盘和转向管柱在碰撞事故中对驾驶人的伤害，提高了汽车的被动安全性能。线控转向系统作为实现自动驾驶的关键技术之一，很容易与其他主动安全技术，如防抱制动系统（ABS）、车身电子稳定系统（ESP）等相结合，有利于底盘一体化的设计。

5.1.2 汽车线控转向系统的特点

相比于传统转向系统，线控转向系统具有以下特点：

1) 线控转向系统采用电子控制单元实现对汽车转向的控制，理论上可以自由设计转向系统的角传递特性和力传递特性，因此具有传统转向系统不可比拟的性能特点。

2) 提高汽车操纵稳定性。线控转向系统不受传统转向系统设计方式的限制，可以设计出符合人们期望的理想传动比。理想传动比可以随着汽车运动状态的变化而变化，

根据车速和转向盘转角等参数，通过控制策略给出当下最合适的传动比，从根本上解决了存在已久的"轻"与"灵"的矛盾，减轻了驾驶人的操作负担。同时，线控转向系统还可以实时监控前轮转角和汽车响应情况，并根据控制策略主动做出补偿操作，提高了汽车操纵稳定性。

3) 优化驾驶路感。传统转向系统通过机械连接将车辆运动状态和路面信息反馈给驾驶人，不能主动过滤掉路面干扰因素。线控转向系统可以筛选掉路面颠簸等不利的干扰因素，提取出最能够反映汽车实际行驶状态和路面信息的因素作为路感模拟的依据，并结合驾驶人的习惯，由主控制器控制路感电机产生良好的路感，提高驾驶人的驾驶体验。

4) 节省空间，提高被动安全性。由于原本转向系统中的转向轴和转向管等机械部分被取消，增加了驾驶人的活动空间、方便了车内布置的设计。同时减少机械部件，也降低了转向系统强度，使其在碰撞中更易变形，在汽车发生事故时减少了转向系统对驾驶人的伤害。

5) 提高转向效率，降低能源消耗。线控转向系统不依赖于机械传递，其总线信号的传递速度缩短了转向响应时间，提高了转向效率。同时因为机械传动减少，所以传动效率提高、整车质量减轻、燃油消耗降低，因此更加节能环保。

6) 无人驾驶汽车使用线控转向系统，是通过中央计算机收集数据并传输至转向系统，再由转向系统将数据转化为机械转向功能，实现转向。

5.1.3 汽车线控转向系统的组成

汽车线控转向系统结构如图 5-2 所示，主要由转向盘模块、转向控制模块和转向执行模块组成。

(1) 转向盘模块 转向盘模块包括转向盘、转矩传感器、转向角传感器、转矩反馈电动机和机械传动装置。转向盘模块的主要作用是接收驾驶人输入的转向盘转角或者力矩信号，并通过传感器将信号转为电信号传递给转向控制模块，由转向控制模块根据控制策略产生相应的信号传递给转向执行模块；同时转矩反馈电动机根据转向控制模块发出的控制信号，产生相应的回正力矩给驾驶人提供不同工况下的路感信息。

(2) 转向控制模块 转向控制模块包括车速传感器和电子控制单元，也可以增加横摆角速度传感器和加速度传感器。转向控制模块是线控转向系统的控制中心和决策中心，是线控转向系统最为核心的部分。它通过采集传感器信号，对驾驶人意图和当前汽车状态进行判断，根据提前设定好的控制策略做出合

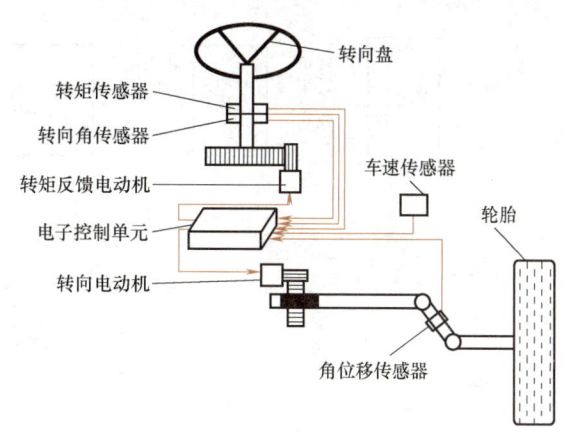

图 5-2 汽车线控转向系统

理决策。转向控制模块一方面控制转向执行模块，保证汽车能够准确实现驾驶人输入的转向指令，并保证汽车的稳定性；另一方面控制转矩反馈电动机，保证其能够给驾驶人提供舒适良好的路感。

（3）**转向执行模块** 转向执行模块包括角位移传感器、转向电动机、齿轮齿条转向机构和其他机械转向装置等，其功能主要是接收转向控制模块发出的转向指令，并由转向电动机产生合适的转矩和转角，控制车轮转向；同时前轮角位移传感器实时监测前轮转角及其变化，并接收路面信息，将其转换为电信号反馈给转向控制模块作为路感模拟的输入信号。

除此之外，故障容错系统是线控转向系统不可或缺的重要部分，它时刻监测着线控转向系统各个部分的反馈状态和工作情况，针对不同的故障形式采取不同的处理措施，在部分硬件或软件出现故障时，保证汽车仍具有基本的转向能力。线控转向系统采用严密的故障检测和处理逻辑，以最大程度地提高汽车安全性能。

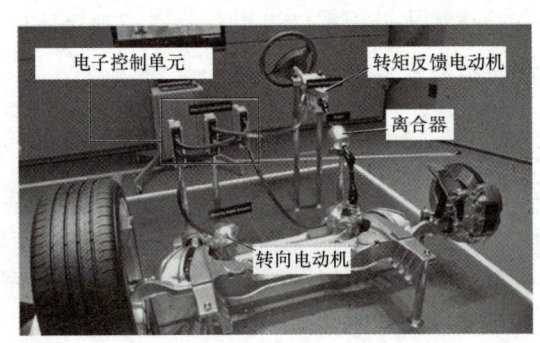

图 5-3 汽车线控转向系统的实物

图 5-3 所示为某汽车线控转向系统的实物。

5.1.4 汽车线控转向系统的原理

汽车线控转向系统的工作原理如图 5-4 所示，驾驶人进行转向操作时，通过转向盘输入转向的角度、转向角速度以及转向力矩，转向盘模块中的传感器采集一系列信号并传递到转向控制模块；转向控制模块处理这些信号并根据自身车辆的速度以及其他信号进行传动比的计算，给出所需的前轮转角；然后控制转向执行模块的转向电动机带动前轮转到目标转角，实现转向意图。与此同时，转向控制模块根据车辆的前轮转角信号、一系列轮胎力信号以及驾驶人意图，然后通过路感模拟决策发出指令控制转矩反馈电动机输出力矩反馈路面情况。

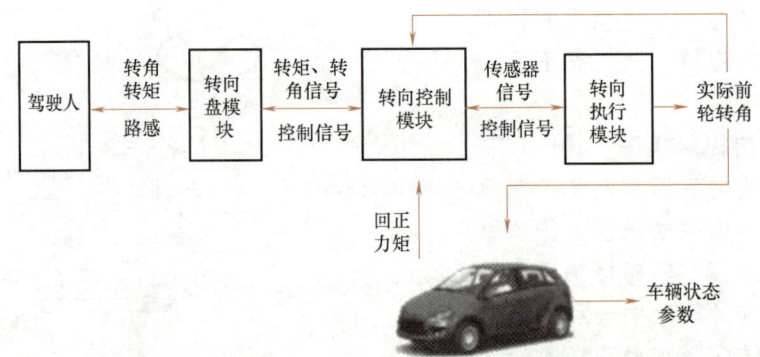

图 5-4 汽车线控转向系统的原理

日产汽车公司发布的英菲尼迪 Q50 是全球范围内第一款批量生产的线控转向系统

汽车，此举促进了线控转向技术在实车应用上的发展。英菲尼迪的线控转向系统如图5-5所示。从转向盘到转向齿条采用直接数字信号输入，整个系统中没有转向万向节等可能造成"转向延迟"的机械部件，通过三组ECU的信号处理对驾驶人的驾驶意图快速做出判断，可以实现更灵活的转向，可以使驾驶的感受更加直接，并且转向盘也不会接收到来自地面对前轮的冲击。

图5-5 英菲尼迪的线控转向系统

5.2 汽车线控制动技术

5.2.1 汽车线控制动系统的定义

汽车制动技术的发展历程主要有摩擦片制动、鼓式和盘式制动器、机械和电子ABS制动以及线控制动系统，如图5-6所示。

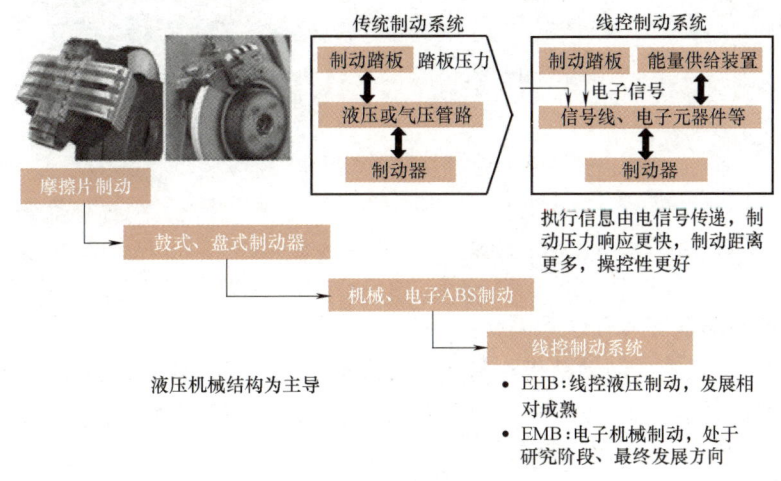

图5-6 汽车制动技术的发展历程

如果制动踏板仅仅只连接一个制动踏板位置传感器，踏板与制动系统之间没有任何刚性连接或液压连接的都可以视为线控制动，如图5-7所示。

自动驾驶时代的逼近推动了线控制动技术的进一步发展。线控制动是自动驾驶汽车

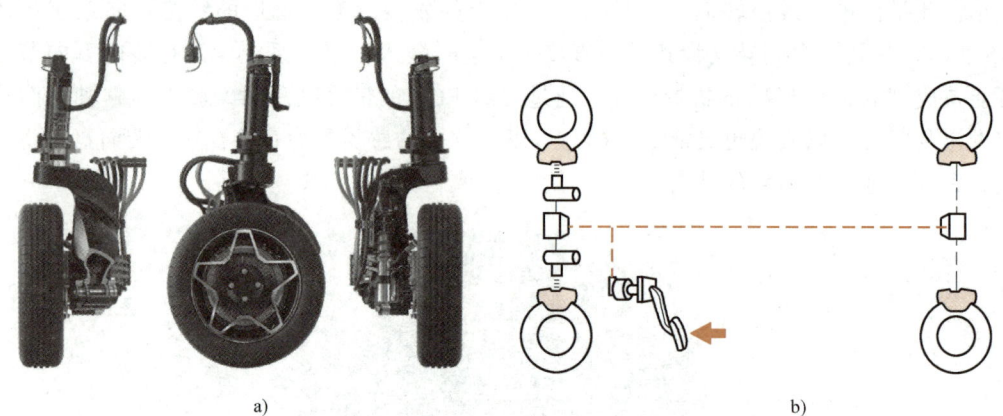

图 5-7 线控制动系统
a）实物 b）示意图

"控制执行层"中最关键的，也是技术难度最高的部分。由于技术发展程度的局限，目前出现了两种形式的线控制动系统：电子液压制动（EHB）系统和电子机械制动（EMB）系统，如图 5-8 所示。

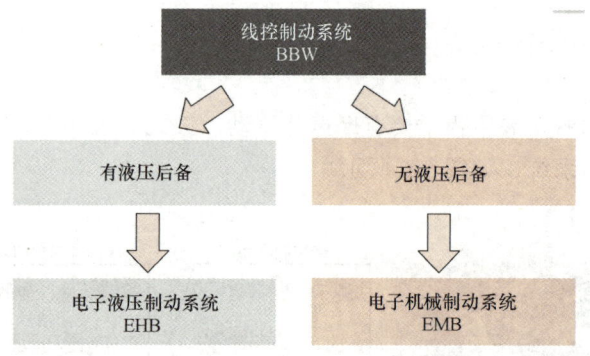

图 5-8 线控制动系统的类型

5.2.2 汽车线控制动系统的特点

汽车线控制动系统具有以下优点：

1）线控制动系统的制动踏板与制动执行机构解耦，可以降低部件的复杂性，减少液压与机械控制装置，减少杠杆、轴承等金属连接件，减轻质量，降低油耗和制造成本。

2）线控制动系统具有精确的制动力调节能力，是电动汽车摩擦与回馈耦合制动系统的理想选择。

3）基于线控制动系统，不仅可以实现更高品质的 ABS/ESC/EPB 等高级安全功能控制，还可以满足先进汽车智能系统对自适应巡航、自动紧急制动、自动泊车以及自动无人驾驶等的要求。

EHB 以液压为制动能量源，液压的产生和电控化相对来说比较困难，所以不容易做到和其他电控系统的整合，并且液压系统的重量对轻量化不利。EMB 未来可能成为主流的线控制动系统，但 EMB 技术在汽车上的应用并不成熟，短期内难以量产。

EMB 具有以下优点：

1）执行机构和制动踏板之间无机械或液压连接，缩短了制动器的作用时间（作用时间在 100ms 以内），有效减小了制动距离。

2）不需要助力器，减少空间占用，布置灵活。

3）没有液压系统，系统质量轻且环保。

4）在 ABS 模式下无回弹振动，可以消除噪声。

5）便于集成电子驻车、防抱与制动力分配等附加功能。

EMB 具有以下缺点：

1）无液压备用制动系统，对可靠性要求极高。要求具有稳定的电源系统、更高的总线通信容错能力和电子电路的抗干扰能力。

2）制动力不足。因轮毂处布置体积决定制动电机不可能太大，需开发配备较高电压（42V）系统提高电机功率。

3）工作环境恶劣，特别是高温条件下。因部件振动高且制动温度高达几百度，制约了现有 EMB 零部件的设计。

由于缺乏足够的技术支持，目前市场上并没有批量装车的 EMB 产品。

5.2.3 汽车线控制动系统的组成与原理

线控制动系统将原有的制动踏板用一个模拟发生器替代，用以接收驾驶人的制动意图，产生、传递制动信号给控制和执行机构，并根据一定的算法模拟反馈给驾驶人，其基本工作原理如图 5-9 所示。

EHB 和 EMB 在传力路径上有很大不同，工作原理和特性也有差别。

1. 电子液压制动（EHB）系统

典型的 EHB 系统由制动踏板传感器、电子控制单元（ECU）和执行器机构（液压泵、备用阀和制动器）等组成，如图 5-10 所示。

正常工作时，制动踏板与制动器之间的液压连接断开，备用阀处于关闭状态。制动踏板配有踏板感觉模拟器和电子传感器，ECU 可以通过传感器信号判断驾驶人的制动意图，并通过电机驱动液压泵进行制动。电子系统发生故障时，备用阀打开，EHB 系统变为传统的液压系统。

EHB 系统由于具有冗余系统，其安全性在用户的可接受性方面更具优势，且此类型产品成熟度高，目前各大供应商都在推行其开发的产品，如博世的 ibooster、大陆的 MK C1、采埃孚的 IBC 等。

备用系统增加了制动系统的安全性，使车辆在线控制动系统失效时还可以进行制动，但是由于备用系统中仍然包含复制的制动液传输管路，这就使得 EHB 并不完全包含线控制动系统产品的优点。EHB 系统也因此被视为全电路制动（BBW）系统的先期产品。

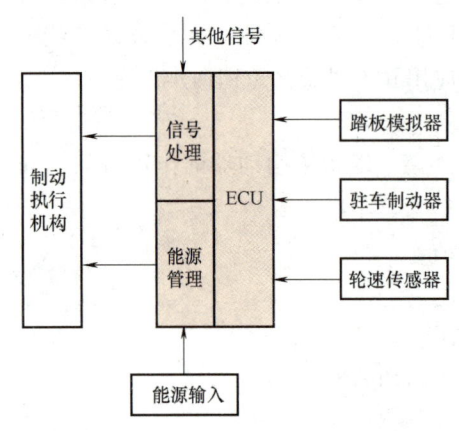

图 5-9 线控制动系统的基本工作原理

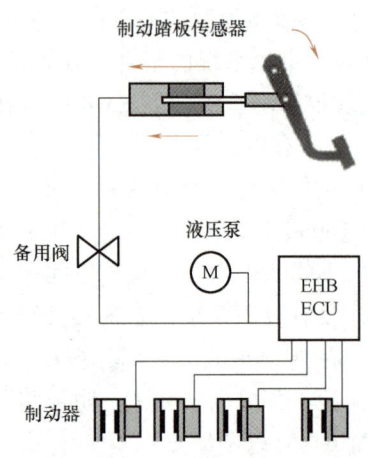

图 5-10 EHB 系统的组成与原理

2. 电子机械制动（EMB）系统

EHB 系统虽然实现了线控制动功能，但是并没有完全移除液压系统。

在 EMB 系统中，所有的液压装置包括主缸、液压管路、助力装置等均被电子机械系统替代，液压盘和鼓式制动器的调节器也被电机驱动装置取代，是名副其实的线控制动系统。EMB 系统的组成与原理如图 5-11 所示，EMB 系统的 ECU 通过制动踏板传感器信号以及车速等车辆状态信号驱动和控制执行机构的电机来产生所需的制动力。

EHB 系统由于具备备用制动系统，其安全性在用户的可接受性方面更具有优势，是当前主要推广量产的方案；但 EHB 系统也需要优化改进，使其能够满足制动能量回收、智能辅助驾驶主动制动和适用分布式驱动汽车的要求。

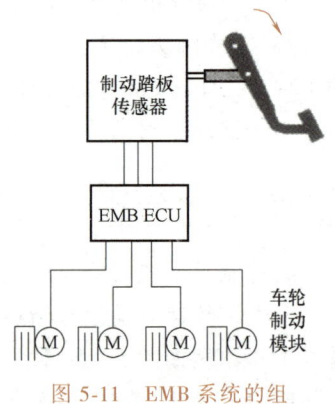

图 5-11 EMB 系统的组成与原理

EMB 系统具有诸多优点，但缺少备用制动系统和技术支持，短期内很难大批量应用，但却是未来发展的方向。

5.2.4 汽车线控制动系统的产品

1. 博世公司的线控制动产品

德国博世公司于 2013 年正式推出线控制动产品 iBooster，是典型的直接型 EHB 系统。大众目前所有新能源车均使用 iBooster，如图 5-12 所示。图 5-12a 是第 1 代产品，其完成度不高，在国内没有使用；图 5-12b 是第 2 代产品，该产品将二级蜗轮蜗杆改为一级齿轮丝杠减速，使其体积大幅度缩小，控制精度也有所提高。第 2 代 iBooster 有四个产品系列，助力大小在 4.5kN~8kN 之间，其中 8kN 产品可以用在 9 座小型客车上。本田在传统燃油车上也配备了第 2 代 iBooster，由于能量回收时电流会突然增大导致 iBooster 容易出现过载保护，这个时候 ESP 介入，但会给人短暂的制动失灵的感觉。

第5章 智能网联汽车运动控制技术

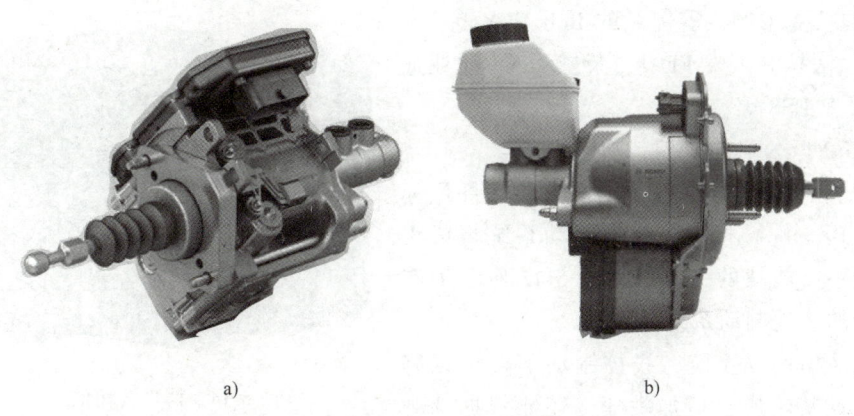

图 5-12 博世公司的线控制动产品 iBooster
a) 第 1 代产品 b) 第 2 代产品

iBooster 的工作原理如图 5-13 所示，它采用齿轮-梯形丝杠减速增扭机构，将电机的转动转化为制动总泵活塞的平动而产生制动压力。制动踏板推杆与执行机构总泵活塞推杆之间通过间隙的方式进行一定程度的解耦。

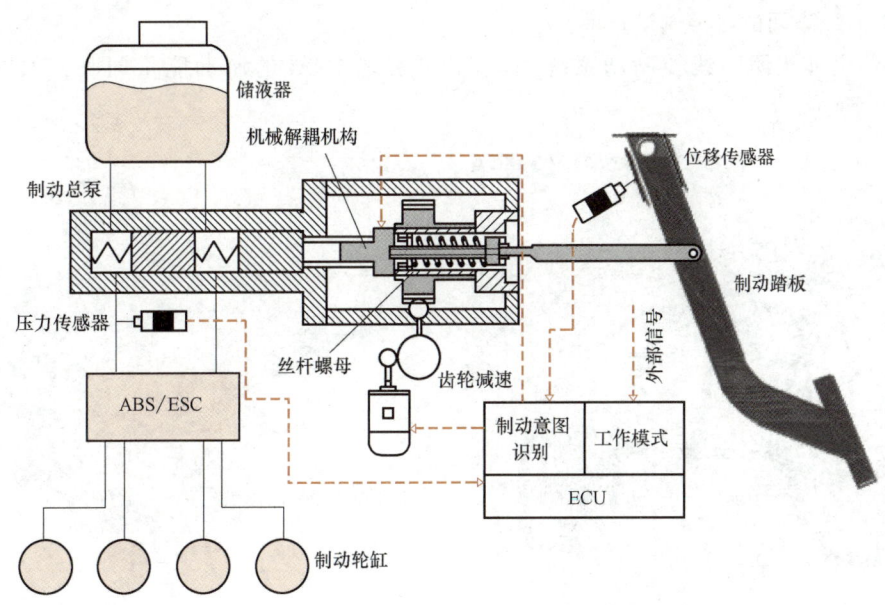

图 5-13 iBooster 的工作原理

iBooster 通常与 ESP 配套使用，ESP 在 iBooster 失效时起作用。因为 ESP 也是一套电液压系统，也有可能失效，且 ESP 在设计之初只是为 AEB 类紧急制动场景设计的，所以不能作为常规制动。因此博世在第 2 代 iBooster 推出后，便针对 L3 和 L4 级自动驾驶设计了一套线控制动系统 integrated power brake，简称 IPB，如图 5-14 所示。该系统就是将 iBooster 和 ESP 合二为一，其体积大大缩小、重量也降低不少，并且相对 iBooster 而言成本也大大降低。

应用博世公司线控制动产品的车型主要有特斯拉全系、大众全部新能源车、保时捷

918、凯迪拉克 CT6、雪佛兰的 Bolt 和 Volt、本田 CR-V、法拉利未来 FF91、荣威 Ei5、比亚迪 e6 以及蔚来 ES8 等。

2. 布雷博公司的线控制动产品

意大利著名的高性能制动系统及部件厂商布雷博（Brembo）指出，线控制动系统将成为智能汽车不可或缺的一部分。图 5-15 所示为布雷博展示的线控制动系统模型。

相比液压制动系统，线控制动不仅可以降低重量，且其响应也更加敏捷，还能根据驾驶模式灵活调整制动踏板的感觉以及响应速度，可以有效解决电动汽车再生制动和摩擦制动间

图 5-14　博世公司的线控制动产品 IPB

的切换问题。Brembo 研发的线控制动系统响应时间可以达到 100ms 以内，而传统制动系统需要 300~500ms，因此该线控制动系统可以打造出响应更加及时的自主制动，符合当今市场的要求。

3. 大陆集团的线控制动产品

德国大陆集团的线控制动系统 MK C1 可实现 100% 的制动能量回收，如图 5-16 所示。

图 5-15　布雷博的线控制动系统模型

图 5-16　德国大陆集团的线控制动系统 MK C1

4. 采埃孚的线控制动产品

采埃孚的集成式制动控制 IBC 系统将全电子制动控制系统和再生系统功能集成于单个一体化单元中，这是一款能够实现无真空支持的助力制动系统，如图 5-17 所示。

沃尔沃全新 S60 采用了线控制动这项新科技，它将传统的真空助力器单元替换成效率更高、重量更轻的电子单元，有效降低燃油消耗和排放，有效提高燃油经济性，如图 5-18 所示。沃尔沃全新 S60 配备了车道偏离预警系统、车道保持辅助系统、自适应巡航控制系统、驾驶人疲劳预警系统、胎压监测系统以及上坡辅助系统等。

第5章 智能网联汽车运动控制技术

图 5-17 采埃孚的集成式制动控制系统

图 5-18 搭载线控制动系统的沃尔沃全新 S60

5.3 汽车线控节气门技术

5.3.1 汽车线控节气门的定义

在化油器时代，汽车上的节气门主要是通过杠杆或者节气门拉索直接控制发动机的节气门开度，属于机械节气门控制，如图 5-19 所示。节气门是发动机进气总管上的一个阀门，它控制空气的进入，节气门打开越大，发动机进入的空气越多。

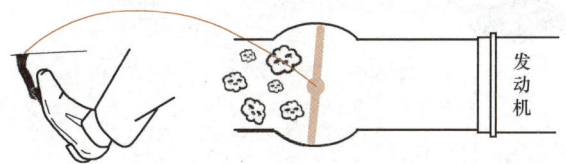

图 5-19 机械节气门控制

"加油门"就是使得节气门开度变大，进入气缸的空气流量增加，喷油器在空气流的带动下喷油，节气门开度增大，供油量就会增加，发动机转速提高；反之，则转速下降。机械节气门系统结构如图 5-20 所示。

机械节气门的控制方式简单粗暴，在机械参数（即杠杆比）设定好的情况下，加速踏板踩下多少，节气门就打开多少，响应速度非常快。但是，在日常驾驶时会遇到一些新手或驾驶不熟练的人由于操作不当，或者驾驶人过于激进，会将加速踏板突然踩到底。这时节气门突然打开，发动机进入最大负荷状态，全负荷会造成发动机燃烧不充分，同时喷油器也会加大喷油造成燃油浪费；同时，发动机的负荷增大，也会缩短发动机的使用寿命。

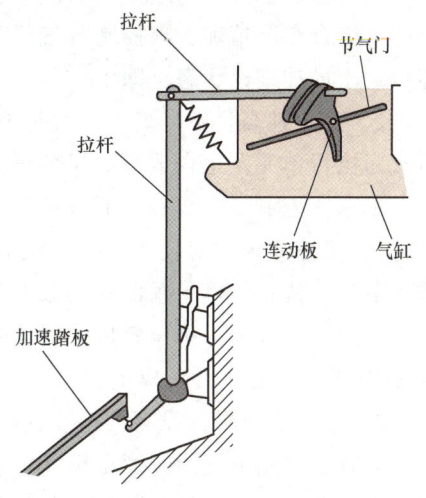

图 5-20 机械节气门系统结构

上述操作不利于燃油经济性、对于发动机也有伤害，并且也不利于环保。但是，拉索节气门的车辆，其ECU无法对节气阀进行控制，而只能默认这种操作或最多会在喷油方面略作调整，无法解决根本问题。因此，在多种需求之下，线控节气门（电子节气门）应运而生。

线控节气门通过用线束（导线）来代替拉索或者拉杆，在节气门那边装一只微型电动机，并用电动机来驱动节气门开度。一般而言，增减节气门就是指通过加速踏板改变发动机节气门开度，从而控制可燃混合气的流量，改变发动机的转速和功率以适应汽车行驶的需要。线控节气门的主要功能是把驾驶人踩下加速踏板的角度转换成与其成正比的电压信号，同时把加速踏板的各种特殊位置制成接触开关，把怠速、高负荷、加减速等发动机工况变成电脉冲信号输送给电控发动机的控制器ECU，以达到供油、喷油与变速等的优化自动控制。图5-21所示为博世公司的线控节气门系统，也称为智能联网加速踏板。

图5-21　线控节气门系统

5.3.2　汽车线控节气门的特点

汽车线控节气门具有以下优点：

1）舒适性和经济性好。线控节气门可根据驾驶人踩下踏板的动作幅度判断驾驶人意图，综合车况精确合理控制节气门开度，以实现不同负荷和工况下发动机的空燃比都能接近于最佳理论状态，即14.7∶1，使燃油经济性和驾驶舒适性同时达到最佳状态。

2）稳定性高且不易熄火。线控节气门系统在收到踏板信号后会进行分析判断再给节气门执行单元发送合适指令保证车辆稳定行驶。

汽车线控节气门具有以下缺点：

1）工作原理相对较为复杂，成本高。相比机械节气门，在硬件上线控节气门需要添加节气门位置位移传感器和伺服电动机以及其驱动器和执行机构，并增加ECU接线；在软件上需要开发分析位置传感器信号并综合车况给出最优控制指令的算法，集成在车载ECU上，增加了开发成本。

2）有延迟效果，没有机械节气门反应快。在装有线控节气门系统的汽车中，驾驶人不能直接控制节气门开度也就无法直接控制发动机动力大小，而是经由ECU分析给出汽车舒适性较好、较为省油的节气门控制指令，所以相对于直接控制式的机械节气门会有稍许延迟感。

3）可靠性不如机械节气门好。汽车行驶中会遇到各种车况，并且汽车内部存在高频电磁干扰（如电动机和点火线圈会产生电磁干扰），电子器件可能会在这些情况下发生故障或松动，复杂的分析处理算法也可能会导致程序跑飞等故障情况出现，而驾驶人又无法直接控制发动机的动力大小，因此一旦这种情况发生将产生不可预知的后果。

5.3.3 汽车线控节气门系统的组成与原理

1. 燃油汽车和混合动力汽车线控节气门系统

线控节气门容易识别驾驶人的不合理操作。当 ECU 识别出驾驶人的不合理做法时，会发出指令让节气门以预先设置的速度打开，而不是与驾驶人踩下踏板的速度同步。这样做除了能保护发动机、提高燃油经济性以外，还会使驾驶人感到非常平顺没有冲击感，提高了乘坐人员的舒适性。

燃油汽车和混合动力汽车线控节气门系统的组成如图 5-22 所示。

燃油汽车和混合动力汽车线控节气门系统主要由加速踏板、踏板位移传感器、控制单元（ECU）、数据总线、伺服电动机和节气门执行机构组成。位移传感器安装在加速踏板内部，用来随时监测加速踏板的位置。当监测到加速踏板高度位置有变化时，会瞬间将此信息送往 ECU，ECU 会对该信息和其他系统传来的数据信息（如车速、车距、节气门开度、发动机转速等）进行运算处理，并计算出一个控制信号，然后通过线路送到伺服电动机，伺服电动机驱动节气门执行机构；数据总线则是负责系统 ECU 与其他 ECU 之间的通讯。当节气门开度越大，ECU 计算的喷油量也就越大，发动机转速会上升；反之亦然。

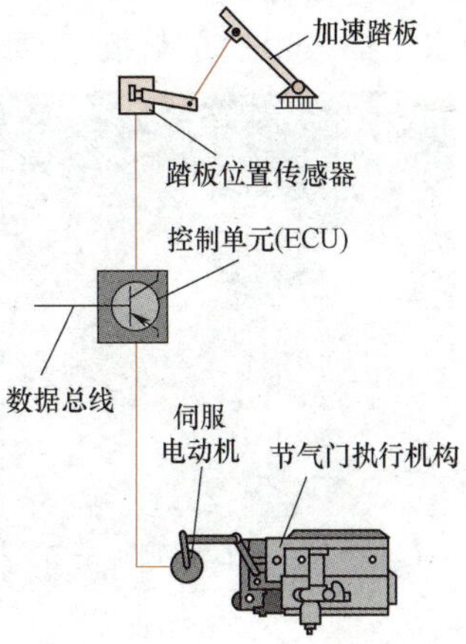

图 5-22 燃油汽车和混合动力汽车线控节气门系统的组成

2. 纯电动汽车的线控节气门

纯电动汽车没有发动机只有电源系统作为动力系统，这时"节气门"控制的是电机的转矩，它和整车控制器、电机控制器等一同实现车辆的加速，此时"油门踏板"称为"加速踏板"更贴切。

在电动汽车上使用的线控节气门还具有制动能量回收功能，当驾驶人减小踏板力时，系统认为驾驶人具有减速的需求，这时候通过 ECU 发送指令，在没有踩踏制动踏板的情况下车辆实现制动能量回收，这个功能称为"单踏板"。

"单踏板"就是一种集成了加速和制动功能的踏板，用来控制车辆的加、减速。其工作原理是：一旦松开加速踏板，再生制动系统就会介入工作，通过回收动能降低车速，即它可以依靠单个踏板实现汽车的起步、加速、稳态、减速和停车全过程，并在减速过程中同时实现能量回收，改变了传统的加、减速双踏板布置形式。

"单踏板驾驶模式"并不是只有一个踏板，其踏板系统由一个"主踏板"和一个"辅助减速踏板"组成，其中"主踏板"可以实现加减速能力，可以满足日常的大部分车辆操作;"辅助减速踏板"是在"主踏板"制动减速度不能满足驾驶人意图时的紧急制动踏板。其中,"主踏板"分为三个主要控制行程,即加速行程、减速行程和恒速行程。加速行程是驾驶人踩下踏板的过程,随着踏板深度的增加输出驱动转矩随之增大;减速行程是驾驶人松开主踏板的过程,随着踏板深度的减少输出转矩由正转矩到负转矩变化;恒速行程是驾驶人松开踏板到某一开度区间内,电机输出转矩为零或是刚好与外界阻力相平衡。

"单踏板"的优点是可以降低驾驶人的劳动强度,避免在常规加减速工况中频繁切换踏板,提高舒适性;提高操作效率和能量回收效率,使得驾驶变得越来越简单,越来越智能。

"单踏板"的缺点是可能增加安全隐患,因为在当前模式下不管是手动档还是自动档,不管是燃油车、混动车还是绝大多数的纯电动汽车的制动都是往下踩的,突然换成单踏板模式,遇到紧急情况时很容易习惯性地往下踩,即使意识到了也有可能一时反应不过来,这样一来反而大大增加了行车的安全隐患。

宝马 i3、雪佛兰 Bol EV、特斯拉 Model X、长安 EV460、名爵 EZS 和日产 Leaf 等电动汽车都采用"单踏板",如图 5-23 所示。

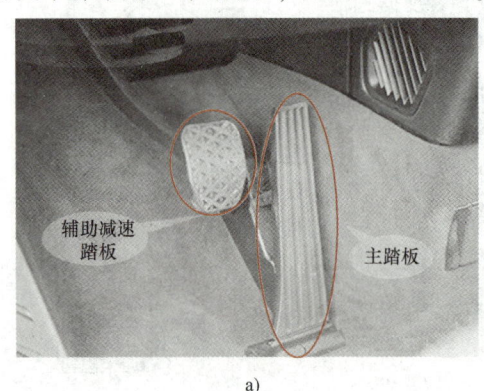
a)

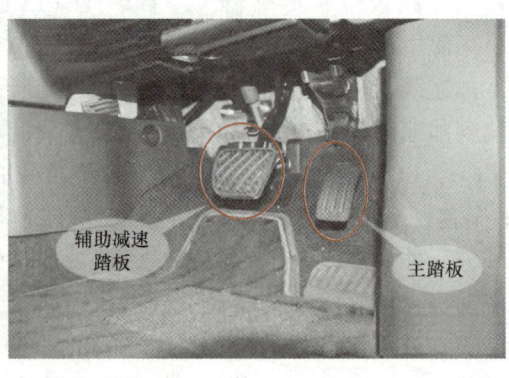
b)

图 5-23 电动汽车的"单踏板"

a) 宝马 i3 b) 日产 Leaf

汽车线控技术的核心是线控制动和线控转向,目前还没有完全市场化,因此主要出现在少数概念车型上。线控技术满足了汽车"新四化"的需求,是行业内公认的智能网联汽车未来的主流配置。智能网联汽车底盘的发展趋势是采用线控底盘,如图 5-24 所示。

图 5-24 汽车线控底盘

5.4 汽车运动控制技术

5.4.1 汽车运动学模型

汽车运动学模型揭示的是汽车在世界坐标系 OXY 中的位移与汽车车速、横摆角和前轮转角之间的关系，如图 5-25 所示，图中 x 和 y 表示汽车后轮中心在世界坐标系中的坐标；x_f 和 y_f 表示汽车前轮中心在世界坐标系中的坐标，L 为汽车轴距，θ 为汽车横摆角，δ 为汽车前轮转角。

汽车前后轮中心的坐标与汽车横摆角和前轮转角之间的关系为

$$\begin{cases} \dot{x}_f \sin(\theta+\delta) - \dot{y}_f \cos(\theta+\delta) = 0 \\ \dot{x} \sin\theta - \dot{y} \cos\theta = 0 \end{cases} \quad (5\text{-}1)$$

前轮坐标可以用后轮坐标和轴距 L 表示为

$$\begin{cases} x_f = x + L\cos\theta \\ y_f = y + L\sin\theta \end{cases} \quad (5\text{-}2)$$

消去 x_f 和 y_f 可得

$$\dot{x}\sin(\theta+\delta) - \dot{y}\cos(\theta+\delta) - \dot{\theta}L\cos\delta = 0 \quad (5\text{-}3)$$

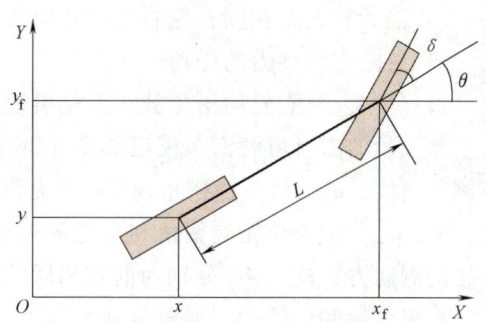

图 5-25 汽车运动学模型

后轮的约束条件为

$$\begin{cases} \dot{x} = v_x \cos\theta \\ \dot{y} = v_x \sin\theta \end{cases} \quad (5\text{-}4)$$

可以求得 $\dot{\theta}$ 为

$$\dot{\theta} = \frac{v_x \tan\delta}{L} \quad (5\text{-}5)$$

汽车运动学模型为

$$\begin{pmatrix} \dot{x} \\ \dot{y} \\ \dot{\theta} \end{pmatrix} = \begin{pmatrix} \cos\theta \\ \sin\theta \\ \tan\delta/L \end{pmatrix} v_x \quad (5\text{-}6)$$

智能网联汽车或无人驾驶汽车的路径跟踪控制过程中，一般 $[x, y, \theta]$ 为状态量，$[v_x, \dot{\theta}]$ 为控制量，则汽车运动学模型可以转换为如下形式

$$\begin{pmatrix} \dot{x} \\ \dot{y} \\ \dot{\theta} \end{pmatrix} = \begin{pmatrix} \cos\theta \\ \sin\theta \\ 0 \end{pmatrix} v_x + \begin{pmatrix} 0 \\ 0 \\ 1 \end{pmatrix} \dot{\theta} \quad (5\text{-}7)$$

5.4.2 汽车动力学模型

将汽车简化为一个单轨二轮模型，引入以下假设：

1) 忽略转向系统的作用，直接以前轮转角作为输入。
2) 忽略悬架的作用，认为汽车只做平行于地面的平面运动，即汽车沿 z 轴的位移、绕 y 轴的俯仰角和绕 x 轴的侧倾角均为零。
3) 汽车沿 x 轴的纵向速度不变，只有沿 y 轴的侧向运动和绕 z 轴的横摆运动两个自由度。
4) 轮胎侧偏特性处于线性范围。
5) 前后轮轮距相同，左右轮的转向角相同。
6) 忽略空气动力的作用。
7) 忽略左、右轮胎由于载荷变化引起轮胎特性的变化以及轮胎回正力矩的作用。

简化后的二自由度汽车模型如图 5-26 所示，v_x 为汽车质心前进速度，v_y 为汽车质心侧向速度，ω 为汽车横摆角速度，l_f 为汽车质心至前轴距离，l_r 为汽车质心至后轴距离，α_f、α_r 分别为前轮侧偏角和后轮侧偏角，δ 为前轮转向角，F_{yf}、F_{yr} 分别为前轮和后轮的侧向力，F_{xf}、F_{xr} 分别为前轮和后轮的纵向力。

汽车前轮和后轮的侧偏角分别为

$$\alpha_f = \frac{v_y}{v_x} + \frac{l_f \omega}{v_x} - \delta \tag{5-8}$$

$$\alpha_r = \frac{v_y}{v_x} - \frac{l_r \omega}{v_x} \tag{5-9}$$

假设轮胎侧向力处于线性范围内，汽车前轮和后轮侧向力分别为

$$F_{yf} = K_{\alpha f} \alpha_f \tag{5-10}$$

$$F_{yr} = K_{\alpha r} \alpha_r \tag{5-11}$$

式中，$K_{\alpha f}$、$K_{\alpha r}$ 分别为前轮和后轮综合侧偏刚度。

汽车质心处侧向加速度为

$$a_y = \dot{v}_y + v_x \omega = \ddot{y} + \dot{x} \omega \tag{5-12}$$

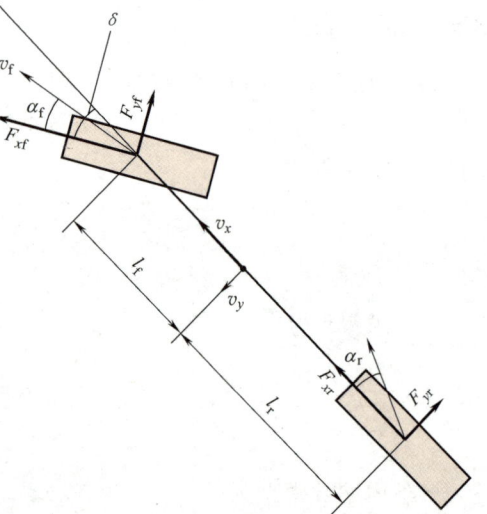

图 5-26 二自由度汽车行驶模型

根据牛顿定律，可以列出二自由度汽车的微分方程为

$$\left. \begin{array}{l} ma_y = F_{yf} + F_{yr} \\ I_z \dot{\omega} = l_f F_{yf} - l_r F_{yr} \end{array} \right\} \tag{5-13}$$

式中，m 为汽车质量；I_z 为汽车转动惯量。

汽车动力学方程为

$$m(\ddot{y}+\dot{x}\omega)=K_{\alpha f}\left(\frac{\dot{y}}{\dot{x}}+\frac{l_f\omega}{\dot{x}}-\delta\right)+K_{\alpha r}\left(\frac{\dot{y}}{\dot{x}}-\frac{l_r\omega}{\dot{x}}\right)$$

$$I_z\dot{\omega}=l_f K_{\alpha f}\left(\frac{\dot{y}}{\dot{x}}+\frac{l_f\omega}{\dot{x}}-\delta\right)-l_r K_{\alpha r}\left(\frac{\dot{y}}{\dot{x}}-\frac{l_r\omega}{\dot{x}}\right) \qquad (5\text{-}14)$$

矩阵形式为

$$\begin{pmatrix}\ddot{y}\\\dot{\omega}\end{pmatrix}=\begin{pmatrix}\dfrac{K_{\alpha f}+K_{\alpha r}}{m\dot{x}} & \dfrac{l_f K_{\alpha f}-l_r K_{\alpha r}}{m\dot{x}}-\dot{x}\\ \dfrac{l_f K_{\alpha f}-l_r K_{\alpha r}}{I_z\dot{x}} & \dfrac{l_f^2 K_{\alpha f}+l_r^2 K_{\alpha r}}{I_z\dot{x}}\end{pmatrix}\begin{pmatrix}\dot{y}\\\omega\end{pmatrix}+\begin{pmatrix}-\dfrac{K_{\alpha f}}{m}\\-\dfrac{l_f K_{\alpha f}}{I_z}\end{pmatrix}\delta \qquad (5\text{-}15)$$

如图 5-27 所示,建立世界坐标系 XOY 和汽车坐标系 xOy,设参考轨迹曲率为 ρ,汽车横摆角为 θ,参考轨迹对应参考横摆角为 θ_p。

实际汽车在车道上平稳行驶时横摆角 θ 较小,考虑汽车坐标系与世界坐标系间的转换关系,得到世界坐标系下汽车速度为

$$\begin{cases}\dot{Y}=\dot{x}\sin\theta+\dot{y}\cos\theta\approx\dot{x}\theta+\dot{y}\\ \dot{X}=\dot{x}\cos\theta-\dot{y}\sin\theta\approx\dot{x}-\dot{y}\theta\end{cases} \qquad (5\text{-}16)$$

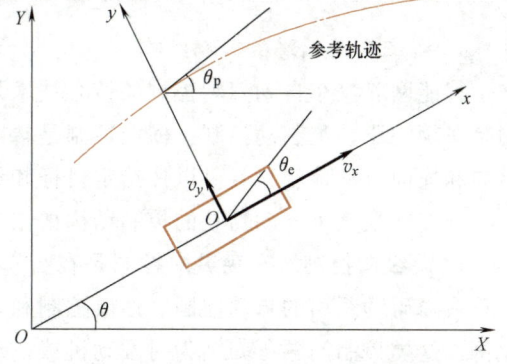

图 5-27 汽车运动关系

研究汽车横向控制时,参考轨迹纵向速度不变,选取状态变量为 $x_n=(\dot{y},\theta,\omega,Y)$,控制量 u_n 为前轮转角 δ,输出量为 $y_n=(\theta,Y)$。

得到状态方程为

$$\begin{pmatrix}\ddot{y}\\\dot{\theta}\\\dot{\omega}\\\dot{Y}\end{pmatrix}=\begin{pmatrix}\dfrac{K_{\alpha f}+K_{\alpha r}}{m\dot{x}} & \dfrac{l_f K_{\alpha f}-l_r K_{\alpha r}}{m\dot{x}}-\dot{x} & 0 & 0\\ 0 & 0 & 1 & 0\\ \dfrac{l_f K_{\alpha f}-l_r K_{\alpha r}}{I_z\dot{x}} & \dfrac{l_r^2 K_{\alpha r}+l_f^2 K_{\alpha f}}{I_z\dot{x}} & 0 & 0\\ 1 & \dot{x} & 0 & 0\end{pmatrix}\begin{pmatrix}\dot{y}\\\theta\\\omega\\Y\end{pmatrix}+\begin{pmatrix}-\dfrac{K_{\alpha f}}{m}\\0\\ \dfrac{l_f K_{\alpha f}}{I_z}\\0\end{pmatrix}\delta \qquad (5\text{-}17)$$

车辆理想侧向加速度为

$$\dot{v}_y(s)=v_x^2\rho(s) \qquad (5\text{-}18)$$

式中,$\rho(s)$ 为参考轨迹的曲率。

侧向加速度误差为

$$\ddot{e}_{cg}=\dot{v}_y+v_x\omega-\dot{v}_y(s)=\dot{v}_y+v_x\dot{\theta}_e \qquad (5\text{-}19)$$

式中，$\theta_e = \theta - \theta_p$ 为车辆偏航角。

侧向速度误差为

$$\dot{e}_{cg} = v_y + v_x \sin\theta_e \tag{5-20}$$

车辆侧向控制误差模型为

$$\begin{pmatrix} \dot{e}_{cg} \\ \ddot{e}_{cg} \\ \dot{\theta}_e \\ \ddot{\theta}_e \end{pmatrix} = \begin{pmatrix} 0 & 1 & 0 & 0 \\ 0 & \dfrac{-(K_{\alpha f}+K_{\alpha r})}{mv_x} & \dfrac{K_{\alpha f}+K_{\alpha r}}{m} & \dfrac{l_r K_{\alpha r}-l_f K_{\alpha f}}{mv_x} \\ 0 & 0 & 0 & 1 \\ 0 & \dfrac{l_r K_{\alpha r}-l_f K_{\alpha f}}{I_z v_x} & \dfrac{l_f K_{\alpha f}-l_r K_{\alpha r}}{I_z} & \dfrac{-(l_f^2 K_{\alpha f}+l_r^2 K_{\alpha r})}{I_z v_x} \end{pmatrix} \begin{pmatrix} e_{cg} \\ \dot{e}_{cg} \\ \theta_e \\ \dot{\theta}_e \end{pmatrix} + \begin{pmatrix} 0 \\ \dfrac{K_{\alpha f}}{m} \\ 0 \\ \dfrac{l_f K_{\alpha f}}{I_z} \end{pmatrix} \delta + \begin{pmatrix} 0 \\ \dfrac{l_r K_{\alpha r}-l_f K_{\alpha f}}{mv_x}-v_x \\ 0 \\ \dfrac{-(l_f^2 K_{\alpha f}+l_r^2 K_{\alpha r})}{I_z v_x} \end{pmatrix} \rho(s) \tag{5-21}$$

5.4.3 汽车运动控制模块

1. 汽车自动驾驶的控制结构

智能网联汽车自动驾驶控制的核心技术是车辆的纵向控制和横向控制技术。纵向控制是车辆的驱动与制动控制；横向控制是转向盘角度的调整以及轮胎力的控制。实现了纵向和横向自动控制，就可以按给定目标和约束自动控制汽车行驶。

智能网联汽车自动驾驶的控制结构如图 5-28 所示。

（1）**纵向控制** 车辆纵向控制是在行车速度方向上的控制，即车速以及自车与前后车或障碍物距离的自动控制。巡航控制和紧急制动控制都是典型的自动驾驶纵向控制案例，这类控制问题可归结为对发动机或电动机、传动和制动系统的控制。此外，针对轮胎作用力的滑移率控制是纵向稳定控制中的关键部分。

（2）**横向控制** 车辆横向控制指垂直于运动方向上的控制，对于汽车也就是转向控制。目标是控制汽车自动保持期望的行车轨迹，并在不同的车速、载荷、风阻以及路况下有很好的乘坐舒适性和稳定性。车辆横向控制主要有两种基本设计方法，一种是基于驾驶人模拟的方法；另一种是给予汽车横向运动力学模型的控制方法。

纵向控制和横向控制耦合是实现自动驾驶的关键。

2. 纵向运动控制模块

纵向运动控制主要控制汽车的行驶速度，保障汽车的安全距离和期望车速。

MATLAB 提供了纵向控制器模块，根据指定的参考速度、当前速度和当前行驶方向计算车辆的加速度和减速度，控制车辆速度。

纵向控制器模块如图 5-29 所示，它主要控制车辆的纵向速度。

纵向控制器模块的输入是参考速度、车辆的当前速度、车辆的行驶方向和触发将速度误差积分重置为零，输出是车辆的加速命令和减速命令。点击纵向控制器模块，进入纵向控制器模块设置界面，可以对其各种参数进行设置。

3. 横向运动控制模块

MATLAB 提供了横向控制器模块，根据车辆的当前速度和方向调整车辆的当前姿

第5章 智能网联汽车运动控制技术

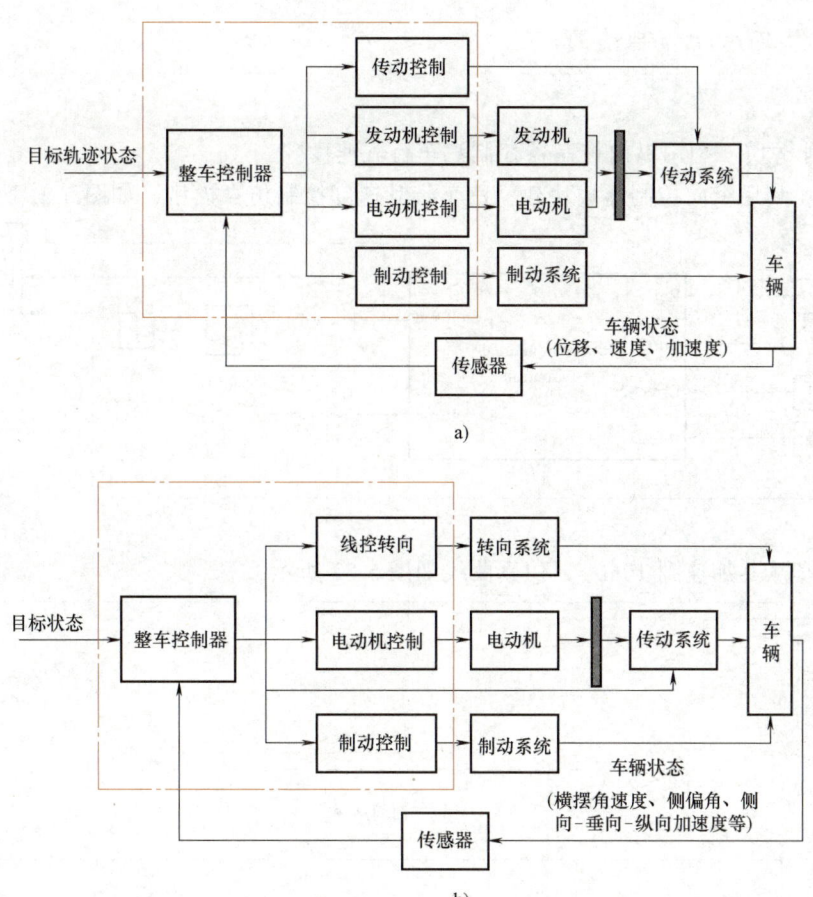

图 5-28 智能网联汽车自动驾驶的控制结构

a) 纵向控制基本结构 b) 横向控制基本结构

态以匹配参考姿态, 计算转向角度, 控制车辆的转向。

横向控制器模块如图 5-30 所示, 它控制车辆的横向运动。

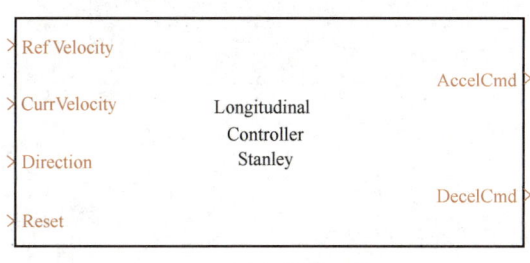

图 5-29 纵向控制器模块

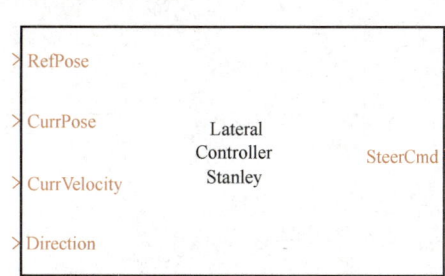

图 5-30 横向控制器模块

横向控制器模块的输入是参考姿态、车辆的当前姿态、车辆的当前速度和车辆的行驶方向, 输出是转向命令。点击横向控制器模块, 进入横向控制器模块设置界面, 可以对其各种参数进行设置。

185

5.4.4 汽车运动控制仿真

【例 5-1】 利用纵向控制器控制汽车行驶速度。

解：利用纵向控制器模块建立汽车行驶速度控制仿真模型，如图 5-31 所示。

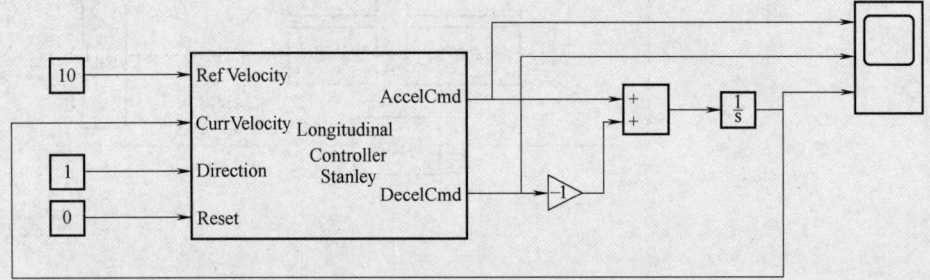

图 5-31 汽车行驶速度控制仿真模型

汽车从 0 加速到 10m/s，仿真曲线如图 5-32 所示。

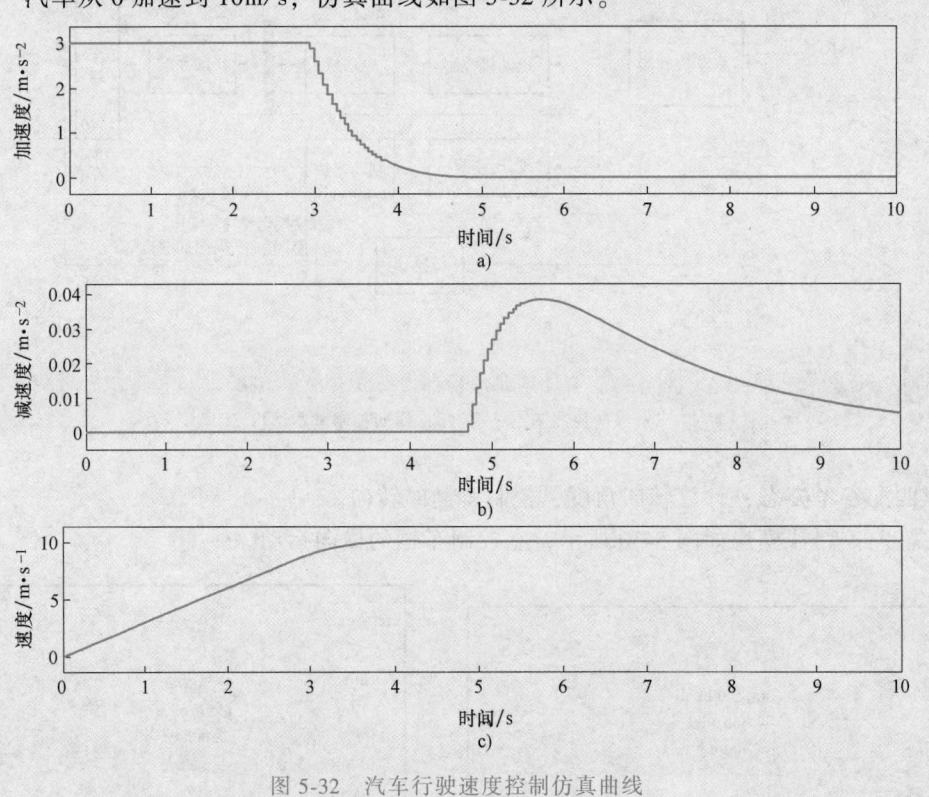

图 5-32 汽车行驶速度控制仿真曲线
a）加速度曲线　b）减速度曲线　c）速度曲线

【例 5-2】 利用横向控制器控制汽车行驶路径。

解：利用 MATLAB 的 Simulink 建立仿真模型，在 MATLAB 编辑器窗口输入以下命令。

```
1   openExample('driving/LateralControlTutorialExample',...      %打开例子
    'supportingFile','helperCreateDrivingScenario.m')
2   open_system('LateralControlTutorial')                         %打开横向控制仿真模型
3   sim('LateralControlTutorial');                                %对横向控制进行仿真
4   helperPlotRoadAndPath(scenario,refPoses)                      %绘制道路和参考路径
5   function helperPlotRoadAndPath(scenario,refPoses)             %道路和参考路径函数
6     h=figure('Color','white');                                  %把图设置为白色
7     ax1=axes(h,'Box','on');                                     %设置坐标区
8     plot(scenario,'Parent',ax1)                                 %绘制场景图
9     hold on                                                     %保持图形
10    plot(ax1,refPoses(:,1),refPoses(:,2),'b')                   %绘制坐标轴
11    xlim([0,300])                                               %x轴分为
12    ylim([0,150])                                               %y轴范围
13  end                                                           %结束
```

汽车行驶横向控制仿真模型如图 5-33 所示。

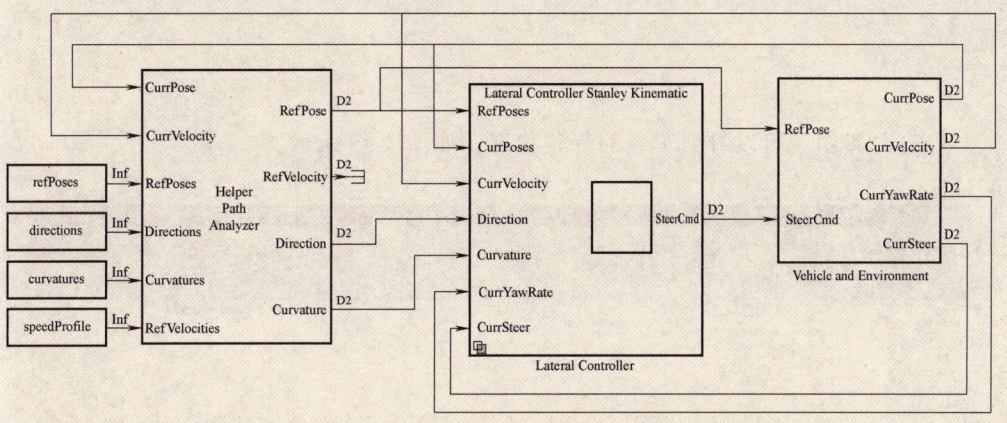

图 5-33　汽车行驶横向控制仿真模型

汽车行驶横向控制仿真模型由 3 部分组成，即帮助路径分析模块（helper-pathanalyzer）、横向控制器模块（lateral controller）以及车辆与环境模块（vehicle and enivronment）。

帮助路径分析模块为横向控制器模块提供参考信号，给定车辆的当前姿态，它通过搜索参考路径上与车辆最近的点来确定参考姿态。

横向控制器模块包含两种情况，一种是配置汽车运动学模型，一种是配置汽车动力学模型，它们都可以控制汽车的转向角度，通过命令进行选择。如果要选择横向控制器的运动学模块，使用以下命令：

variant='LateralControlTutorial/Lateral Controller';
set_param(variant,'LabelModeActivechoice','Kinematic');

如果要选择横向控制器的动力学模块，使用以下命令：

set_param(variant,'LabelModeActivechoice','Dynamic');

道路和参考路径如图 5-34 所示。

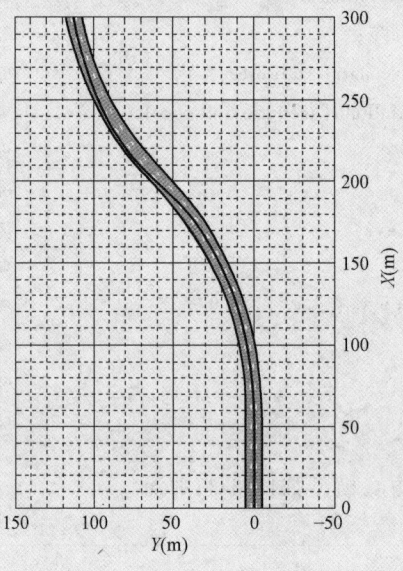

图 5-34　道路和参考路径

打开鸟瞰图，可以看到车辆的行驶状态，如图 5-35 所示。

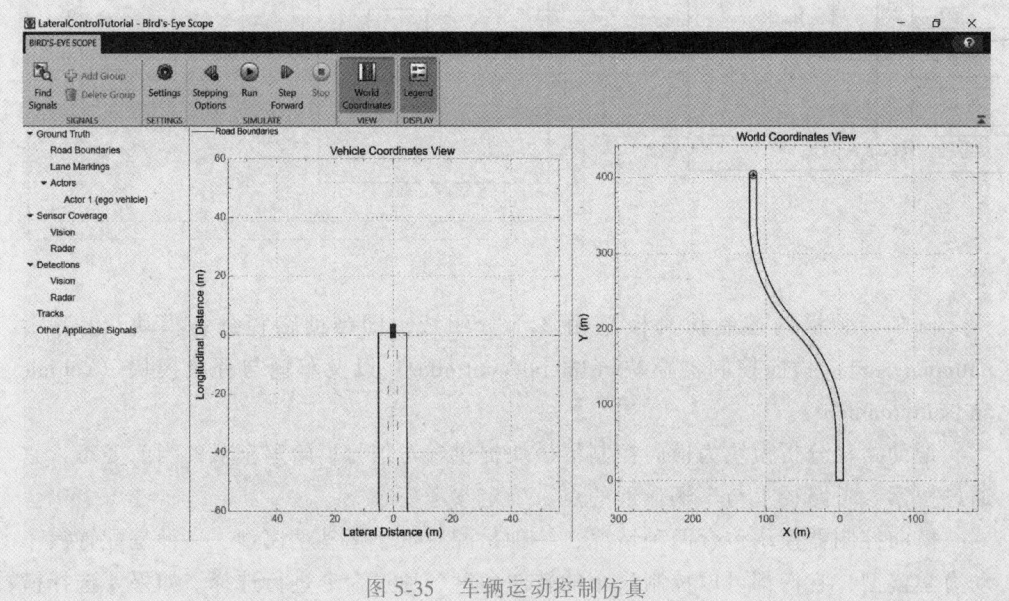

图 5-35　车辆运动控制仿真

练 习 题

一、名词解释

1. 线控转向　　2. 线控制动　　3. 线控节气门

二、简答题

1. 汽车线控转向系统有哪些特点？
2. 汽车线控转向系统由哪几部分组成？
3. 汽车线控制动系统有哪几种类型？
4. 汽车线控制动系统有哪些优点？
5. 汽车线控节气门有哪些特点？
6. 燃油汽车和电动汽车的线控节气门有什么不同？

三、仿真题

1. 利用纵向控制器对汽车纵向运动进行仿真。
2. 利用横向控制器对汽车横向向运动进行仿真。

第6章

智能网联汽车先进驾驶辅助技术

【教学目标】

通过对本章的学习，学生能够掌握智能网联汽车先进驾驶辅助系统的组成与类型；掌握前向碰撞预警系统、自动紧急制动系统、车道偏离预警系统、车道保持辅助系统、自适应巡航控制系统以及智能泊车辅助系统的定义、组成与原理；了解先进驾驶辅助系统的应用。

【教学要求】

知识要点	能力要求	参考学时
先进驾驶辅助技术简介	1）掌握智能网联汽车先进驾驶辅助系统的定义、组成与类型 2）了解它们的应用情况	1
前向碰撞预警系统	1）掌握前向碰撞预警系统的定义、组成与原理 2）了解前向碰撞预警系统的报警模型	0.5
自动紧急制动系统	掌握自动紧急制动系统的定义、组成与原理	0.5
车道偏离预警系统	1）掌握车道偏离预警系统的定义、组成与原理 2）了解车道偏离预警系统的算法	0.5
车道保持辅助系统	掌握车道保持辅助系统的定义、组成与原理	0.5
自适应巡航控制系统	1）掌握自适应巡航控制系统的定义、组成与原理 2）了解燃油汽车和电动汽车自适应控制系统的差别	0.5
智能泊车辅助系统	1）掌握智能泊车辅助系统的定义、组成与原理 2）了解智能泊车辅助系统的类型	0.5

6.1 先进驾驶辅助技术简介

6.1.1 先进驾驶辅助系统的定义与组成

先进驾驶辅助系统（ADAS）是利用安装在车辆上的传感、通信、决策及执行等装置，实时监测驾驶人、车辆及其行驶环境，并通过影像、灯光、声音、触觉提示/警告或控制等方式辅助驾驶人执行驾驶任务或主动避免/减轻碰撞危害的各类系统的总称。

先进驾驶辅助系统的组成可以根据功能分成环境感知单元、信息处理单元和控制执行单元，环境感知单元形同人的眼睛，信息处理单元形同人的大脑，控制执行单元形同人的手脚，如图6-1所示。

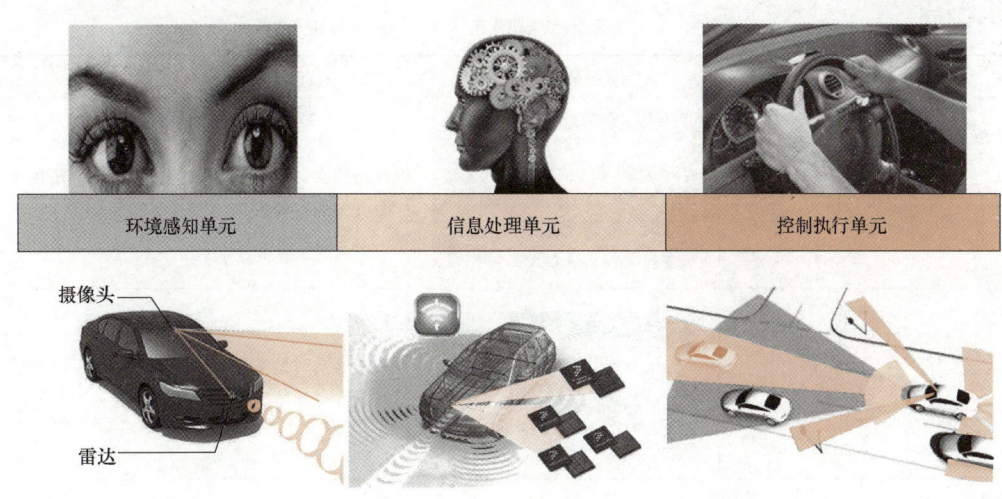

图 6-1　先进驾驶辅助系统的组成

1. 环境感知单元

环境感知单元主要通过安装在智能网联汽车上的智能传感器或 V2X 通信技术获取道路、车辆、行人、交通标志和交通信号灯等信息，并把这些信息传输给信息处理单元。智能传感器主要包括视觉传感器、超声波雷达、毫米波雷达和激光雷达以及它们的融合；V2X 通信技术主要包括 V2V（车辆与车辆）、V2I（车辆与基础设施）和 V2P（车辆与行人）。

2. 信息处理单元

信息处理单元接收环境感知单元的信息，进行道路识别、车辆识别和行人识别等，用于车道保持辅助、自动紧急制动、自适应巡航控制等先进驾驶辅助系统。信息处理单元主要包括硬件 CPU 或 GPU 和软件算法，软件算法越来越多地把机器学习、深度学习等人工智能用于信息的处理，以提高处理的速度和准确度。

3. 控制执行单元

控制执行单元接收信息处理单元的指令，对驾驶人预警或执行车辆控制，保障安全行驶。

先进驾驶辅助系统包括几十种类型，每种类型的环境感知、信息处理和控制执行都不一样；即使同一种类型，不同厂商的产品，其方法也不一样。特别是环境感知单元的智能传感器和信息处理单元的算法差别非常大。

6.1.2　先进驾驶辅助系统的类型

先进驾驶辅助系统按照环境感知系统的不同可以分为自主式和网联式两种。自主式先进驾驶辅助系统是基于车载传感器完成环境感知，依靠车载中央控制系统进行分析决策，技术比较成熟，多数已经应用在量产车型；网联式先进驾驶辅助系统是基于 V2X 通信完成环境感知，依靠云端大数据进行分析决策。本书提到的先进驾驶辅助系统主要是指自主式先进驾驶辅助系统。

先进驾驶辅助系统可以分为信息辅助类和控制辅助类两种，分别见表 6-1 和表 6-2。

表 6-1　信息辅助类的先进驾驶辅助系统

系统名称	图示	功能介绍
前向碰撞预警（FCW）系统		能够实时监测车辆前方行驶环境，并在可能发生前向碰撞危险时发出警告信息
后向碰撞预警（RCW）系统		能够实时监测车辆后方环境，并在可能受到后方碰撞危险时发出警告信息
车道偏离预警（LDW）系统		能够实时监测车辆在本车道的行驶状态，并在出现或即将出现非驾驶意愿的车道偏离时发出警告信息
变道碰撞预警（LCW）系统	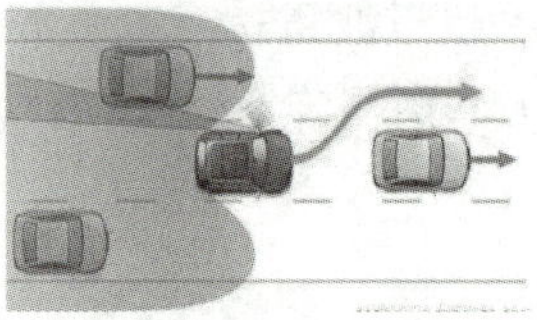	能够在车辆变道过程中，实时监测相邻车道，并在车辆侧方和/或侧后方出现可能与本车发生碰撞危险的其他道路使用者时发出警告信息
盲区监测（BSD）系统		能够实时监测驾驶人视野盲区，并在其盲区内出现其他道路使用者时发出提示或警告信息
侧向盲区监测（SBSD）系统		能够实时监测驾驶人视野的侧方及侧后方盲区，并在其盲区内出现其他道路使用者时发出提示或警告信息
转向盲区监测（STBSD）系统	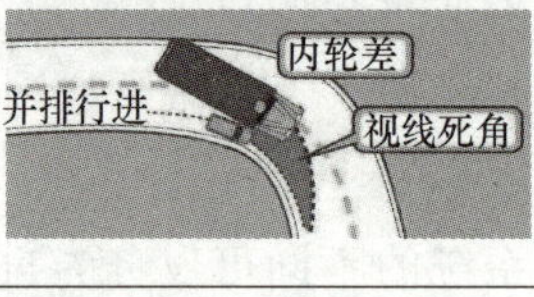	能够在车辆转向过程中实时监测驾驶人转向盲区，并在其盲区内出现其他道路使用者时发出警告信息

第6章 智能网联汽车先进驾驶辅助技术

(续)

系统名称	图示	功能介绍
后方交通穿行提示（RCTA）系统	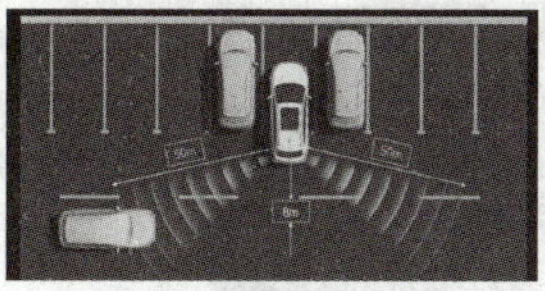	能够在车辆倒车时实时监测车辆后部横向接近的其他道路使用者，并在可能发生碰撞危险时发出警告信息
车门开启预警（DOW）系统	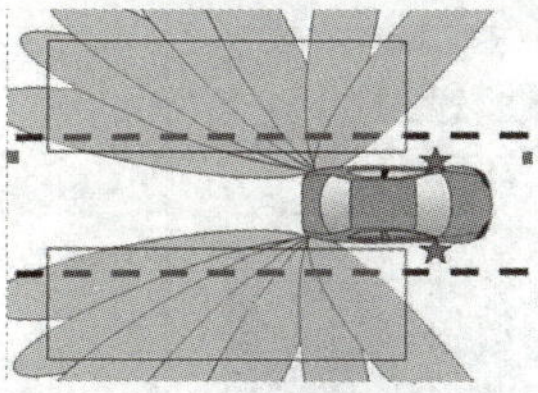	能够在停车状态即将开启车门时监测车辆侧方及侧后方的其他道路使用者，并在可能因车门开启而发生碰撞危险时发出警告信息
驾驶人疲劳监测（DFM）系统		能够实时监测驾驶人状态并在确认其疲劳时发出提示信息
驾驶人注意力监测（DAM）系统		能够实时监测驾驶人状态并在确认其注意力分散时发出提示信息。目前的驾驶人疲劳监测系统一般包括驾驶人注意力监测功能
交通标志识别（TSR）系统		能够自动识别车辆行驶路段的交通标志并发出提示信息
智能限速提示（ISLI）系统		能够自动获取车辆当前条件下所应遵守的限速信息并实时监测车辆行驶速度，当车辆行驶速度不符合或即将超出限速范围的情况下适时发出提示信息
抬头显示（HUD）系统		能够将信息显示在驾驶人正常驾驶时的视野范围内，使驾驶人不必低头就可以看到相应的信息

(续)

系统名称	图示	功能介绍
夜视(NV)系统		能够通过红外线或热成像摄像机在夜间或其他弱光行驶环境中为驾驶人提供视觉辅助或警告信息
全景影像监测(AVM)系统		能够向驾驶人提供车辆周围360℃范围内环境的实时影像信息

表 6-2 信息控制类的先进驾驶辅助系统

系统名称	图示	功能介绍
自动紧急制动(AEB)系统		能够实时监测车辆前方行驶环境,并在可能发生碰撞危险时自动启动车辆制动系统使车辆减速,以避免碰撞或减轻碰撞后果
紧急制动辅助(EBA)系统		能够实时监测车辆前方行驶环境,在可能发生碰撞危险时提前采取措施以减少制动响应时间并在驾驶人采取制动操作时辅助增加制动压力,以避免碰撞或减轻碰撞后果
紧急转向辅助(ESA)系统		实时监测车辆前方和侧方行驶环境,在可能发生碰撞危险且驾驶人有明显的转向意图时辅助驾驶人进行转向操作
智能限速控制(ISLC)系统		能够自动获取车辆当前条件下所应遵守的限速信息并实时监测车辆行驶速度,辅助驾驶人控制车辆行驶速度,以使其保持在限速范围之内

第6章 智能网联汽车先进驾驶辅助技术

（续）

系统名称	图示	功能介绍
车道保持辅助(LKA)系统		能够实时监测车辆与车道边线的相对位置，保持或在必要情况下控制车辆横向运动，使车辆保持在原车道内行驶
车道居中控制(LCC)系统		能够实时监测车辆与车道边线的相对位置，持续自动控制车辆横向运动，使车辆始终在车道中央区域行驶
车道偏离抑制(LDP)系统	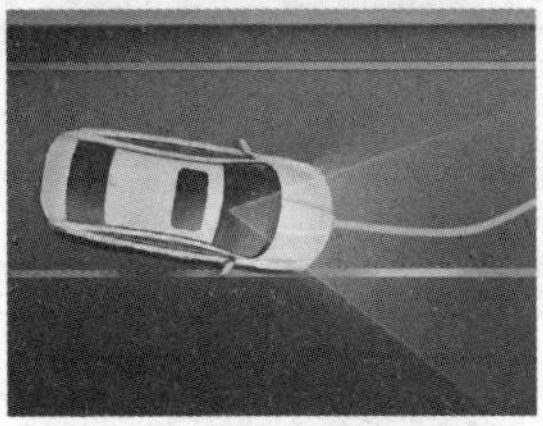	能够实时监测车辆与车道边线的相对位置，在车辆将发生车道偏离时控制车辆横向运动，辅助驾驶人将车辆保持在原车道内行驶
自适应巡航控制(ACC)系统		能够实时监测车辆前方行驶环境，在设定的速度范围内自动调整行驶速度，以适应前方车辆和/或道路条件等引起的驾驶环境变化
交通拥堵辅助(TJA)系统		能够在车辆低速通过交通拥堵路段时实时监测车辆前方及相邻车道行驶环境，并自动对车辆进行横向和纵向控制，其中部分功能的使用需经过驾驶人的确认
智能泊车辅助(IPA)系统		能够在车辆泊车时自动检测泊车空间并为驾驶人提供泊车指示和/或方向控制等辅助功能
自适应前照灯(AFL)系统		能够自动进行近光/远光切换或投射范围控制，从而为适应车辆各种使用环境提供不同类型光束的前照灯

195

目前，ADAS 在量产车上的安装率快速增加。2019 年 i-VISTA 的 15 款测评车型（分别为 7 款自主品牌和 8 款合资品牌）ADAS 安装情况见表 6-3。

表 6-3　部分量产车型的 ADAS 安装情况

车型	自适应巡航控制系统	自动紧急制动系统	车道偏离预警系统	盲区监测系统	智能泊车辅助系统
长安 CS75PLUS	√	√	√	√	√
威马 EX5	√	√	√	√	√
荣威 Marvel X	√	√	√	√	√
哈弗 F7	√	√	√	√	×
奔腾 T77	√	√	√	√	√
现代菲斯塔	√	√	√	√	×
福特福克斯	√	√	√	×	√
斯巴鲁森林人	√	√	√	√	×
凯迪拉克 XT4	√	√	×	√	×
广本凌派	√	√	√	×	√
大众帕萨特	√	√	√	√	√
Jeep 大指挥官	√	√	√	√	×
三菱欧蓝德	√	√	×	√	×

注：√表示搭载，×表示未搭载。

6.2　前向碰撞预警系统

6.2.1　前向碰撞预警系统的定义

前向碰撞预警（FCW）系统能够实时监测车辆前方行驶环境，并在可能发生前向碰撞危险时发出警告信息。FCW 系统主要是利用车载传感器（如视觉传感器、毫米波雷达等）实时监测前方车辆，判断本车与前车之间的距离、相对速度及方位，当系统判断存在潜在危险时，将对驾驶人进行警告，提醒驾驶人进行制动，保障行车安全，如图 6-2 所示。当车速达到设定车速时，FCW 系统自动启动，但 FCW 系统本身不会采取任何制动措施去避免碰撞或控制车辆。

FCW 系统的报警方式主要有声音、指示灯闪烁、转向盘振动和安全带收

图 6-2　基于车载传感器的前向碰撞预警系统

紧等。

车载传感器适用于近距离检测,但不能检测较远距离或非视距内的车辆,同时受恶劣天气影响较大,未来前向碰撞预警将采用车载传感器与V2X通信相结合的方式。

利用V2X通信技术及时在运行车辆之间交换和及时获取周围环境路况和车辆信息,经过碰撞预警算法判断是否存在碰撞危险,并根据危险级别提前报警,从而使驾驶人及时采取避撞措施,提高道路安全,如图6-3所示。V2X通信技术具有通信距离长、不受天气或亮度变化影响的优点。

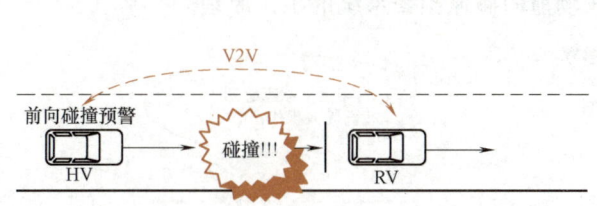

图6-3 基于V2X通信技术的前向碰撞预警系统

6.2.2 前向碰撞预警系统的组成

前向碰撞预警系统由信息采集、电子控制和人机交互三个单元组成,如图6-4所示。

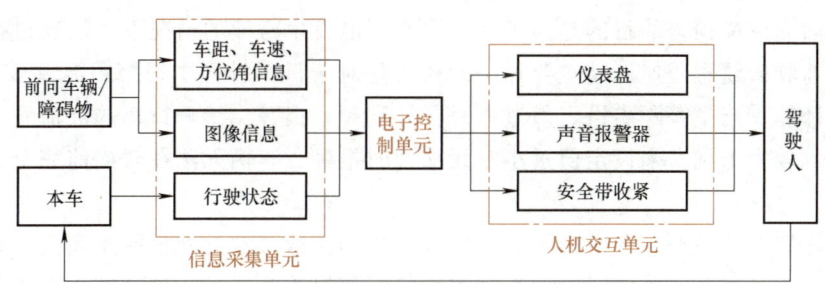

图6-4 前向碰撞预警系统的组成

(1)**信息采集单元** 信息采集单元主要利用毫米波雷达采集前向车辆或障碍物的车距、车速和方位角信息,利用视觉传感器采集前向车辆或者障碍物的图像信息,利用自车(配有前向碰撞预警系统的车辆)的车速传感器和加速度传感器采集自车速度和加速度等信息。

(2)**电子控制单元** 电子控制单元主要对前向车辆或障碍物的图像信息和车距、车速等信息进行信息融合,确定障碍物的类型和距离,并结合自车行驶状态信息,采用一定的决策算法评估是否存在潜在的碰撞风险,若存在,则向人机交互单元发出预警指令。

(3)**人机交互单元** 人机交互单元主要接收由电子控制单元传来的指令,根据预警程度或级别的定义,进行相应预警信息的发布,如在仪表盘或抬头显示区域显示预警信息或闪烁预警图标、发出报警声音和收紧安全带等,提醒驾驶人采取措施进行规避。

驾驶人接受预警信息后对自车采取制动行为,若碰撞风险消失则碰撞报警取消。

6.2.3 前向碰撞预警系统的原理

前向碰撞预警系统通过分析传感器获取的前方道路信息对前方车辆进行识别和跟踪,如果有车辆被识别出来,则对前方车距进行测量;同时利用车速估算,根据安全车距预警模型判断追尾可能,一旦存在追尾危险便根据预警规则及时给予驾驶人主动预警。

图 6-5 所示为车辆前向碰撞预警系统的工作原理。

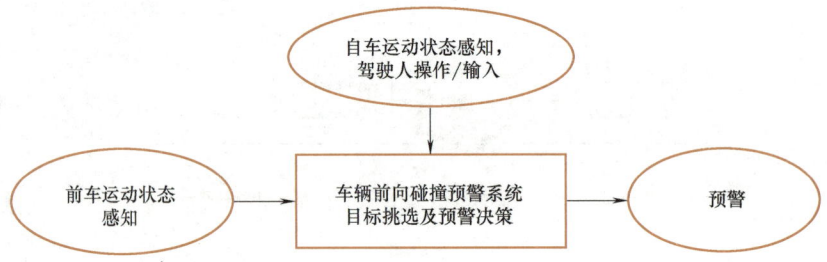

图 6-5 前向碰撞预警系统的工作原理

6.2.4 前向碰撞预警系统的报警模型

汽车前向碰撞预警的目的是为了汽车在有可能发生碰撞的情况下,能通过报警信息及时提醒驾驶人注意减速,其主要算法的核心是对于行车过程中报警距离(安全车距)的设定与计算。当报警距离设定值过大时会导致频繁报警,影响行车的舒适性,也会对驾驶人造成较大干扰;当设定值过小时无法及时报警,车辆无法在碰撞前完全制动,危险性较大。

建立报警距离模型主要是为了获得预警过程的阈值。常见的报警距离模型算法主要分为两类:一种是基于碰撞时间的行驶安全判断逻辑算法,另一种是基于距离的行驶安全判断逻辑算法。其中,基于碰撞时间的 FCW 算法主要计算从此刻起到两车发生碰撞所花费的时间,然后将其与设定的安全时间阈值进行比较,若小于安全时间,则采取预警或制动措施;反之继续行驶。该算法的时间阈值固定,距离阈值根据车速实时调整,由于两车发生碰撞的时间是基于车速和车距共同决定的,而两车的车速很难保证稳定,故此算法应用较少。基于距离的 FCW 算法主要是比较两车的实际距离与根据模型计算的报警距离,报警距离通常以车辆当前车速为基础进行确定,一般应大于或等于自车能够在碰撞之前完全制动且不发生碰撞的距离,该算法运用较为成熟。

目前经典的报警距离模型主要有马自达模型、本田模型以及伯克利模型,这些模型均为基于距离的 FCW 算法。后续的很多模型都是在经典模型的基础上进行改良的。

报警距离是指前向碰撞预警系统检测到与前车存在潜在碰撞危险时发出报警时刻的两车间距。GB/T 33577—2017《智能运输系统 车辆前向碰撞预警系统性能要求和测试规程》中推荐了报警距离计算方法。

报警距离的计算原理如图 6-6 所示。

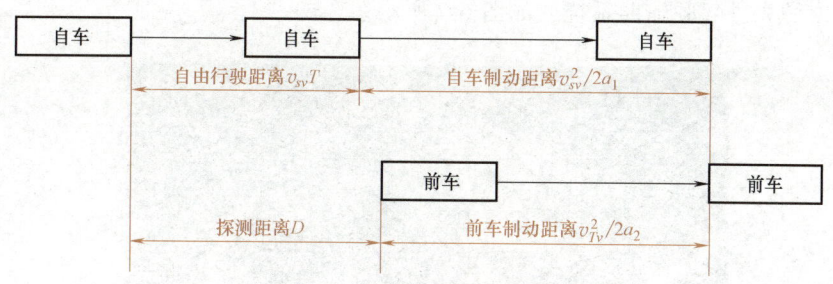

图 6-6　报警距离的计算原理

基本的报警算法是基于前车和自车车速计算出报警距离，并与测量到的实际距离进行对比，如果报警距离超过了实际距离就向驾驶人报警。由图 6-6 可得基本的报警距离为

$$D = v_{sv}T + \left(\frac{v_{sv}^2}{2a_1} - \frac{v_{Tv}^2}{2a_2}\right) \tag{6-1}$$

式中，D 为车间距离；v_{sv} 为自车车速；v_{Tv} 为前车车速；T 为驾驶人对报警的反应时间；a_1 为自车减速度；a_2 为前车减速度。

当前车与自车车速相等时，报警距离为

$$D_1 = v_{sv}T \tag{6-2}$$

当前车静止时，报警距离为

$$D_2 = v_r T + \frac{v_r^2}{2a_1} \tag{6-3}$$

式中，v_r 为相对速度。

当前车减速时，假设前车与自车的减速度相等，即 $a_1 = a_2 = a$，则报警距离为

$$D_2 = v_{sv}\left(T + \frac{v_r}{a}\right) - \frac{v_r^2}{2a} \tag{6-4}$$

假设驾驶人对报警的反应时间为 0.8s，自车的减速度为 6.67m/s²，则最短报警距离为

$$D_{\min} = \frac{v_r^2}{2\times(6.67 - a_2)} + 0.8v_r \tag{6-5}$$

6.3　自动紧急制动系统

6.3.1　自动紧急制动系统的定义

自动紧急制动（AEB）系统是指实时监测车辆前方行驶环境，并在可能发生碰撞危险时自动启动车辆制动系统使车辆减速，以避免碰撞或减轻碰撞的系统。它是基于环境感知传感器（如毫米波雷达或视觉传感器）感知前方可能与车辆、行人或其他交通

参与者所发生碰撞的风险,并通过系统自动触发执行机构来实施制动,以避免碰撞或减轻碰撞程度的先进驾驶辅助系统,如图 6-7 所示。

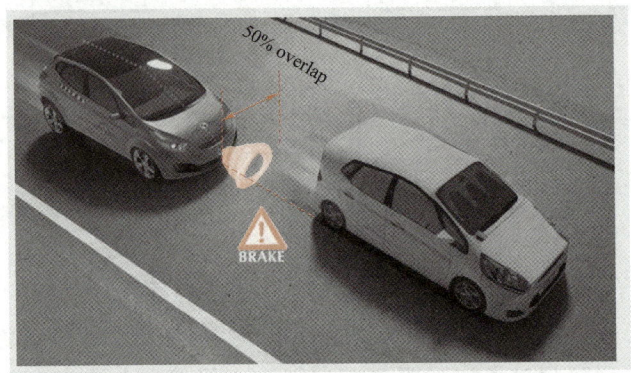

图 6-7　自动紧急制动系统

AEB 不仅包含紧急制动功能,还包含前向碰撞预警(FCW)功能以及紧急制动辅助(EBA)功能。目前,市场上的 AEB 功能无论从名称或技术实现形式上都分为许多类型。

6.3.2　自动紧急制动系统的组成

自动紧急制动系统主要由行车环境信息采集单元、电子控制单元和执行单元等组成,如图 6-8 所示。

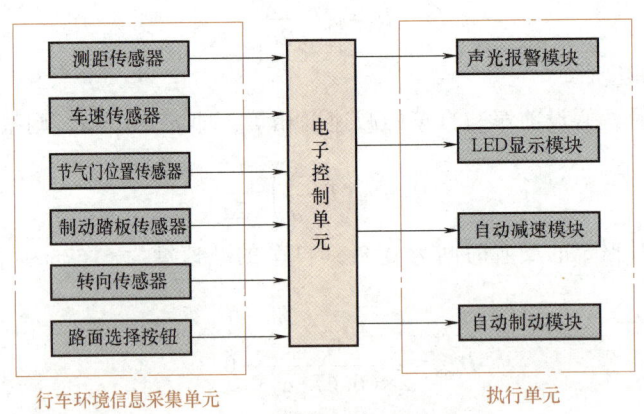

图 6-8　自动紧急制动系统的组成

(1) **行车环境信息采集单元**　行车环境信息采集单元由测距传感器、车速传感器、节气门位置传感器、制动踏板传感器、转向传感器以及路面选择按钮等组成,对行车环境进行实时检测并得到相关行车信息。测距传感器用来检测自车与前方目标的相对距离以及相对速度,目前,AEB 常见的测距主要利用毫米波雷达、视觉传感器以及二者的融合来实现;车速传感器用来检测自车的速度,节气门位置传感器用来检测驾驶人在收到系统提醒报警后是否及时松开加速踏板,对自车实行减速措施;制动踏板传感器用来检测驾驶人是否踩下制动踏板,对自车实行制动措施;转向传感器用来检测车辆目前是否正处于弯道路面行驶或处于超车状态,系统凭此来判断是否需要进行报警抑制;路面选择按钮是为了方便驾驶人对路面状况信息进行选择,从而方便系统对报警距离的计算。需要采集的信息因系统不同而不同,但是所有采集到的信息都将被送往电子控制单元。

(2)电子控制单元　电子控制单元接收到行车环境信息采集单元的检测信号后,综合收集到的数据信息依照一定的算法程序对车辆行驶状况进行分析计算,判断车辆所适用的预警状态模型,同时对执行单元发出控制指令。

(3)执行单元　执行单元可以由多个模块组成,如声光报警模块、LED显示模块、自动减速模块和自动制动模块等,根据系统不同而不同。执行单元用来接收电子控制单元发出的指令,并执行相应的动作,达到预期的预警效果,实现相应的车辆制动功能。当系统检测到存在危险状况时,首先进行声光报警提醒驾驶人;当系统发出提醒报警之后,如果驾驶人没有松开加速踏板,则系统会发出自动减速控制指令;在减速之后系统检测到危险仍然存在时,说明目前车辆行驶处于极度危险的状况,需要对车辆实施自动强制制动。

6.3.3　自动紧急制动系统的原理

汽车AEB系统采用测距传感器测出与前车或障碍物的距离,然后利用电子控制单元将测出的距离与报警距离、安全距离等进行比较,小于报警距离时就进行报警提示;当小于安全距离时,即使在驾驶人没来得及踩制动踏板的情况下,AEB系统也会启动,使汽车自动制动,从而为安全出行保驾护航。

图6-9所示为某汽车自AEB系统的工作过程。AEB从传感器探测到前方车辆(目标车)开始,持续监测与前车之间的距离以及前车的车速,同时从总线获取本车的车速信息,通过简单的运算,结合对普通驾驶人反应能力的研究,判断当前形势并做出合适的应对。

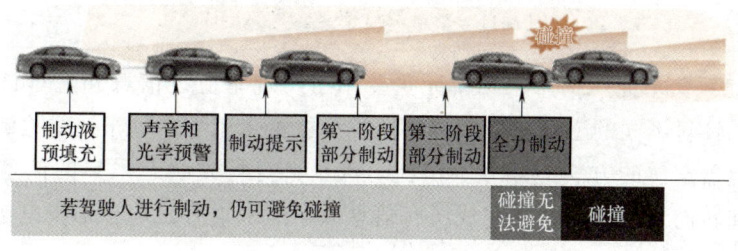

图6-9　自动紧急制动系统的工作过程

6.4　车道偏离预警系统

6.4.1　车道偏离预警系统的定义

车道偏离预警(LDW)系统是根据前方道路环境和自车位置关系,判断车辆偏离车道的行为并对驾驶人进行及时提醒，从而防止由于驾驶人疏忽造成的车道偏离事故的发生。它通过传感器获取前方道路信息，结合车辆自身的行驶状态以及预警时间等相关参数，判断汽车是否有偏离当前所处车道的趋势。如果车辆即将发生偏离，并且在驾驶人没有打转向灯的情况下，则通过视觉、听觉或触觉的方式向驾驶人发出警报，如图6-10所示。

图6-10 车道偏离预警系统

车道偏离预警系统可以在行车的全程自动或手动开启，以监控汽车行驶的轨迹。报警信号有仪表盘警示图标、语言提示、座椅或者转向盘振动等。

6.4.2 车道偏离预警系统的组成

车道偏离预警系统主要由信息采集单元、电子控制单元和人机交互单元等组成，如图6-11所示。在该系统中，所有的信息均以数字信号的形式进行传递，通过汽车总线技术实现。

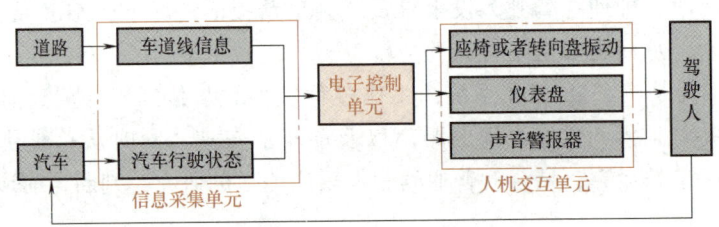

图6-11 车道偏离预警系统的组成

（1）信息采集单元 信息采集单元主要用于实现车道线信息和汽车自身行驶状态信息的采集。针对不同的道路条件和传感器类型，可采用不同的车道线检测方式，目前采用视觉传感器定位的方式应用较为广泛。汽车自身行驶状态采集的信息主要包括车速、加速度和转向角等数据。在完成所有信息数据的采集后，信息采集单元需对数据进行模数转换，并传输给电子控制单元。

（2）电子控制单元 电子控制单元是整个系统的核心部分，需要对所有的数据进行集中处理。在处理车道线信息时，由于传感器存在测量误差，因此需要对其进行误差修正，最后综合判断汽车是否存在非正常偏离车道现象，如果发生非正常偏离，就发出报警信息。

（3）人机交互单元 人机交互单元通过仪表显示界面、语音提示、座椅或转向盘振动等一种或多种方式向驾驶人提示系统当前的状态，当存在车道偏移时，提醒驾驶人及时修正行驶方向，并可以根据偏移量的大小实现不同程度的预警效果。

6.4.3 车道偏离预警系统的原理

当系统正常工作时,信息采集单元将采集车道线位置、车速和汽车转向角等信息,电子控制单元将所有的数据转换到统一的坐标系下进行分析处理,从而获得汽车在当前车道中的位置参数,并判定汽车是否发生非正常的车道偏离。当检测到在未开启转向灯的情况时,汽车距离当前车道线过近并有可能偏入临近车道时,人机交互系统就会通过转向盘振动、仪表盘警示图标或语音提示等方式发出警告,提醒驾驶人注意纠正这种无意识的车道偏离,及时回到当前行驶车道上,从而尽可能地减少车道偏离事故的发生。为了能够给驾驶人提供更多的反应时间和操控时间,车道偏离预警系统需要在偏离车道线之前发出提示。如果驾驶人打开转向灯,正常进行变道行驶,则车道偏离预警系统不会做出任何提示。

基于视觉传感器的车道偏离预警系统工作原理如图 6-12 所示,该系统使用车载视觉传感器对行驶车道进行拍摄,并将获得的图像信息输入给车载电子控制单元,辨识并处理图像信息;根据识别到的车道标识线,判断汽车在这一时刻是否已经偏离正常的车道,若存在车道偏离现象则发出预警信息,提示驾驶人纠正偏离车道的汽车。

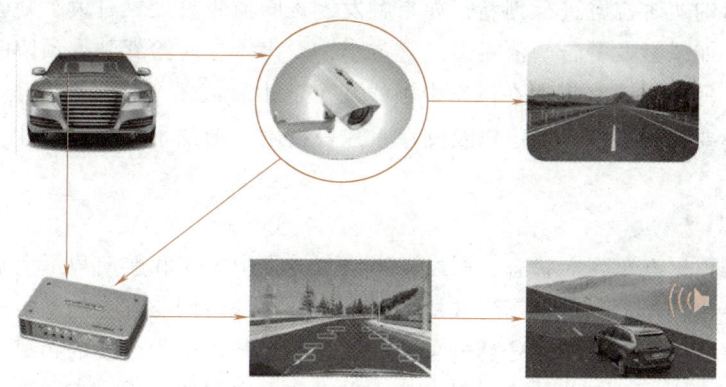

图 6-12 基于视觉传感器的车道偏离预警系统工作原理

6.4.4 车道偏离预警系统的算法

车道偏离预警系统的算法是一种通过传感器检测车道线,并结合汽车位置信息和状态信息得到汽车与车道线间相对位置关系并对偏离状态进行判断的控制算法。基于视觉传感器获得车道线信息,结合预警决策算法辨识汽车是否有偏离原车道的趋势。现在使用频率较高的车道偏离预警算法有汽车当前位置(CCP)算法、汽车跨道时间(TLC)算法、预瞄偏移量差异(FOD)算法、瞬时侧向位移(ILD)算法、横向速度(LV)算法、边缘分布函数(EDF)算法、预瞄轨迹偏离(TTD)算法和路边振动带(RRS)算法等,其中 CCP 算法、TLC 算法和 FOD 算法应用较为广泛。

1. CCP 算法

CCP 算法是根据汽车在所行驶的车道中的当前位置信息来判断偏离车道的程度,即通过车道线检测算法计算出汽车外侧与车道线的距离信息来判断是否预警。CCP 算法示意图如图 6-13 所示。图中 L_l 为汽车左外侧至左车道标线的距离，L_r 为汽车右外侧至右车道标线的距离，L_t 为汽车中轴线至车道中轴线之间的距离，d 为车道宽度，b 为汽车宽度。

假设汽车中轴线平行于车道中轴线，则汽车左右外侧至左右车道线的距离分别为

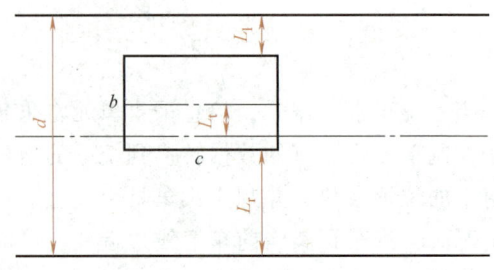

图 6-13 CCP 算法示意图

$$L_l = \frac{d}{2} - \left(\frac{b}{2} + L_t\right)$$
$$L_r = \frac{d}{2} - \left(\frac{b}{2} - L_t\right)$$

(6-6)

当 $L_l>0$ 且 $L_r>0$ 时，表明汽车保持在行驶车道内，系统不需要预警；当 $L_l<0$ 或 $L_r<0$ 时，表明汽车偏离车道，系统发出预警提示。

CCP 算法是根据汽车所在车道中的相对位置来判断是否发生偏离，由于该算法是根据汽车当前的实时位置进行判断，如果触发警告阈值距离设置过大，则会干扰驾驶人的正常驾驶；如果触发警告阈值距离设置过小，发出警告时给驾驶人预留的纠正驾驶行为时间过短。另外，CCP 算法在汽车中轴线和车道中轴线不平行时，预警效果不理想，并且该算法还要用到摄像机标定以及图像重建等技术，增加了系统复杂性，提高了系统运算量。

2. TLC 算法

TLC 算法根据汽车当前状态，假设未来偏离过程中车速和航向角不变来预测未来汽车轨迹，计算出汽车跨越两侧车道线所需时间，并将该时间与设置的阈值进行对比判断出汽车的偏离状态。利用车载传感器可获取当前汽车与车道中心线的距离 L_t，当前位置汽车行驶航向角为 θ_e。假设汽车行驶速度 v 大小和方向保持不变，为计算出跨越时间 t，需要获取由当前位置驶出偏移方向同侧的车道边界的行驶距离 L；汽车未来行驶过程中航向角不变，车长为 c，车宽为 b，车道宽为 d，TLC 算法示意图如图 6-14 所示。

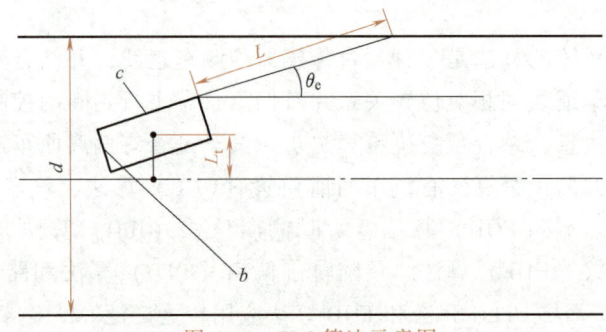

图 6-14 TLC 算法示意图

汽车实际高速行驶中 θ_e 较小，在计算汽车一侧至车道线距离时可近似认为汽车与车道线平行，则可计算出 L、t 分别为

$$L = \frac{\frac{d}{2} - L_t - \frac{b}{2}}{\sin\theta_e} \qquad (6\text{-}7)$$

$$t = \frac{L}{y} \qquad (6\text{-}8)$$

设 TLC 算法中确定的阈值为 T,当 $t \leqslant T$ 时,表示汽车驶出安全区域,偏离预警系统应向驾驶人发出警报。

TLC 算法能够保证给驾驶人预留足够的反应时间来纠正驾驶行为,但是由于该方法一般假设汽车的速度在较短的时间内保持不变,且没有考虑汽车航向角的变化,因此,TLC 决策方法的误报率相对较高。

3. FOD 算法

FOD 算法是在实际车道线处向外扩展一条虚拟车道线,如图 6-15 所示。该虚拟车道线是根据驾驶人在自然转向时的偏离习惯而设计的,目的是降低误报率。若驾驶人从未有过这种偏离习惯,则可将虚拟车道线与实际车道线重合。

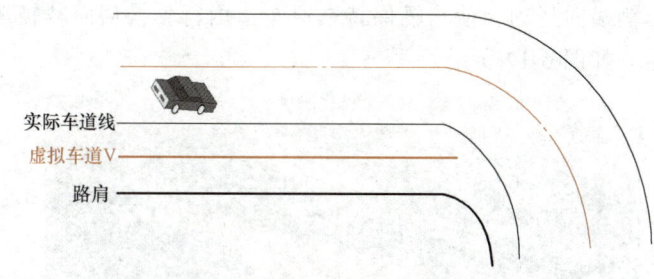

图 6-15 虚拟车道线与实际车道线

FOD 算法示意图如图 6-16 所示,t 为汽车行驶预瞄时间,可以根据驾驶人的驾驶习惯设定不同预瞄时间;L_t' 为汽车行驶预瞄时间 t 后至车道中心线的距离。

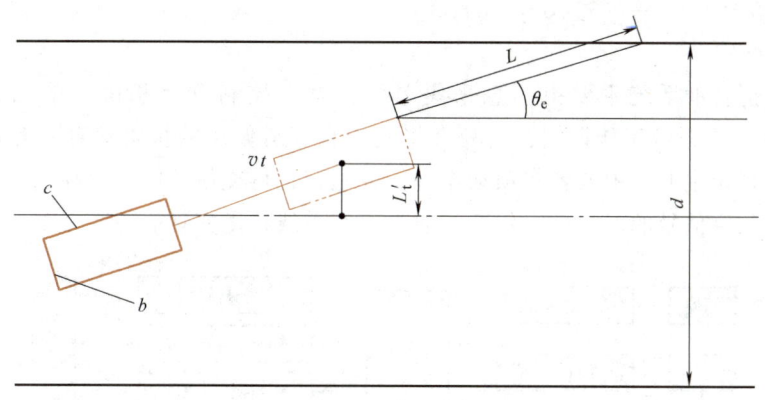

图 6-16 FOD 算法示意图

假设汽车航向角不变,行驶预瞄时间 t 后,汽车与偏移方向同侧的车道线间横向距

离 L_d 为

$$\begin{cases} L_t' = vt\sin\theta_e + L_t \\ L_d = \dfrac{d}{2} - L_t' - \dfrac{b}{2} \end{cases} \quad (6\text{-}9)$$

假设预瞄位置偏移量阈值为 D，当 $L_d \leq D$ 时，表示汽车驶出安全区域，偏离预警系统应向驾驶人发出警报。

FOD 算法的中心思想是根据汽车未来几秒的运动状态来判断是否发出车道偏离预警，其优点是误报率比较低，能给驾驶人留出足够时间采取适当措施避免交通事故的发生。

6.5 车道保持辅助系统

6.5.1 车道保持辅助系统的定义

车道保持辅助（LKA）系统能够实时监测车辆与车道边线的相对位置，持续或在必要情况下控制车辆横向运动，使车辆保持在原车道内行驶，从而减轻驾驶人负担，减少交通事故的发生，如图 6-17 所示。

图 6-17　车道保持辅助系统

6.5.2 车道保持辅助系统的组成

车道保持辅助系统主要由信息采集单元、电子控制单元和执行单元等组成，如图 6-18 所示。在系统工作期间，驾驶人将会接收车道偏离的报警信息，并选择对转向系统和制动系统中的一项或者多项动作进行控制，也可交由系统完全控制。系统中所有的信息均以数字信号的形式进行传递，通过汽车总线技术实现。

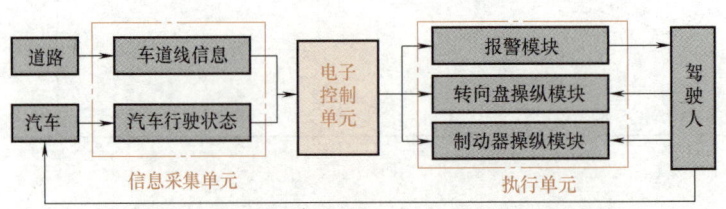

图 6-18　车道保持辅助系统的组成

(1) 信息采集单元　信息采集单元在车道保持辅助系统中的功能与车道偏离预警系统的功能相似，主要通过传感器采集车道信息和汽车自身行驶信息并发送给电子控制单元。

(2) 电子控制单元　电子控制单元主要通过特定的算法对信息进行处理，并判断是否做出车道偏离修正的相应操作。该单元性能直接影响车道偏离修正的及时性，因此在选择中央处理器和设计控制算法时要着重考虑运算能力和运算速度。

(3) 执行单元　执行单元主要有报警模块、转向盘操纵模块和制动器操纵模块。其中报警模块与车道偏离预警系统类似，通过转向盘或座椅振动、仪表盘显示和声音警报中的一种或多种形式实现。转向盘操纵模块和制动器操纵模块是车道保持辅助系统中特有的，其主要作用是实现横向运动和纵向运动的协同控制，并保证汽车在 LKA 工作期间具有一定的行驶稳定性。

6.5.3　车道保持辅助系统的原理

车道保持辅助系统可以在行车的全程或速度达到某一阈值后开启，并可以手动关闭，实时保持汽车的行驶轨迹。当系统正常工作时，信息采集单元通过车载传感器采集车速信号、转向盘转角信号以及汽车速度信息，电子控制单元对信息进行处理，比较车道线和汽车的行驶方向，判断汽车是否偏离行驶车道。当汽车行驶可能偏离车道线时，发出报警信息；当汽车距离偏离侧车道线小于一定阈值或已经有车轮偏离出车道线，电子控制单元计算出辅助操舵力和减速度，根据偏离的程度控制转向盘和制动器的操纵模块，施加操舵力和制动力使汽车稳定地回到正常轨道；若驾驶人打开转向灯，正常进行变线行驶，则系统不会做出任何提示。

车道保持辅助系统的工作过程如图 6-19 所示，在系统起作用时，将不同时刻的汽车行驶照片重叠后可以看出，图中后面起第二个车影已经偏离行驶轨道，于是系统发出报警信息，第三个和第四个车影是系统主动进行车道偏离纠正的过程，在第五个车影时，汽车已经重新处于正确的行驶线路上，车道保持辅助系统完成一个完整的工作周期。

图 6-19　车道保持辅助系统工作过程

6.6 自适应巡航控制系统

6.6.1 自适应巡航控制系统的定义

自适应巡航控制（ACC）系统能够实时监测车辆前方行驶环境，在设定的速度范围内自动调整行驶速度，以适应前方车辆和/或道路条件等引起的驾驶环境变化。

ACC系统是在汽车行驶过程中，安装在汽车前部的车距传感器持续地扫描汽车前方道路，同时轮速传感器采集车速信号。当前汽车（以下简称主车）与前方车辆之间的距离小于或大于安全车距时，ACC控制单元通过与制动系统、发动机控制系统协调动作，改变制动力矩和发动机输出功率，对汽车行驶速度进行控制，以使主车与前方车辆始终保持安全车距行驶，避免追尾事故发生，同时提高通行效率，如图6-20所示。如果主车前方没有车辆，则主车按设定的车速巡航行驶。

图6-20 自适应巡航控制系统

电动汽车自适应巡航控制系统，发动机更换为驱动电机，系统通过改变制动力矩和驱动电机的输出功率来控制电动汽车的行驶速度。

汽车ACC系统分为基本型和全速型：

（1）基本型ACC 基本型ACC一般在车速大于30km/h时才会起作用，而当车速降低到30km/h以下时，就需要驾驶人进行人工控制。

（2）全速型ACC 全速型ACC在车速低于30km/h直至汽车静止时一样可以适用，在低速行驶时仍能保持与前车的距离，并能对汽车进行制动直至其处于静止状态。

6.6.2 自适应巡航控制系统的组成

1. 燃油汽车自适应巡航系统的组成

燃油汽车ACC系统主要由信息感知单元、电子控制单元、执行单元和人机交互界面等组成，如图6-21所示。

（1）信息感知单元 信息感知单元主要用于向电子控制单元提供ACC所需要的各种信息，主要由测距传感器、转速传感器、转向角传感器、节气门位置传感器以及制动踏板传感器等组成。测距传感器用来获取主车与前方目标车辆之间的距离信号，可以使用毫米波雷达、少线束激光雷达和视觉传感器；转速传感器用于获取实时车速信号，一般使用霍尔式转速传感器；转向角传感器用于获取汽车转向信号；节气门位置传感器用于获取节气门开度信号；制动踏板传感器用于获取制动踏板动作信号。

（2）电子控制单元 电子控制单元根据驾驶人所设定的安全车距及车速，结合信

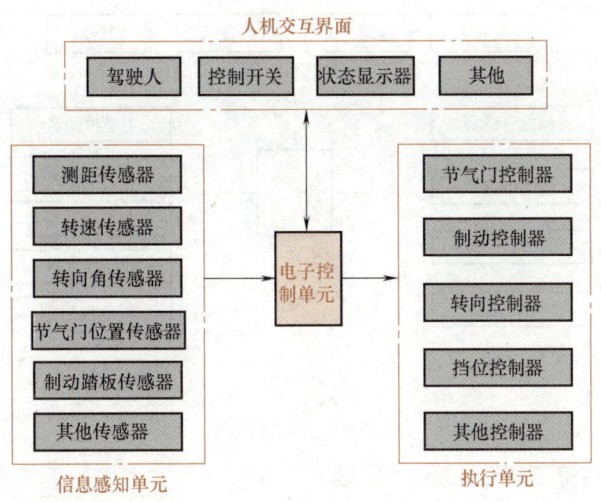

图 6-21 燃油汽车 ACC 系统的组成

息感知单元传送来的信息确定主车的行驶状态，决策出汽车的控制策略并输出节气门开度和制动压力信号给执行单元。如当主车与前方的目标车辆之间的距离小于设定的安全车距时，电子控制单元计算实际车距和安全车距之差及相对速度的大小，选择减速方式或通过报警器向驾驶人发出报警，提醒驾驶人采取相应的措施。

(3) **执行单元**　执行单元主要执行电子控制单元发出的指令，实现主车速度和加速度的调整。它包括节气门控制器、制动控制器、转向控制器和档位控制器等，节气门控制器用于调整节气门的开度，可使汽车加速、减速及定速行驶；制动控制器用于控制制动力矩或紧急情况下的制动；转向控制器用于控制汽车的行驶方向；档位控制器用于控制汽车变速器的档位。

(4) **人机交互界面**　人机交互界面用于驾驶人设定系统参数及系统状态信息的显示等。驾驶人可通过设置在仪表盘或转向盘上的人机界面启动或清除 ACC 系统控制指令。启动 ACC 系统时，要设定主车与目标车辆之间的安全车距以及在巡航状态下的车速，否则 ACC 系统将自动设置为默认值，但所设定的安全车距不可小于设定车速下交通法规所规定的安全车距。

2. 电动汽车自适应巡航系统的组成

电动汽车 ACC 系统也是由信息感知单元、电子控制单元、执行单元和人机交互界面等组成，如图 6-22 所示，电动汽车相对于燃油汽车，其 ACC 系统的信息采集单元没有节气门位置传感器，执行单元没有节气门控制器和档位控制器，相应增加电机控制器和再生制动控制器。信息感知单元将传感器测量的距离、速度和加速度等信号输入到电子控制单元；电子控制单元对主车行驶环境及运动状态进行分析、计算、决策，输出转矩和制动压力信号；执行单元用于完成电子控制单元的指令，通过电动机控制器和制动控制器来调节主车的行驶速度；人机交互界面为驾驶人对系统的运行进行观察和干预控制提供操作界面。

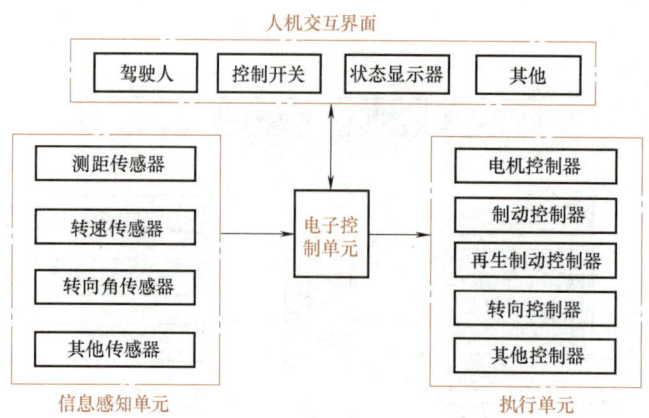

图 6-22　电动汽车 ACC 系统的组成

6.6.3　自适应巡航控制系统的原理

1. 燃油汽车 ACC 系统的原理

燃油汽车 ACC 系统的原理如图 6-23 所示。驾驶人启动 ACC 系统后，汽车在行驶过程中，安装在汽车前部的测距传感器持续扫描汽车前方道路，同时，转速传感器采集车速信号。如果主车前方没有车辆或与前方目标车辆距离很远且速度很快时，控制模式选择模块就会激活巡航控制模式，ACC 系统将根据驾驶人设定的车速和转速传感器采集的本车速度自动调节加速踏板等，使主车达到设定的车速并巡航行驶；如果目标车辆存在且离主车较近或速度很慢，控制模式选择模块就会激活跟随控制模式，ACC 系统将根据驾驶人设定的安全车距和转速传感器采集的本车速度计算出期望车距，并与测距传感器采集的实际距离比较，自动调节制动压力和节气门开度等使汽车以一个安全车距稳定地跟随前方目标车辆行驶。同时，ACC 系统会把汽车目前的一些状态参数显示在人机界面上，方便驾驶人判断，也装有紧急报警系统，在 ACC 系统无法避免碰撞时及时警告驾驶人并由驾驶人处理紧急状况。

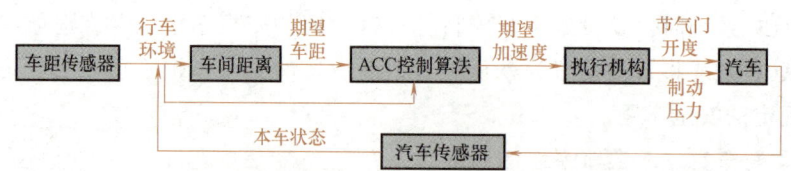

图 6-23　燃油汽车 ACC 系统的原理

2. 电动汽车 ACC 系统的原理

电动汽车 ACC 系统的原理如图 6-24 所示，它与燃油汽车 ACC 系统工作原理基本一

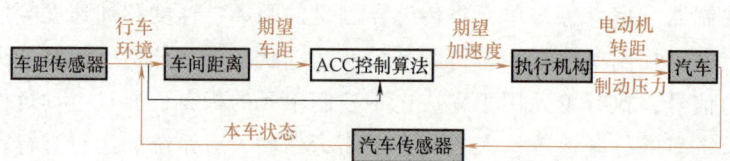

图 6-24　电动汽车 ACC 系统的原理

第6章 智能网联汽车先进驾驶辅助技术

样,唯一区别是燃油汽车控制的是节气门开度,调节发动机输出转矩;电动汽车控制的是电动机转矩,调节电动机的输出转矩,而且增加了再生制动控制。

6.7 智能泊车辅助系统

6.7.1 智能泊车辅助系统的定义

智能泊车辅助系统是指在泊车过程中,系统能够利用车载传感器自动检测附近可用停车位,计算泊车轨迹,控制转向系统、制动系统、驱动系统以及变速系统完成泊车入位;并且能够向驾驶人发出系统故障状态、危险预警等信息,如图6-25所示。

按泊车模式,智能泊车辅助系统分为平行泊车和垂直泊车。平行泊车是指系统具备平行靠左、靠右泊车(即侧方位停车)能力;垂直泊车是指系统具备垂直靠左、靠右泊车(即倒车入库)能力。

图6-25 智能泊车辅助系统

6.7.2 智能泊车辅助系统的组成

智能泊车辅助系统主要由感知单元、中央控制器、转向执行机构和人-机交互系统组成,如图6-26所示。

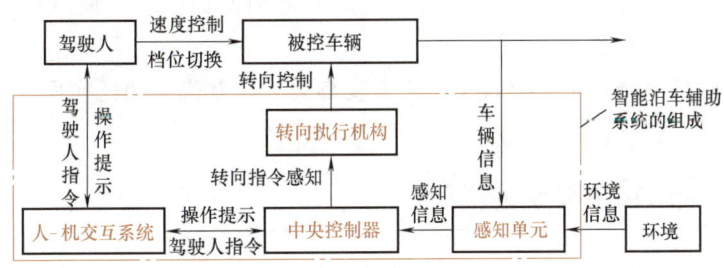

图6-26 智能泊车辅助系统的组成

(1)感知单元 通过车位检测传感器、避障保护传感器、转速传感器、陀螺仪以及档位传感器等实现对环境信息和汽车自身运动状态的感知,并把感知信息输送给泊车系统的中央控制器。

(2)中央控制器 中央控制器主要分析处理感知单元获取的环境信息以及汽车泊车运动控制。在泊车过程中,泊车系统控制器实时接收并处理汽车避障传感器输出的信息,当汽车与周围物体相对距离小于设定安全值时,泊车系统控制器将采取合理的汽车运动控制。

（3）**转向执行机构** 转向执行机构由转向系统、转向驱动电机、转向电机控制器和转向柱转角传感器等组成，转向执行机构在接收中央控制器发出的转向指令后执行转向操作。

（4）**人-机交互系统** 在泊车过程中，人-机交互系统显示一些重要信息给驾驶人。

6.7.3 智能泊车辅助系统的原理

智能泊车辅助系统的原理是通过车载传感器扫描汽车周围环境，通过对环境区域的分析和建模，搜索有效泊车位，当确定目标车位后，系统提示驾驶人停车并自动启动智能泊车程序，根据所获取的车位大小、位置信息，由程序计算泊车路径，然后自动操纵汽车泊车入位。智能泊车辅助系统的运行过程如图6-27所示。

（1）**激活系统** 汽车进入停车区域后缓慢行驶，人工开启智能泊车辅助系统，或根据车速自动启动智能泊车辅助系统。

（2）**车位检测** 通过车载传感器获取环境信息，传感器主要采用测

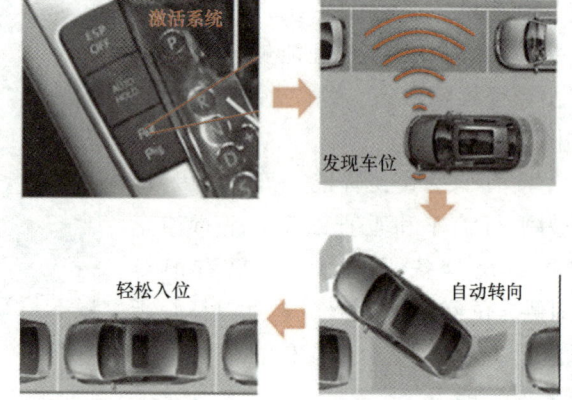

图6-27 智能泊车辅助系统的工作过程

距传感器（如超声波雷达）和视觉传感器（如摄像头），然后识别出目标车位。

（3）**路径规划** 根据所获取的环境信息，电子控制单元对汽车和环境建模，计算出一条能使汽车安全泊入车位的路径。

（4）**路径跟踪** 通过转角、节气门开度和制动的协调控制，使汽车跟踪预先规划的泊车路径，实现轻松泊车入位。

智能泊车辅助系统在泊车过程中，不需要驾驶人控制汽车的任何操作，所有泊车过程全部由控制单元控制。

6.7.4 智能泊车辅助系统的类型

智能泊车辅助系统可以分为自动泊车、远程遥控泊车、自学习泊车和自动代客泊车。

1. 自动泊车

自动泊车辅助系统主要是利用遍布车辆自身和周边环境里的传感器，测量车辆自身与周边物体之间的相对距离、速度和角度，然后通过车载计算平台或云计算平台计算出操作流程，并控制车辆的转向和加减速，以实现自动泊入、泊出及部分行驶功能，如图6-28所示。

使用APA超声波雷达检测到空库位后，汽车控制器会根据自车的尺寸和库位的大

小，规划出一条合理的泊车轨迹，控制转向盘、变速器和加速踏板进行自动泊车。在泊车过程中，安装在汽车前后的 8 个 UPA（测量汽车前后障碍物的倒车雷达）会实时感知环境信息，实时修正泊车轨迹，避免碰撞。

自动泊车可以分为半自动泊车和全自动泊车。半自动泊车系统为驾驶人操控车速，计算平台根据车速及周边环境来确定并执

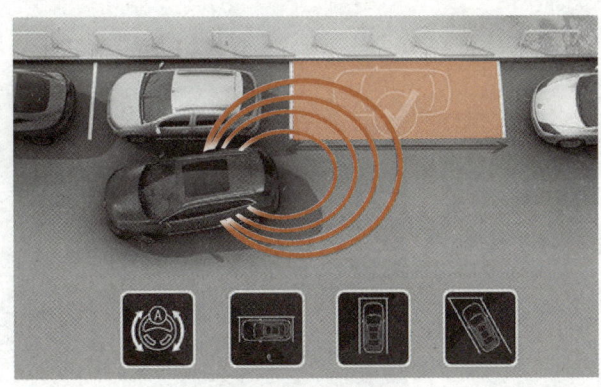

图 6-28　自动泊车

行转向，对应于 SAE L1 级；全自动泊车为计算平台根据周边环境来确定并执行转向和加减速等全部操作，驾驶人可在车内或车外监控，对应于 SAE L2 级。

2. 远程遥控泊车

远程遥控泊车辅助系统如图 6-29 所示，它是在 APA 自动泊车技术的基础之上发展而来的，车载传感器的配置方案与 APA 类似。它解决了停车后难以打开自车车门的尴尬场景，如在两边都停了车的车位，或在比较狭窄的停车房。远程遥控泊车辅助系统常见于特斯拉、宝马 7 系和奥迪 A8 等高端车型中。

在汽车低速巡航并找到空车位后，驾驶人将汽车挂入停车档，就可以离开汽车了。在车外，使用手机发送泊车指令控制汽车完成泊车操作。遥控泊车涉及汽车与手机的通信，目前汽车与手机最广泛且稳定的通信方式是蓝牙，蓝牙

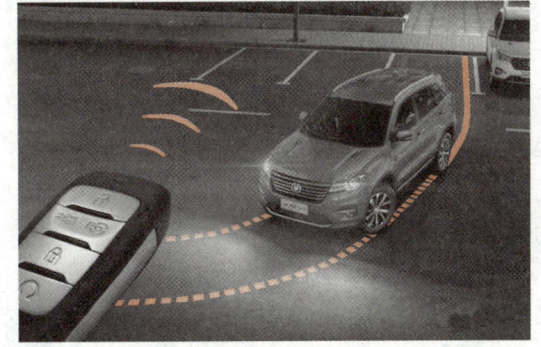

图 6-29　远程遥控泊车

虽然没有 4G 传输的距离远，但是解决了 4G 信号并不能保证所有地方都能做到稳定通信的问题。

远程遥控泊车辅助系统相比于 APA 加入了与驾驶人通信的车载蓝牙模块，因此不再需要驾驶人坐在车内监控汽车的泊车过程，而仅需要在车外观察即可。

远程遥控泊车属于自动驾驶的 L2+ 级。

3. 自学习泊车

自学习泊车如图 6-30 所示，它能够学习驾驶人的泊入和泊出操作，并在以后自主完成这个过程。自学习泊车辅助系统的核心技术是即时定位与地图构建（SLAM）。

驾驶人在准备停车前，可以在库位不远处开启"路线学习"功能，随后慢慢将汽车泊入固定车位，系统就会自学习该段行驶和泊车路线。泊车路线一旦学习成功，汽车便可达到"过目不忘"。完成路线的学习后，在录制时的相同起点下车，用手机蓝牙连接汽车，启动自学习泊车辅助系统，汽车就能够模仿先前录制的泊车路线完成自动

图 6-30 自学习泊车

泊车。

驾驶人除了让汽车学习泊入车库的过程外,还能够学习汽车泊出并行驶到办公楼的过程。聪明的汽车能够自动驾驶到指定地点,即使在大雨天也不用害怕冒雨取车。

自学习泊车辅助系统相比于自动泊车和远程遥控泊车辅助系统加入了360°环视相机,而且泊车的控制距离从5m内扩大到了50m内,有了明显提升。

自学习泊车属于自动驾驶的L3级。

4. 自动代客泊车

最理想的泊车辅助场景应该是,驾驶人把车开到办公楼下后,直接去办正事,而把找停车位和停车的工作交给汽车,汽车停好后发条信息给驾驶人,告知自己停在哪。在驾驶人下班时,给汽车发条信息,汽车即可远程启动、泊出库位,并行驶到驾驶人设定的接驳点。

自动代客泊车如图 6-31 所示,它是为了解决日常工作、生活中停车难的问题,其主要的应用地点通常是办公楼或者大型商场的地上或地下停车场。

相比于前面三种泊车辅助产品,自动代客泊车除了要实现泊入车库的功能外,还需要解决从驾驶人下车点低速(小于 20km/h)行驶至库位旁的问题。为了能尽可能地安全行驶到库位旁,必须提升汽车远距离感知的能

图 6-31 自动代客泊车

力,因此前视摄像头成为最优的传感器方案。地上/地下停车场不像开放道路,场景相对单一,高速运动的汽车较少,对于保持低速运动的自车来说,更容易避免突发状况的发生。

除了毫米波雷达和视觉传感器外,实现自动代客泊车还需要引入停车场的高精度地图,再配合 SLAM 或视觉匹配定位的方法,才能够让汽车知道它现在在哪,应该去哪里

寻找停车位。除了自行寻找停车位外，具备自动代客泊车功能的汽车还可以配合智能停车场更好地完成自动代客泊车的功能。智能停车场需要在停车场内安装一些必要的基础设施，如摄像头、地锁等。这些传感器不仅能够获取停车位是否被占用，还能够知道停车场的道路上是否有车等信息。将这些信息建模后发送给汽车，汽车就能够规划出一条更为合理的路径，并行驶到空车位处。

自动代客泊车属于自动驾驶的 L4 级。

练 习 题

一、名词解释

1. 前向碰撞预警系统　　2. 自动紧急制动系统　　3. 车道偏离预警系统
4. 车道保持辅助系统　　5. 自适应巡航控制系统　　6. 智能泊车辅助系统

二、简答题

1. 前向碰撞预警系统由哪几部分组成？
2. 自动紧急制动系统的原理是什么？
3. 车道偏离预警系统由哪几部分组成？
4. 车道保持辅助系统的原理是什么？
5. 燃油汽车和电动汽车的自适应巡航控制系统的原理有什么区别？
6. 智能泊车分哪几种类型？
7. 先进驾驶辅助系统在汽车上的应用实例有哪些？

第7章

智能网联汽车自动驾驶仿真技术

【教学目标】

通过对本章的学习,学生能够掌握智能网联汽车自动驾驶仿真系统的构成;了解自动驾驶仿真软件;通过实践熟悉利用 MATLAB 仿真平台对自动紧急制动系统、车道保持辅助系统、自适应巡航控制系统以及路径跟踪控制系统的仿真过程。

【教学要求】

知识要点	能力要求	参考学时
智能网联汽车自动驾驶仿真系统构成	1)掌握智能网联汽车自动驾驶仿真的定义和自动驾驶仿真系统的构成 2)了解模型在环仿真测试、硬件在环仿真测试和车辆在环仿真测试的目的	0.5
自动驾驶仿真软件简介	了解 CarSim 软件、PreScan 软件、Carmaker 软件、VTD 软件、51Sim-One 软件、Vissim 软件、Pro-SiVIC 软件、PanoSim 软件以及百度 Apollo 仿真平台的特点	1
MATLAB 自动驾驶工具箱简介	熟悉 MATLAB 自动驾驶工具箱的功能	0.5
自动紧急制动系统的仿真	利用 MATLAB 的自动紧急制动系统仿真平台对自动紧急制动系统进行仿真	1
车道保持辅助系统的仿真	利用 MATLAB 的车道保持辅助系统仿真平台对车道保持辅助系统进行仿真	1
自适应巡航控制系统的仿真	利用 MATLAB 的自适应巡航控制系统仿真平台对自适应巡航控制系统进行仿真	1
路径跟踪控制系统的仿真	利用 MATLAB 的路径跟踪控制系统仿真平台对路径跟踪控制系统进行仿真	1

7.1 智能网联汽车自动驾驶仿真系统构成

1. 自动驾驶仿真定义

随着汽车智能化程度的不断提高,汽车研发的复杂程度也在不断增加,汽车开发成本和开发周期的压力也随着不断增加，许多涉及汽车安全的新技术研发受外界环境影响和试验安全制约难以有效地开展，因此传统的研发、测试和验证手段已不能满足要求。自动驾驶要获得足够的安全验证，需要大规模、可扩展的、能进行十亿级甚至上百亿公里的模拟测试服务。在实际测试过程中，由于真实道路测试效率较慢，目前很多车企都倾向于选择自动驾驶仿真测试。未来自动驾驶测试主要通过仿真完成。

自动驾驶仿真是指通过传感器仿真、车辆动力学仿真、交通流仿真、数字仿真以及驾驶场景构建等技术模拟路测环境，并添加算法，搭建相对真实的驾驶场景，来完成智能网联汽车测试工作的一种形式。

自动驾驶仿真具有以下优点：
1）仿真环境搭建方便。
2）测试场景重复性好。
3）无测试安全性问题。
4）测试效率高。
5）节约成本。

2. 自动驾驶仿真系统构成

自动驾驶的关键技术是环境感知技术和车辆控制技术，如图 7-1 所示。其中环境感知技术是智能网联汽车行驶的基础，车辆控制技术是智能网联汽车行驶的核心，包括决策规划和控制执行两个环节，这两项技术相辅相成共同构成智能网联汽车的关键技术。智能网联汽车首先是通过毫米波雷达、激光雷达、视觉传感器以及 V2X 等对外界的环境进行感知识别；然后在融合多方面感知信息的基础上，通过智能算法学习外界场景信息，预测场景中交通参与者的轨迹，规划车辆运行轨迹，实现车辆拟人化控制融入交通流中；跟踪决策规划的轨迹目标，控制车辆的加速、制动和转向等驾驶动作，调节车辆行驶速度、位置和方向等状态，以保证汽车的安全性、操纵性和稳定性。无论是环境感知技术，还是车辆控制技术，自动驾驶都需要大量的算法支持，而算法研发本来就是个不断迭代的过程，在算法不成熟的条件下，为了配合智能网联汽车的功能和性能开发，

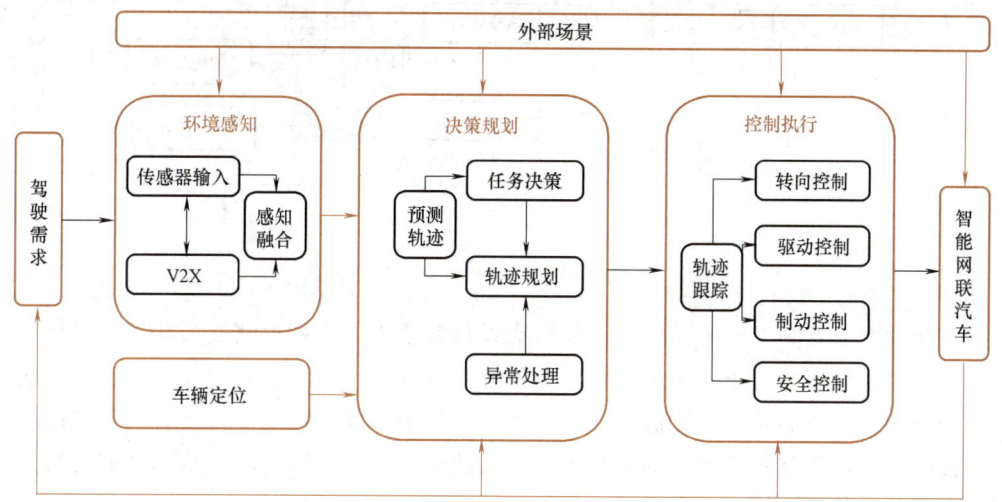

图 7-1 智能网联汽车控制架构

必须遵循从模型在环测试仿真、硬件在环测试仿真和车辆在环测试仿真到封闭试验场测试,并最终走向公共道路测试这一开发流程。其中仿真测试主要包括模型在环测试、硬件在环测试和车辆在环测试。

(1) **模型在环测试仿真** 模型在环测试仿真是指采用模拟驾驶场景、车辆动力学模型、传感器模型以及决策规划算法进行虚拟环境下的自动驾驶测试,其主要应用于系统开发的最初阶段,因此没有硬件参与系统测试,主要用于验证算法的正确性。

(2) **硬件在环测试仿真** 硬件在环测试仿真主要包括环境感知系统在环测试、决策规划系统在环测试和控制执行系统在环测试等,其测试要求包括持续测试、组合测试和扩展性。持续测试是根据测试目的进行自动测试;组合测试是指不同标准在同一驾驶场景中进行评价;扩展性是指简单功能的测试结果具有扩展性,如对于车道保持的测试结果可扩展应用于高级自动驾驶功能。

(3) **车辆在环测试仿真** 车辆在环测试仿真是将整车嵌入到虚拟测试环境中进行测试,通过模拟驾驶场景测试整车的性能,主要包括封闭场地车辆在环和转毂平台车辆在环,其关键在于将车辆信息传递给模拟环境以及将模拟环境中产生的传感器信息传递给车辆控制器。

一个完整的自动驾驶仿真平台需要包括驾驶场景仿真、传感器仿真、V2X仿真、定位仿真以及车辆动力学仿真等功能,并能够较为容易地接入自动驾驶感知和决策控制系统,如图 7-2 所示。只有算法与仿真平台紧密结合,才能形成一个闭环,达到持续迭代和优化的状态。

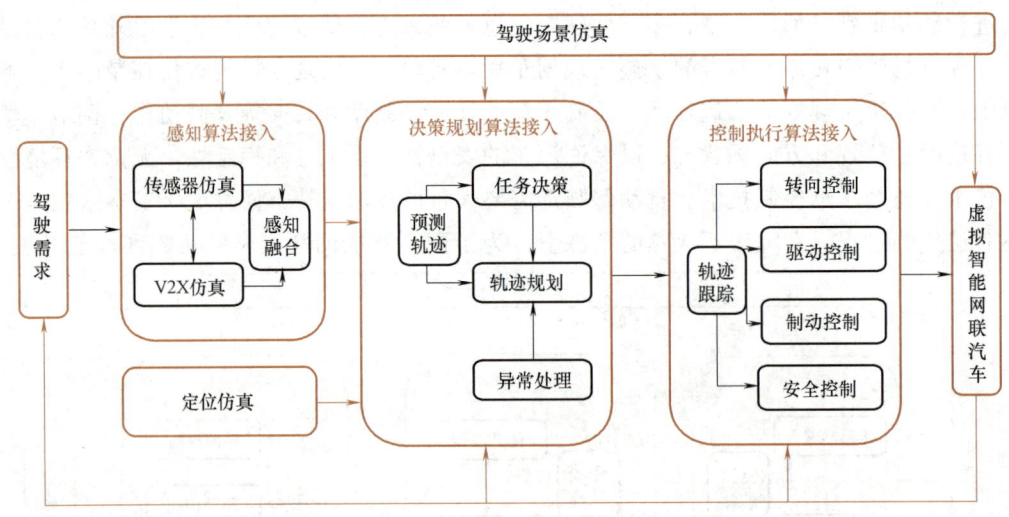

图 7-2 智能网联汽车自动驾驶仿真系统

在智能网联驾驶汽车的研发中,如何在设计阶段进行各种道路交通状况、各种行驶工况、各种天气环境等条件下进行传感器的开发与匹配、各种静态场景和动态场景的构建与算法训练、控制系统与算法的开发、执行机构的开发、自动制动与转向系统的设计与验证以及自动驾驶系统开发等都离不开仿真技术的应用,因此仿真技术将成为智能网联汽车开发中的一个核心内容。

7.2 自动驾驶仿真软件简介

随着智能网联汽车的快速发展，特别是无人驾驶汽车已经成为汽车的发展方向，因此有关汽车自动驾驶仿真软件也出现了爆发式地增长，这些仿真软件有的从传统汽车动力学仿真软件演化而来，也有的是国内外初创公司推出的仿真新产品。

自动驾驶仿真软件都有各自的特点和优势，搭建一个完整的仿真系统也越来越需要多个软件互相配合使用。典型的自动驾驶仿真软件或平台应包括以下内容：

1）能够构建各种驾驶场景，而且这种驾驶场景越来越逼真。
2）能够仿真各种传感器，包括摄像头、激光雷达、毫米波雷达以及超声波雷达等。
3）具有车辆动力学模型，可以对 ADAS 或自动驾驶进行仿真。
4）支持传感器融合、跟踪、路径规划和车辆控制算法等。
5）支持 C/C++ 代码生成，实现快速原型和硬件在环测试。

下面介绍几种自动驾驶仿真软件。

1. CarSim 软件

美国的 Mechanical Simulation（MS）公司是专业的汽车系统仿真软件开发公司。MS 公司自主开发了多刚体动力学软件 VehicleSim，VehicleSim 由人工智能语言 LISP 编写而成，它可以根据用户输入的简单系统定义，推导出复杂得多刚体机械系统动力学模型并生成相应的计算机程序，因而被广泛地应用在汽车、机器人和卫星等领域。MS 公司利用 VehicleSim 技术开发出了 CarSim、TruckSim 和 BikeSim，这些软件被国际上众多的汽车主机厂和零部件供应商所使用，享有很高的声誉。其中 CarSim 软件主要针对四轮汽车和轻型卡车；TruckSim 软件主要针对多轴汽车和双轮胎的卡车；BikeSim 软件主要针对两轮摩托车。这里的 Sim 指的就是 Simulation，即仿真。

CarSim 软件包括图形化数据库、车辆数学模型及求解器、绘图器以及仿真动画显示器等多种模块。

CarSim 软件主要用于仿真及分析车辆在不同 3D 路面上对驾驶控制的反应，适用车型包括轿车、轻型货车、旅行车及 SUV 等。CarSim 将所有预测车辆动态行为所需的工具合而为一，使其仿真结果具有高度准确性。

CarSim 软件具有以下主要功能：

1）可分析车辆的动力性、燃油经济性、操纵稳定性、制动性及平顺性。
2）可以通过软件如 MATLAB、Excel 等进行绘图和分析。
3）可以用图形曲线及三维动画形式观察仿真的结果。
4）软件可以实时高速运行，支持硬件在环，提供与一些硬件实时系统的接口，可联合进行硬件在环仿真。
5）具有先进的事件处理技术，实现复杂工况的仿真。
6）提供 20 余种车型的建模数据库。
7）可实现与 Simulink 的相互调用。

8)新增自动驾驶仿真功能,支持 V2V 和 ADAS 的开发。

CarSim 软件自带丰富的车辆模型库,用户只需修改特定的车辆参数即可建立满足用户需求的车辆模型,大大简化了车辆模型建立的复杂程度,提高了仿真分析的效率。CarSim 不仅自带了预测模型控制器,可进行智能车辆的相关研究分析,还提供了上百个输入变量和输出变量,可以通过与其他软件如 MATLAB、ADAMS 等进行联合仿真,完成车辆操纵稳定性、动力性和制动性等性能的分析,验证所设计控制规律正确性和有效性。该软件具有使用简单、运算迅速、仿真精确和软件扩展性好等特点,因此被广泛用于车辆控制系统的开发。

CarSim 软件常与 MATLAB 中的 Simulink 进行联合仿真。图 7-3 所示为汽车自适应巡航控制系统的仿真。

图 7-3 汽车自适应巡航控制系统动画仿真

2. PreScan 软件

PreScan 是西门子公司旗下的汽车驾驶仿真软件,它是以物理模型为基础,开发汽车先进驾驶辅助系统(ADAS)和智能汽车系统的仿真平台;支持摄像头、毫米波雷达、激光雷达、GPS 以及 V2V/V2I 等多种应用功能的开发。PreScan 软件是基于 MATLAB 仿真平台,主要用于 ADAS 和无人自动驾驶系统的仿真模拟软件,其包括多种基于摄像头、毫米波雷达、激光雷达、GPS 以及 V2V/V2I 的智能驾驶应用。PreScan 可用于从基于模型的控制器设计到利用软件在环和硬件在环系统进行的实时测试等应用。PreScan 可在开环、闭环以及离线和在线模式下运行。它是一种开放型软件平台,其灵活的界面可连接至第三方的汽车动力学模型和第三方的硬件在环模拟器/硬件。

PreScan 软件由多个模块组成,仿真主要有以下四个步骤:

(1)**搭建场景** PreScan 提供一个强大的图形编辑器,用户可以使用软件库构建较为真实的交通场景。软件库包括交通标牌、树木和建筑物的基础组件库;包括机动车、自行车和行人的交通参与者库。用户还可以修改天气条件(如雨、雪和雾)以及光源(如太阳光、大灯和路灯)来构建丰富的仿真场景。新版的 PreScan 也支持导入 OpenDrive 格式的高精度地图,用来建立更加真实的场景。

(2)**添加传感器** PreScan 支持种类丰富的传感器,包括超声波雷达、毫米波雷达、激光雷达、单目和双目相机、鱼眼相机以及 V2X 等。用户可以根据自己的需要进行添加。

（3）**添加控制系统** 可以通过 MATLAB/Simulink 建立控制模型，也可以和第三方动力学仿真模型进行闭环控制。

（4）**运行仿真** 3D 可视化查看器允许用户分析试验的结果，同时可以提供图片和动画生成功能，也可以实现硬件在环仿真。

利用 MATLAB 和 Prescan，建立智能网联汽车交叉口通行联合仿真模型，对交叉口交通进行仿真。Prescan 中建立的自动驾驶环境可以通过软件内部接口与 MATLAB/Simulink 建立的控制算法进行联合仿真，实现对行驶车辆、交叉口信号灯等交通参与者的控制。

图 7-4 所示为汽车减速不停车编队行驶的仿真。

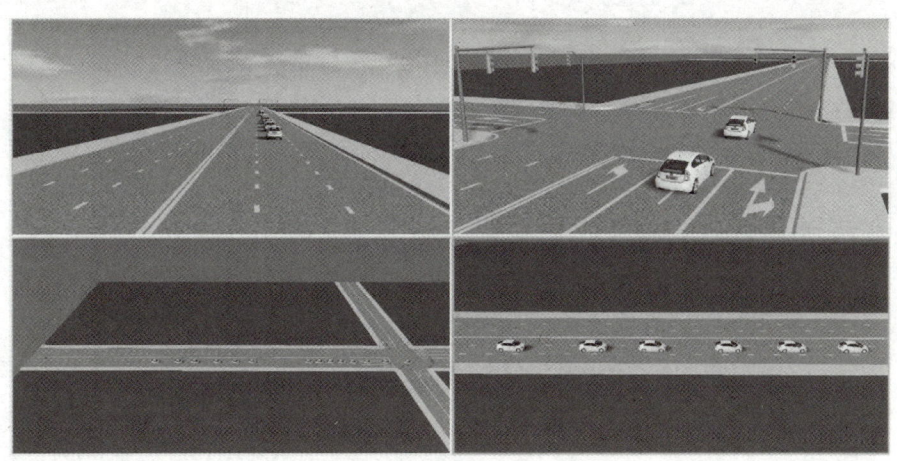

图 7-4 汽车减速不停车编队行驶的仿真

3. CarMaker 软件

Carmaker 软件是德国 IPG 公司推出的动力学、ADAS 和自动驾驶仿真软件。

Carmaker 软件包括以下模块：

1）完整的车辆动力学模型，包括车身、悬架、转向系统、ABS/ESP 液压模型、动力系统以及 3D 空气动力学模型等，做 ADAS 测试不需要再配备其他车辆动力学模型；有精准的制动系统和转向系统模型，促进 ADAS 性能测试和自动驾驶算法开发。

2）具有新能源汽车动力系统模型，可以对新能源汽车进行仿真。

3）具有驾驶人模型，可以对车辆、驾驶人、道路和交通环境的闭环系统仿真。

4）具有复杂的交通和道路模型，可以满足 ADAS 测试所需的复杂、逼真的交通场景的搭建；搭建场景采用拖拽方式，非常方便。

5）具有多种传感器模型，包括 ADAS 应用中几乎所有传感器模型，并且包含高级的物理传感器模型。

6）可自动测试软件。

CarMaker 作为平台软件，可以与很多第三方软件进行集成，如 ADAMS、AVLCruise、rFpro 等，可利用各软件的优势进行联合仿真。同时，CarMaker 配套的硬件提供了大量的板卡接口，可以方便与 ECU 或者传感器进行硬件在环测试和车辆在环测试。

CarMaker 软件具有以下功能：

1）可用于车辆动力学相关控制系统的开发及测试。可应用于整车动力学性能测试仿真，提供国际标准的测试用例，支持客户自定义测试用例的开发；可以用于研究垂向动力学、纵向动力学和横向动力学；可以用于 ABS、ASR、ESP 及 EPS 等电控单元的开发和硬件在环测试。

2）可用于先进驾驶辅助系统的开发及测试。可应用于车道偏离预警系统、夜视辅助系统、自适应巡航控制系统、自动泊车辅助系统以及自适应灯光系统等各种 ADAS 和自动驾驶系统的开发和测试。

图 7-5 所示为 CarMaker 软件仿真场景。

图 7-5 CarMaker 软件仿真场景

4. VTD 软件

VTD（virtual test drive）是德国 VIRES 公司开发的一套用于 ADAS、主动安全和自动驾驶的完整模块化仿真工具链。VTD 运行于 Linux 平台，它的功能覆盖了道路环境建模、交通场景建模、天气和环境模拟、物理真实的传感器仿真、场景仿真管理以及高精度的实时画面渲染等方面。可以支持从软件在环到硬件在环和实车在环的全周期开发流程，开放式的模块式框架可以方便与第三方工具和插件联合仿真。

VTD 的仿真流程主要由路网搭建、动态场景配置和仿真运行三个步骤组成。

1）VTD 提供了图形化的交互式路网编辑器，在使用各种交通元素构建包含多类型车道复杂道路仿真环境的同时，可以同步生成 OpenDrive 格式的高精度地图。

2）在动态场景的建立上，VTD 提供了图形化的交互式场景编辑器，提供了在 OpenDrive 基础上添加用户自定义行为控制的交通体，或者是某区域连续运行的交通流。

3）无论是软件在环还是硬件在环，无论是实时还是非实时的仿真，无论是单机还是高性能计算的环境，VTD 都提供了相应的解决方案。VTD 运行时可模拟实时高质量的光影效果及路面反光、车身渲染、雨雪雾天气渲染、传感器成像渲染以及大灯光视觉效果等。

图 7-6 所示为 VTD 软件仿真场景。

5. 51Sim-One 软件

51Sim-One 是 51VR 公司自主研发的一款集多传感器仿真、交通流与智能体仿真、

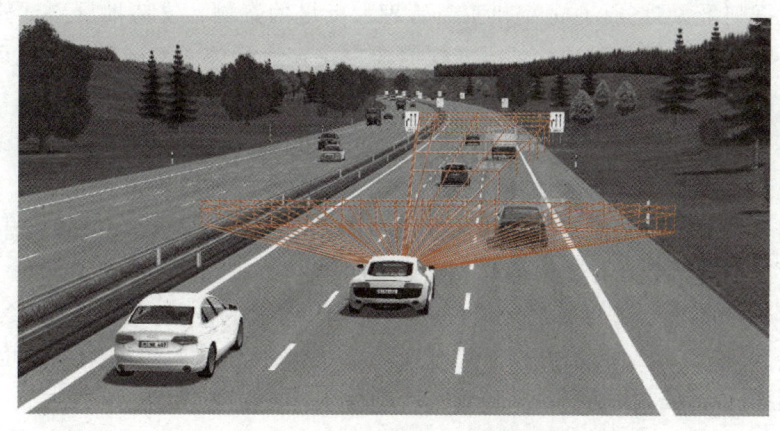

图 7-6 VTD 软件仿真场景

感知与决策仿真、自动驾驶行为训练等一体化的自动驾驶仿真与测试平台。该仿真平台基于物理特性的机理建模，具有高精度和实时仿真的特点，用于自动驾驶产品的研发、测试和验证，可为用户快速积累自动驾驶经验，保证产品性能安全性与可靠性，提高产品研发速度并降低开发成本。

在场景构建方面，可以通过世界编辑器（world editor）快速地从无到有创建基于 OpenDrive 的路网，或者通过点云数据和地图影像等真实数据还原路网信息。支持导入已有的 OpenDrive 格式的文件进行二次编辑，最终由 51Sim-One 自动生成所需要的静态场景。支持在场景中自由地配置全局交通流、独立的交通智能体、车辆、行人等元素来构建动态场景，结合光照、天气等环境的模拟来呈现丰富多变的虚拟世界。同时，51Sim-One 已经内置了一系列场景库和测试案例库，无论是开放区域的真实场景、大规模的城市道路还是乡村道路、高速公路、停车场等环境都可以轻松再现，再加上大量的危险工况测试案例，能够快速达成测试目标。

在传感器仿真方面，51Sim-One 支持通用类型或者定制需求传感器的多路仿真，满足对于感知系统算法的测试与训练，同时也支持各种硬件在环的测试需求。对于摄像头仿真，51Sim-One 提供了语义分割图、深度图、2D/3D 包围盒等带注释的图像数据集，支持单目、广角、鱼眼等摄像头的仿真。对于雷达仿真，可以提供激光雷达点云原始数据、带标注点云数据及识别物的包围盒等数据；同时也提供目标级毫米波雷达检测物数据。

在动力学仿真与开放接入方面，51Sim-One 提供了一套内置的动力学系统，可以自定义车辆动力学的各种参数，包括车辆的外观尺寸、动力总成、轮胎、转向系统及悬架特性等。同时，51Sim-One 也支持接入第三方软件，如 CarSim、CarMaker 等动力学模块来完成更为复杂的动力学仿真。

在控制系统解耦对接方面，51Sim-One 提供丰富的接口来对接控制系统，包括但不限于 Matlab、基于 ROS、Protobuf 的接口、转向盘、模拟器等人工驾驶接入。51Sim-One 支持多种对接方式，可以选择只接入感知系统进行目标识别和预测的测试，也可以选择直接跳过感知系统从决策系统输入接入，或者将两者同时接入进行整体测试与训练。

在测试框架上,51Sim-One 提供工具管理大批量的案例,支持批量测试任务的运行以及连续自动测试。能以可视化的方式实时监控正在运行中的测试案例,也可以通过回放系统来逐帧分析已经完成的测试案例。

在加速架构上,51Sim-One 基于分布式计算集群的构架,可提供高达 10 倍速的仿真加速。未来更可以通过增加计算集群的方式进一步提高加速能力。

在数据分析方面,51Sim-One 具有提供可自定义的数据、图标以及报告的输出能力,可以快速地分析数据,输出最终的测试报告。

在行业软件的整合方面,51Sim-One 提供灵活的集成方案,方便接入各种行业软件。可以接入 Matlab、基于 ROS 的规划控制系统作为车辆的控制系统,也可以使用 CarSim、CarMaker 的动力学模块来计算车辆动力学。

51Sim-One 仿真平台案例库支持来自真实采集的危险工况和人工编辑的标准案例。目前提供的场景包括以下内容:

1)不同的路型,包括直道、十字路口、弯道、调头、环岛以及人行横道等。
2)不同的障碍物类型,包括行人、机动车、非机动车以及静态物体等。
3)不同的道路规划,包括直行、突然插入、变道、转弯、并道、超车以及靠边停车等。
4)不同的红绿灯信号、限速牌和停车牌等。

51Sim-One 同时支持动态智能体交通流场景案例,支持多种地图、车辆类型、车辆密度以及驾驶人开车风格配置,进行连续交通流场景仿真。

图 7-7 所示为 51Sim-One 软件仿真场景。

图 7-7　51Sim-One 软件仿真场景

6. Vissim 软件

Vissim 是德国 PTV 公司提供的一款世界领先的微观交通流仿真软件。Vissim 可以方便地构建各种复杂的交通环境,包括高速公路、大型环岛、停车场等,也可以在一个仿真场景中模拟包括机动车、卡车、有轨交通和行人的交互行为。它是专业的规划和评价城市和郊区交通设施的有效工具,也可以用来仿真局部紧急情况交通的影响、大量行人的疏散等。Vissim 的仿真可以达到很高的精度,包括微观的个体跟驰行为和变道行为,以及群体的合作和冲突。Vissim 内置了多种分析手段,因此既能获得不同情况下的多种具体数据结果,也可以从高质量的三维可视化引擎获得直观的理解。无人驾驶算法也可以通过接入 Vissim 的方式使用模拟的高动态交通环境进行仿真测试。

图 7-8 所示为 Vissim 软件仿真场景。

7. Pro-SiVIC 软件

法国 ESI 集团的传感器仿真分析解决方案 Pro-SiVIC 可以帮助交通运输行业的制造商们对车载的多种感知系统的运行性能进行虚拟测试,并且能够准确地再现出诸如照明条件、天气以及其他道路使用者等影响因素。

图 7-8 Vissim 软件仿真场景

Pro-SiVIC 可以用来建立高逼真、与实际场景相当的 3D 场景,可实现场景中的实时交互并进行仿真分析,可削减物理样机的需求。客户可以快速并且精确地对各个嵌入系统在典型及极端操作环境下的性能进行仿真分析,它可以提供基于多种技术的传感器模型,如视觉传感器、毫米波雷达、激光雷达、超声波雷达、GPS、里程表及通信设备等。以汽车行业为例,Pro-SiVIC 提供了多个环境目录,提供具有代表性的不同道路(城市道路、高速以及乡村公路)、交通标识及车道线标记。

Pro-SiVIC 具有以下应用:

(1) **道路和汽车行业** Pro-SiVIC 具有提供完整虚拟样机的能力,可为先进驾驶辅助系统在设计、测试、集成和验证阶段节约成本和时间。

(2) **自适应巡航控制** 典型的涉及不同车速和车道变更的 ACC 场景可用于测试和提升 ACC 逻辑的鲁棒性。在闭环模拟中,独立环境中运行的先进驾驶辅助系统可以向模拟器发出加速/减速指令。

(3) **自动紧急制动** 可以搭建包含多车和不同障碍的自定义场景,可使用 Pro-SiVIC 在闭环模拟中评价 ADAS 定义的制动指令对车辆模型的影响。该动力模型可以再现不同倾斜和转动时的变化,真实再现不同传感器实现的感知。

(4) **车道偏离预警** 利用包含多种道路曲率等环境特性和可变更的标记的环境模型,可以实现不同清晰程度的道路标记对不同情景影响的研究。

(5) **盲区监测** 可定义适用于超车或泊车控制策略制定的场景,并可研究运动物体初始位置、速度的影响。

(6) **照明系统的虚拟测试** Pro-SiVIC 提供了功能强大的照明模型,可以模拟多个独立光源及其阴影。

(7) **车灯切换** Pro-SiVIC 的照明引擎可以支持夜间应用和自动车灯切换的研究,可以非常准确地再现车前灯。

(8) **交通标志识别** Pro-SiVIC 提供了超过 200 种交通标志。每个标志的尺寸和位置都可以详细调整到其他物体的相对位置上,以研究极端条件下交通标志的检测和识别。

图 7-9 所示为 Pro-SiVIC 仿真场景。

图 7-9　Pro-SiVIC 仿真场景

8. PanoSim 软件

PanoSim 是一款集复杂车辆动力学模型、汽车三维行驶环境模型、汽车行驶交通模型、车载环境传感模型、无线通信模型、GPS 和数字地图模型、Matlab/Simulink 仿真环境自动生成、图形与动画后处理工具等于一体的模拟仿真软件平台。它基于物理建模和精确与高效兼顾的数值仿真原则，逼真地模拟汽车驾驶的各种环境和工况，基于几何模型与物理建模相结合理念建立高精度的摄像头、雷达和无线通信模型，以支持数字仿真环境下汽车动力学与性能、汽车电子控制系统、智能辅助驾驶与主动安全系统、环境传感与感知、自动驾驶等技术和产品的研发、测试和验证。

PanoSim 不仅包括复杂的车辆动力学模型、底盘（制动、转向和悬架）、轮胎、驾驶人及动力总成（发动机和变速器）等模型，还支持各种典型驱动形式和悬架形式的大、中、小型轿车的建模以及仿真分析。它提供了三维数字虚拟试验场景建模与编辑功能，支持对道路及道路纹理、车道线、交通标识与设施、天气、夜景等汽车行驶环境的建模与编辑。

PanoSim 仿真操作流程简单易懂，制作一个仿真需要以下三个步骤：

（1）创建仿真　新建仿真工程，选择合适的道路场景，设置环境天气和光照。

（2）设置仿真参数　在道路上添加车辆，设置车辆横向或纵向驾驶参数，设置交通流和行人干扰，安装车载传感器（摄像头、雷达或 V2X），配置交通元素（交通标志、信号灯、障碍物）。

（3）分析仿真结果　使用后处理工具对仿真后的数据进行报表分析，或回放仿真动画。

图 7-10 所示为 PanoSim 仿真场景。

9. 百度 Apollo 仿真平台

百度 Apollo 仿真平台作为百度 Apollo 平台的一个重要组成部分，一方面用来支撑内部 Apollo 系统的开发和迭代，一方面为 Apollo 生态的开发者提供基于云端的决策系统仿真服务。Apollo 仿真平台是一个搭建在百度云和 Azure 的云服务，可以使用用户指

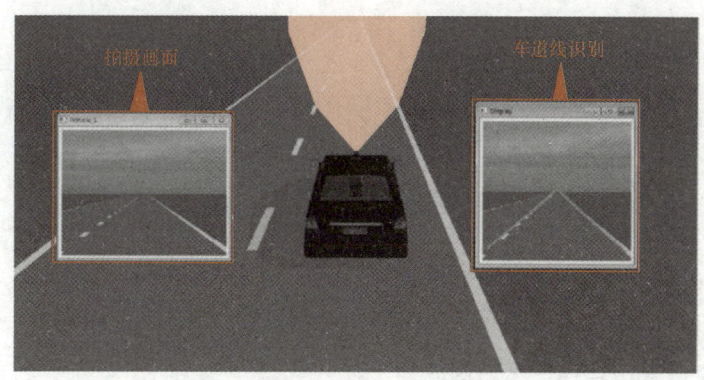

图 7-10　PanoSim 仿真场景

定的 Apollo 版本在云端进行仿真测试。

Apollo 也与 Unity 建立了合作关系，开发了基于 Unity 的真实感虚拟环境仿真，可以提供 3D 的虚拟环境、道路和天气的变化。

Apollo 仿真场景可分为 Worldsim 和 Logsim。Worldsim 是由人为预设的道路和障碍物构成的场景，可以作为单元测试简单高效的自动驾驶车辆；而 Logsim 是由路测数据提取的场景，真实反映了实际交通环境中复杂多变的障碍物和交通状况。Apollo 仿真平台也提供了较为完善的场景通过判别系统，可以从交通规则、动力学行为和舒适度等方面对自动驾驶算法做出评价。

目前百度 Apollo 仿真平台提供约 200 个场景，包括以下内容：
1）不同的路型，包括十字路口、调头、直行、三叉路口以及弯道。
2）不同的障碍物类型，包括行人、机动车、非机动车及其他。
3）不同的道路规划，包括直行、调头、变道、左转、右转及并道。
4）不同的红绿灯信号，包括红灯、黄灯和绿灯。

图 7-11 所示为百度 Apollo 仿真场景。

图 7-11　百度 Apollo 仿真场景

7.3 MATLAB 自动驾驶工具箱简介

MATLAB 自动驾驶工具箱提供了用于设计、仿真和测试 ADAS 以及自动驾驶系统的算法和工具。

自动驾驶工具箱主要包括以下功能：

1. 支持可视化

支持以下典型可视化任务：

1）能够显示摄像头视频。
2）能够显示雷达和视觉鸟瞰图。
3）能够显示车道线标记。
4）能够显示激光雷达点云。
5）能够显示道路地图数据。
6）能够实现多个坐标系之间的变换。
7）能够实现到 ROS 的实时连接和记录数据的回放。
8）能够实现到 CAN 的实时连接和记录数据的回放。
9）能够实现到激光雷达的实时连接和记录数据的回放。

图 7-12 所示为车辆检测。

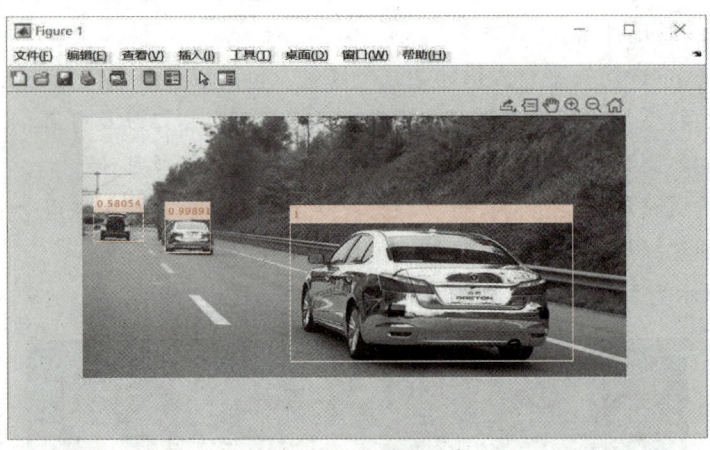

图 7-12 车辆检测

2. 构建自动驾驶场景并模拟传感器

自动驾驶工具箱使用构建的场景和来自雷达和视觉传感器模型的综合检测，测试自动驾驶算法。支持以下典型驾驶构建任务：

1）以编程方式构建驾驶场景。
2）通过图形化界面构建驾驶场景。
3）从场景库中构建驾驶场景。
4）模拟雷达、视觉传感器的检测。
5）将场景集成到车辆控制的闭环仿真。

第7章 智能网联汽车自动驾驶仿真技术

6）结合 Unreal 游戏引擎的测试。

图 7-13 所示为从场景库中构建的驾驶场景。

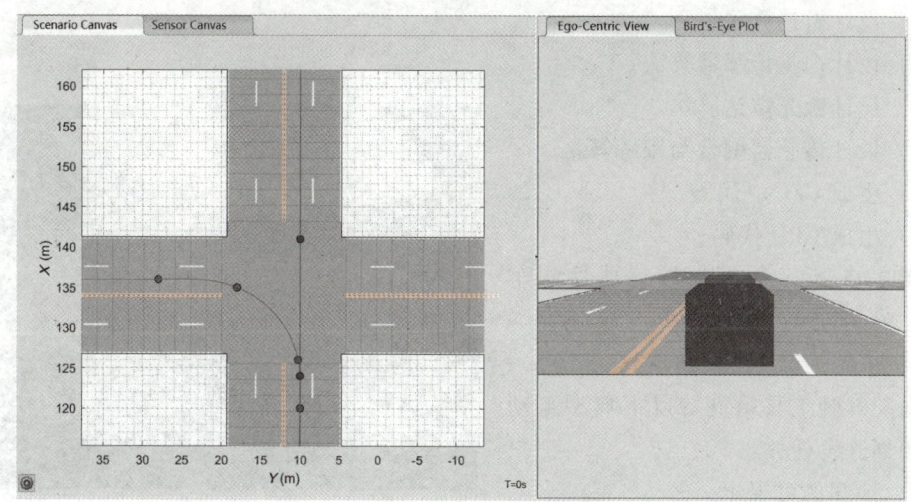

图 7-13 从场景库中构建的驾驶场景

3. 开发自动驾驶控制系统

自动驾驶工具箱支持以下典型自动驾驶控制开发任务：

1）设计纵向与横向模型预测控制器。

2）设计基于强化学习的控制器。

3）车辆动力学建模。

4）实时硬件快速原型。

5）生成产品级 C/C++ 代码。

6）生成 AUTOSAR 代码。

7）功能安全 ISO 26262 认证。

图 7-14 所示为研究横向控制的仿真模型。

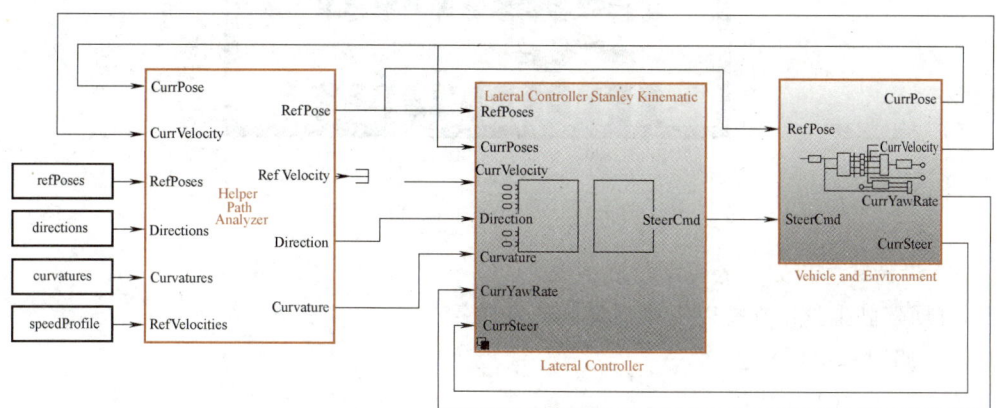

图 7-14 研究横向控制的仿真模型

4. 开发自动驾驶感知系统

自动驾驶工具箱支持以下典型自动驾驶感知开发任务：

229

1）传感器数据标注。
2）训练深度学习网络。
3）设计雷达算法。
4）设计视觉传感器算法。
5）设计激光雷达算法。
6）设计传感器融合与跟踪算法。
7）生成 C/C++代码。
8）生成 GPU 代码。

图 7-15 所示为视觉传感器检测车道线。

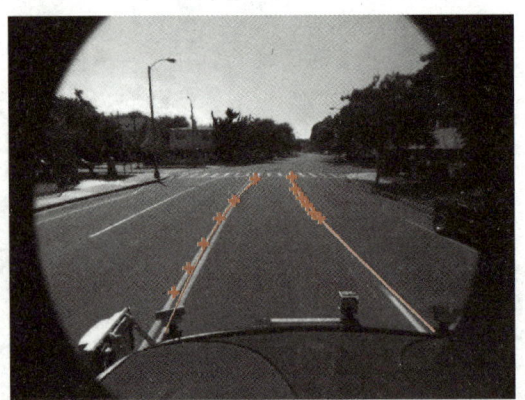

图 7-15　视觉传感器检测车道线

5. 开发自动驾驶规划系统

自动驾驶工具箱支持以下典型自动驾驶规划开发任务：

1）地图的可视化。
2）访问高精度地图。
3）处理占据栅格地图。
4）设计定位和 SLAM 算法。
5）设计运动规划算法。
6）生成 C/C++代码。

图 7-16 所示为停车路径规划仿真。

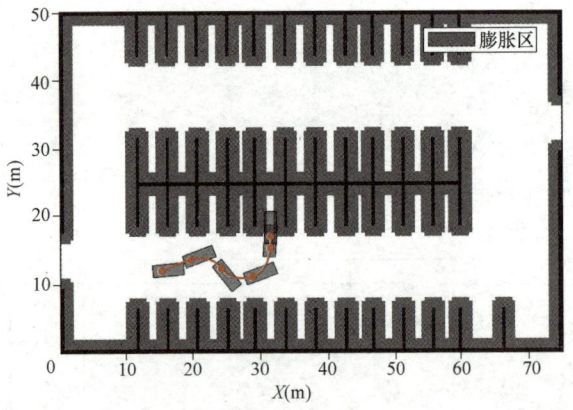

图 7-16　停车路径规划仿真

6. 设计和仿真完整的自动驾驶系统

自动驾驶工具箱支持以下典型集成仿真任务。

1）调用 C/C++代码。
2）调用 Python 代码。
3）通过 FMI/FMU 协同仿真。
4）通过 CAN 协同仿真。
5）通过 ROS 协同仿真。

6) 通过 Unreal 引擎协同仿真。

7) 与第三方工具协同仿真，可以连接到 150 余种第三方建模与仿真接口。

自动驾驶工具箱提供常见 ADAS 的参考应用示例和自动驾驶功能，包括 FCW、AEB、ACC、LKA 和代客泊车。该工具箱支持 C/C++代码生成，可实现快速原型和硬件在环测试，同时还支持传感器融合、跟踪、路径规划和车辆控制器算法。

图 7-17 所示为 MATLAB 自动驾驶工具箱仿真场景。

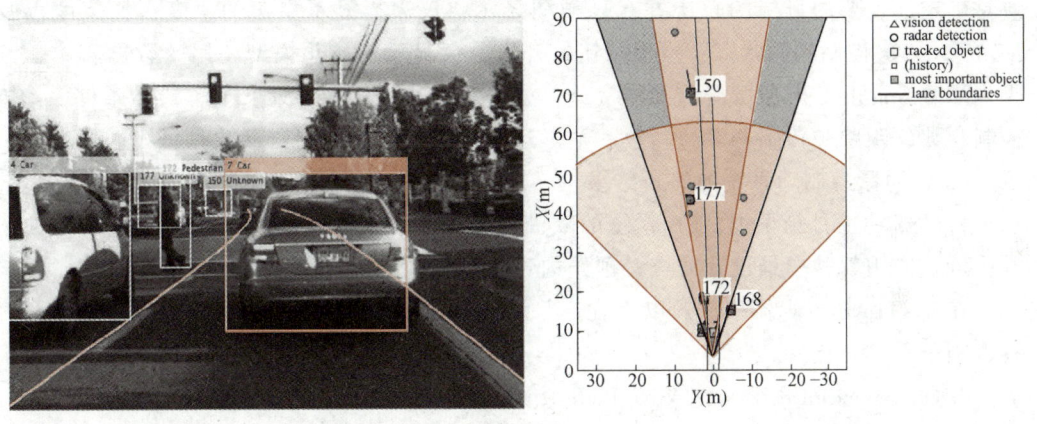

图 7-17 MATLAB 自动驾驶工具箱仿真场景

7.4 自动紧急制动系统的仿真

1. 自动紧急制动系统的仿真平台

MATLAB 提供了基于毫米波雷达和视觉传感器相融合的自动紧急制动系统的仿真平台。在 MATLAB 编辑器中输入以下程序调出自动紧急制动系统的仿真平台，如图 7-18 所示。

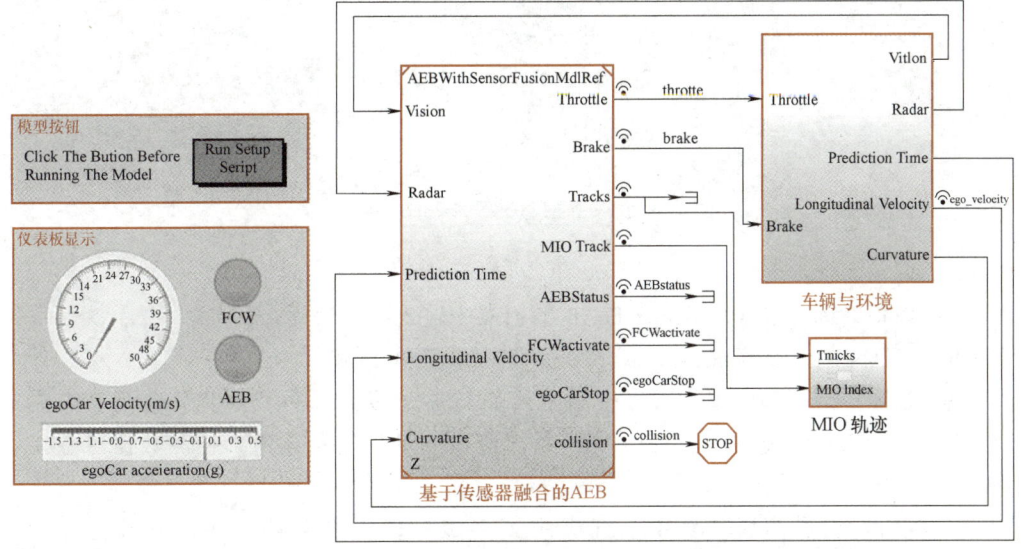

图 7-18 自动紧急制动系统的仿真平台

```
addpath(genpath(fullfile(matlabroot,'examples','driving')))
open_system('AEBTestBenchExample')
```

自动紧急制动系统的仿真平台主要由基于传感器融合的 AEB 模块、车辆和环境模块、MIO 轨迹模块、仪表板显示和模型按钮组成。

基于传感器融合的 AEB 模块包含传感器融合算法和 AEB 控制器；车辆和环境模块包括驾驶场景阅读器、雷达和视觉检测器，它们模拟汽车的运动和环境；MIO 轨迹模块是确定最重要的目标的轨迹并在鸟瞰图显示；仪表板显示主车的速度、加速度以及 AEB 和 FCW 控制器的状态；模型按钮打开后，会显示初始化模型使用的数据脚本，该脚本加载 Simulink 模型所需的某些常量，如模型参数、驾驶场景、主车初始条件、AEB 控制参数、跟踪与传感器融合参数、主车建模参数、速度控制器参数和总线创建等。

2. 自动紧急制动系统的仿真结果

自动驾驶工具箱根据 AEB 系统的欧洲新车安全测试协议提供了预先构建的驾驶场景，可以使用驾驶场景设计器查看预先构建的场景。

在 MATLAB 编辑器中输入以下程序，可以得到 AEB 的驾驶场景，如图 7-19 所示，有三辆车和一个行人。

```
drivingScenarioDesigner('AEB_PedestrianChild_Nearside_50width_overrun.mat')
```

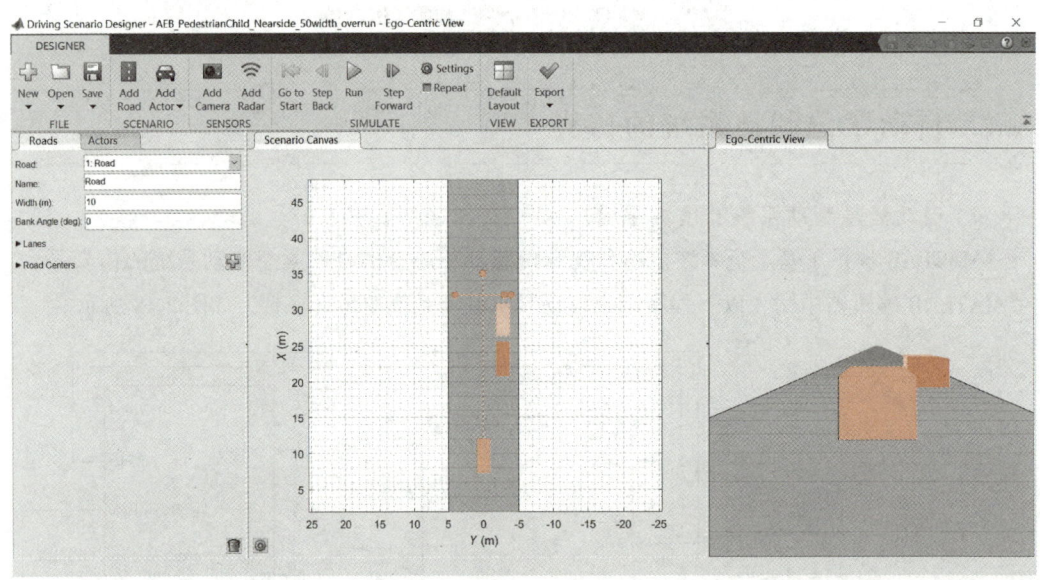

图 7-19 AEB 的驾驶场景

选取模拟时间为 3.8s，在 MATLAB 编辑器中输入以下程序：

```
sim('AEBTestBenchExample','StopTime','3.8');
```

在鸟瞰图中运行和查看结果，检测结果如图 7-20 所示。可以看出，自动紧急制动系统检测到行人是最重要的目标，AEB 系统应该制动以避免碰撞。检测数据可在工作区查看。

仪表板和模拟图显示 AEB 系统应用了多级制动，主车在碰撞前立即停止，如图 7-21 所示。仪表板上 AEB 的状态颜色表示 AEB 激活水平，其中灰色表示没有激活

第7章 智能网联汽车自动驾驶仿真技术

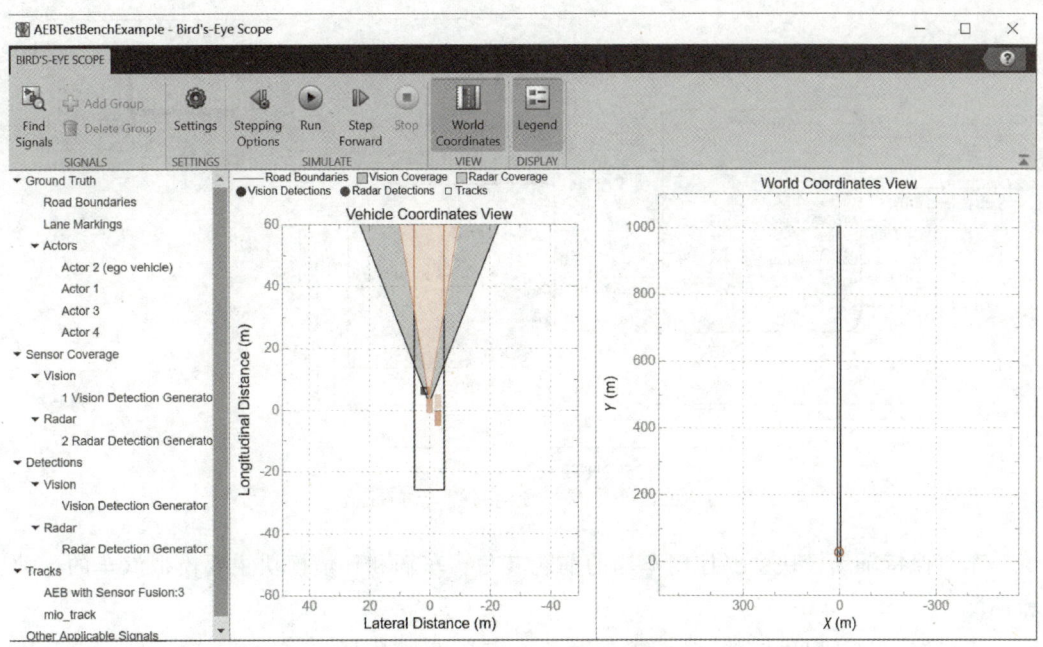

图 7-20 自动紧急制动系统的仿真

AEB，黄色表示第一阶段部分制动器被激活，橙色表示第二阶段部分制动被激活，红色表示全制动被激活。

模拟结果显示：在最初的 2s 内，主车加速到设定速度；在 2.3s 时，传感器融合算法开始检测行人；检测后，FCW 立即被激活；在 2.4s 时，应用第一阶段的部分制动，主车开始减速；部分制动的第二阶段在 2.5s 时再次施加；当主车最终停止时，主车和行人之间的间隔约为 2.4m。AEB 系统在这种情况下完全避免了碰撞。

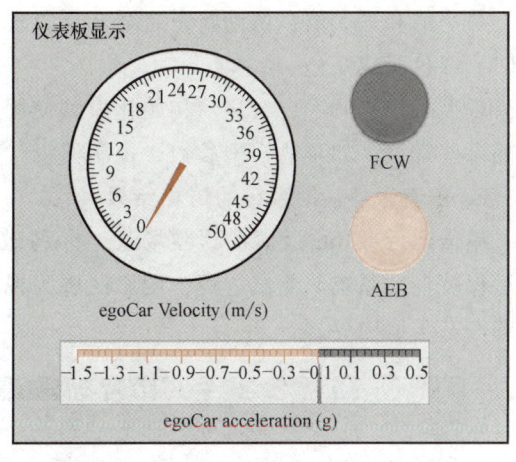

图 7-21 仪表板状态

7.5 车道保持辅助系统的仿真

1. 车道保持辅助系统的仿真平台

MATLAB 提供了基于视觉传感器的车道保持辅助系统的仿真平台。在 MATLAB 编辑器中输入以下程序调出车道保持辅助系统的仿真平台，如图 7-22 所示。

addpath（fullfile（matlabroot,'examples','mpc','main'））
open_system（'LKATestBenchExample'）

车道保持辅助系统的仿真平台主要由车道保持辅助模块、车辆和环境模块、用户控制和模型按钮组成。

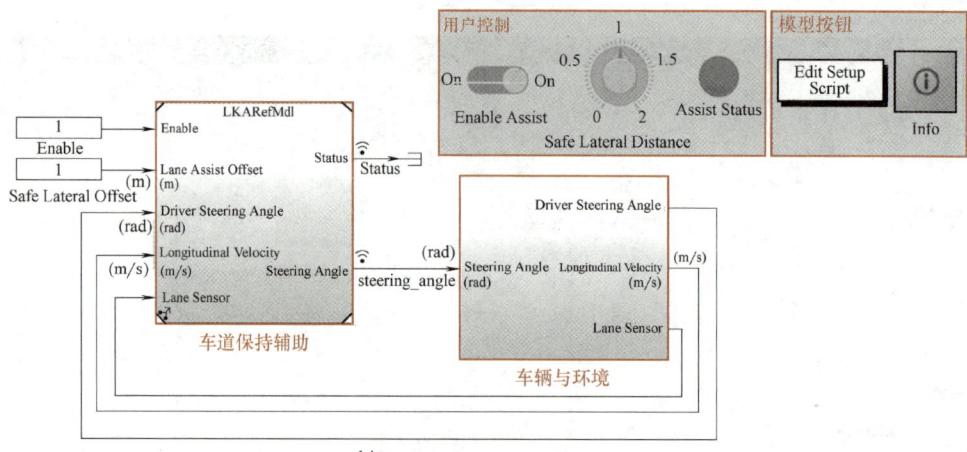

图 7-22　车道保持辅助系统的仿真平台

车道保持辅助模块主要控制车辆的前轮转角，车辆和环境模块主要模拟汽车的运动和环境。

用户控制包括启用辅助（enable assist）、安全横向距离（safe lateral distance）和协助状态（assist status）。启用辅助有关闭（off）和打开（on）模式；安全横向距离可以设置最小值和最大值；协助状态是显示反映输入值的颜色，未定义是红色，当有数值输入时，红色变成灰色。

模型按钮打开后，会显示初始化模型使用的数据脚本，该脚本加载 Simulink 模型所需的某些常量，如车辆模型参数、控制器设计参数和驾驶场景等。

2. 车道保持辅助系统的仿真结果

单击运行"Run"模拟驾驶场景，在鸟瞰图中运行和查看结果。如图 7-23 所示为车道保持辅助系统的测试过程，阴影区域为视觉传感器的覆盖区域，带颜色的线为检测到的左右车道边界。

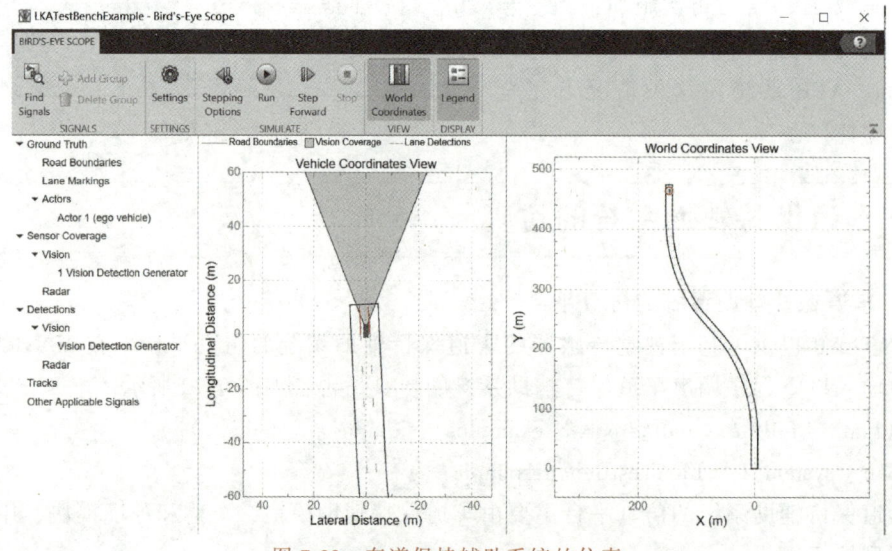

图 7-23　车道保持辅助系统的仿真

7.6 自适应巡航控制系统的仿真

1. 自适应巡航控制系统的仿真平台

MATLAB 提供了基于毫米波雷达和视觉传感器相融合的自适应巡航控制系统的仿真平台。在 MATLAB 编辑器中输入以下程序调出自适应巡航控制系统的仿真平台,如图 7-24 所示,它由基于传感器融合的 ACC 模块、车辆与环境模块、MIO 轨迹模块和模型按钮组成。

addpath(fullfile(matlabroot,'examples','mpc','main'))
open_system('ACCTestBenchExample')

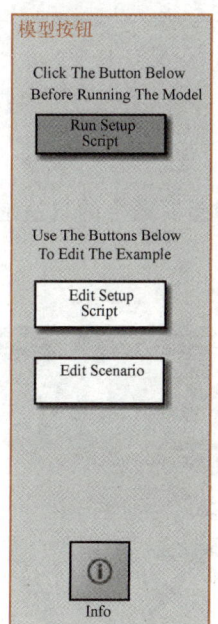
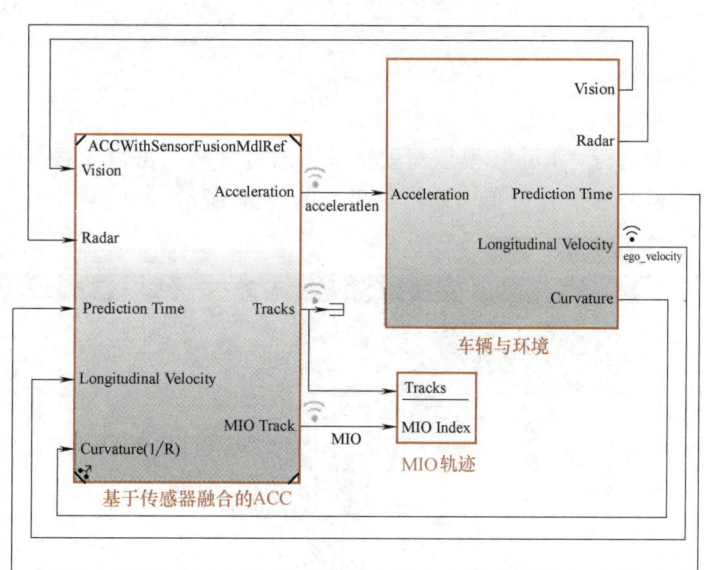

图 7-24 自适应巡航控制系统的仿真平台

基于传感器融合的 ACC 模块模拟传感器融合并控制车辆的纵向加速度;车辆与环境模块对主车辆的运动和环境进行建模;MIO 轨迹模块确定最重要的目标的轨迹并在鸟瞰图上显示;毫米波雷达和视觉传感器为控制系统提供综合数据;模型按钮打开后,会显示初始化模型使用的数据脚本,该脚本加载 Simulink 模型所需的某些常量,如车辆模型参数、跟踪与传感器融合参数、ACC 控制器参数、驾驶人转向控制参数和驾驶场景等。

2. 自适应巡航控制系统的仿真结果

驾驶场景如图 7-25 所示,它是两条具有恒定曲率的平行道路;在 MATLAB 中运行前述自适应巡航控制程序,通过动画可看出车道上有四辆车:一辆是在左边车道上的快车,一辆是在右边车道上的慢车,一辆是在道路对面驶来的车,一辆是在右边车道上起步,然后向左边车道行驶的车,以通过慢车。

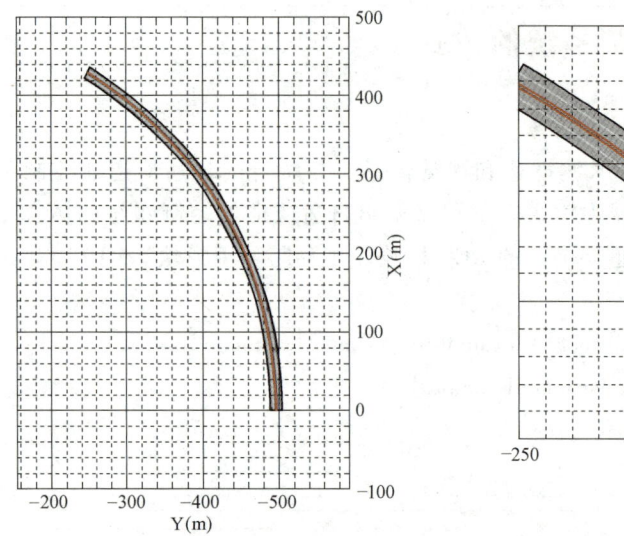

图 7-25 自适应巡航控制系统的驾驶场景

单击运行"Run"模拟驾驶场景,通过鸟瞰图可以观察基于传感器融合的自适应巡航控制系统的仿真过程,输出结果如图 7-26 所示。

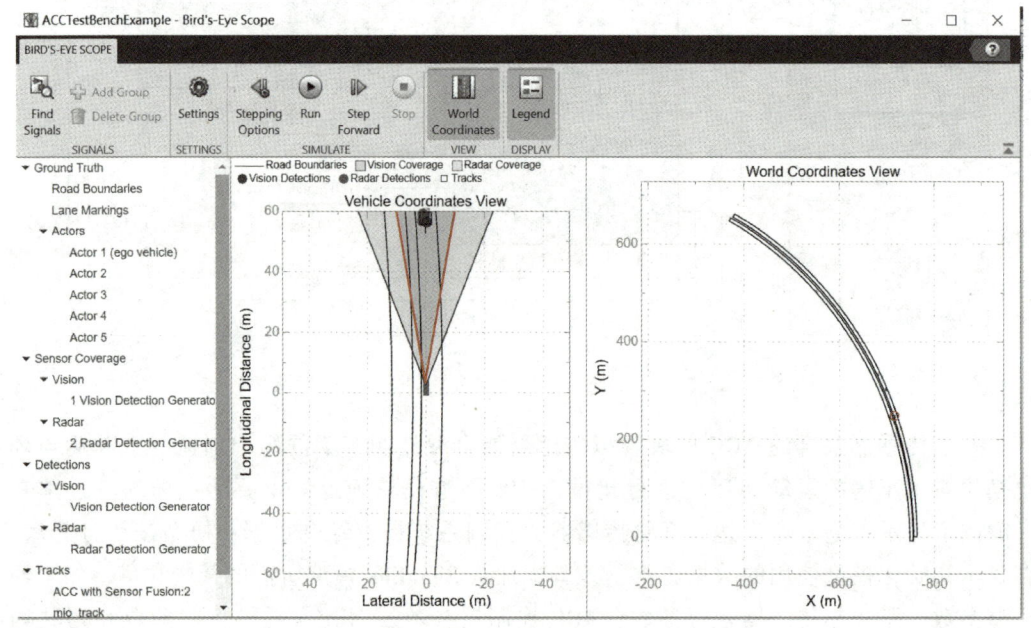

图 7-26 自适应巡航控制系统的仿真

7.7 路径跟踪控制系统的仿真

1. 路径跟踪控制系统的仿真平台

路径跟踪系统是一种控制系统,它使车辆按照设定速度沿参考路径行驶,参考路径

与时间无关,只需要在一定误差范围内跟踪参考路径。

路径跟踪与轨迹跟踪不同,轨迹跟踪时,参考路径曲线与时间和空间均相关,并要求车辆在规定的时间内到达某一预设好的参考路径点;路径跟踪时,参考路径曲线与时间和空间均无关,只要求车辆的行驶路径趋近于参考路径。

路径跟踪系统是属于 L2 级的先进驾驶辅助系统,它使车辆在高速公路车道内行驶,同时保持驾驶人设定的速度或与前一辆车保持安全距离。路径跟踪系统包括主车的纵向和横向组合控制,纵向控制是通过调整主车的加速度,保持驾驶人设定的速度,并与车道上的前一辆车保持安全距离;横向控制是通过调整主车的转向,使主车沿着其车道路径行驶。

MATLAB 提供了基于视觉传感器和毫米波雷达相融合的路径跟踪控制系统的仿真平台。在 MATLAB 编辑器中输入以下程序调出路径跟踪控制控制系统的仿真平台,如图 7-27 所示,它由路径跟踪控制器模块、车辆与环境模块、碰撞检测模块、MIO 轨迹模块和模型按钮组成。

addpath(fullfile(matlabroot,'examples','mpc','main'))
open_system('LaneFollowingTestBenchExample')

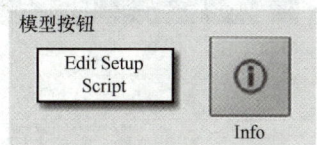

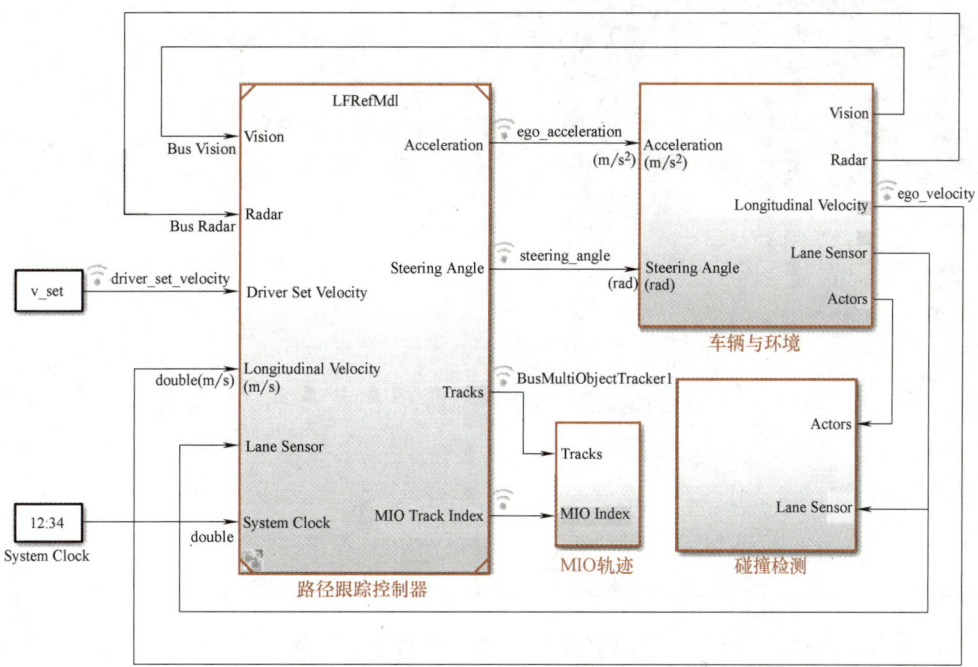

图 7-27　路径跟踪控制控制系统的仿真平台

路径跟踪控制器模块控制主车的纵向加速度和前轮转向角;车辆与环境模块模拟主车的运动并模拟驾驶环境;碰撞检测模块,当检测到主车和前方目标车辆碰撞时停止模拟；MIO 轨迹模块确定最重要目标的轨迹并在鸟瞰图上显示；模型按钮打开后，会显示初始化模型使用的数据脚本，该脚本加载 Simulink 模型所需的某些常量，如车辆模型参数、控制器设计参数、驾驶场景和周围车辆。

2. 路径跟踪控制系统的仿真结果

驾驶场景如图 7-28 所示，在 MATLAB 中运行前述路径跟踪控制程序，通过动画可以看出驾驶场景中有 5 辆汽车行驶。

单击运行"Run"模拟驾驶场景，在鸟瞰图中运行和查看结果。如图 7-29 所示为路径跟踪控制系统的仿真过程，可以看到路径的跟踪过程和智能传感器的测试结果。

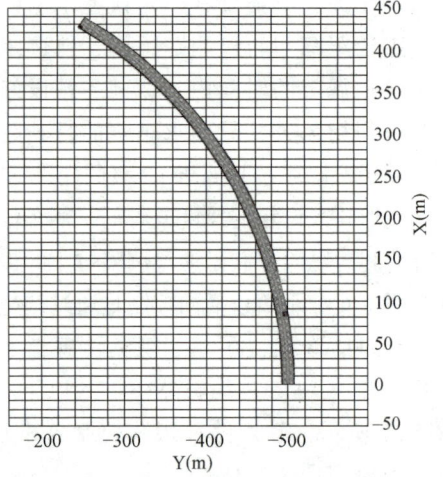

图 7-28　路径跟踪控制系统的驾驶场景

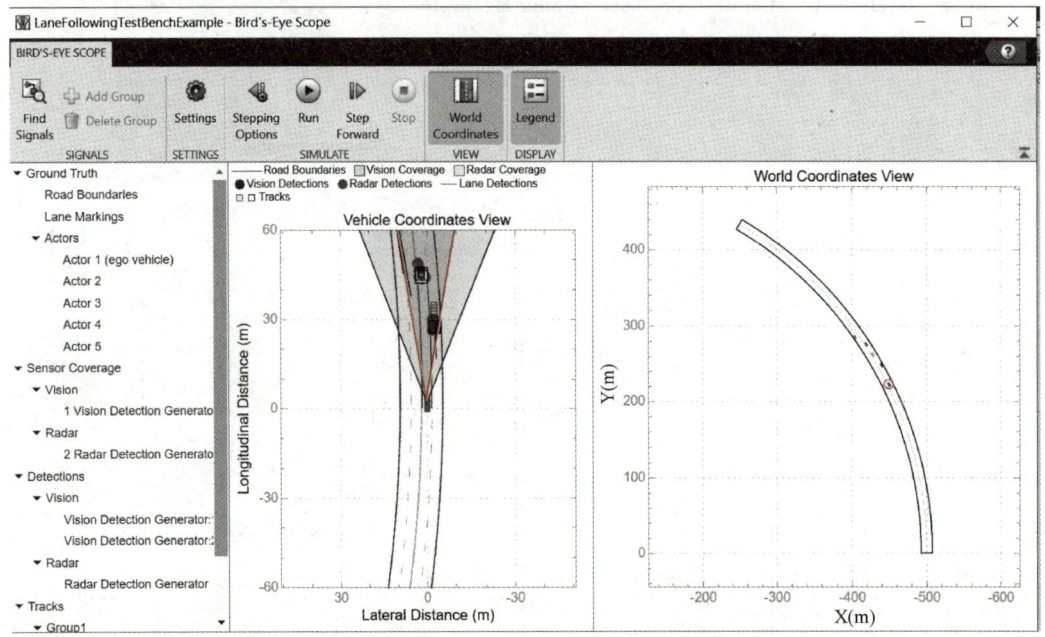

图 7-29　路径跟踪控制系统的仿真

练 习 题

1. 利用 MATLAB 的自动紧急制动系统仿真平台对自动紧急制动系统进行动态仿真。
2. 利用 MATLAB 的车道保持辅助系统仿真平台对车道保持辅助系统进行动态仿真。
3. 利用 MATLAB 的自适应巡航控制系统仿真平台对自适应巡航控制系统进行动态仿真。
4. 利用 MATLAB 的路径跟踪控制系统仿真平台对路径跟踪控制系统进行动态仿真。

参 考 文 献

[1] 崔胜民. 智能网联汽车新技术 [M]. 北京：化学工业出版社，2016.

[2] 崔胜民. 智能网联汽车概论 [M]. 北京：人民邮电出版社，2019.

[3] 崔胜民. 一本书读懂智能网联汽车 [M]. 北京：人民邮电出版社，2019.

[4] 崔胜民，俞天一，王赵辉. 智能网联汽车先进驾驶辅助系统关键技术 [M]. 北京：化学工业出版社，2019.

[5] 李克强. 电动汽车工程手册：第六卷 智能网联 [M]. 北京：机械工业出版社，2019.

[6] IMT-2020（5G）推进组. MEC与C-V2X融合应用场景白皮书 [R/OL]. （2019-01-23）[2020-06-12]. http：//www.caict.ac.cn/kxyjlqwfb/bps/201901/t20190123-193611.htm.

[7] 中国联合网络通信有限公司. 新基建新动能：5G车路协同白皮书 [R/OL]. （2020-05-15）[2020-06-28]. http：//blog.csdn.net/wxuepai5g/article/details/106152614.

[8] 清华大学苏州汽车研究院，等. 中国自动驾驶仿真技术研究报告（2019）[R]. 北京：当家移动绿色互联网技术集团有限公司，2019.

[9] 崔胜民. 智能网联汽车自动驾驶仿真技术 [M]. 北京：化学工业出版社，2020.